CD付

1分間
英文法
600

石井貴士
Takashi Ishii

One Minute Tips to Master English Grammar 600

水王舎

装丁：重原隆

1分間英文法

600

One Minute Tips to Master English Grammar 600

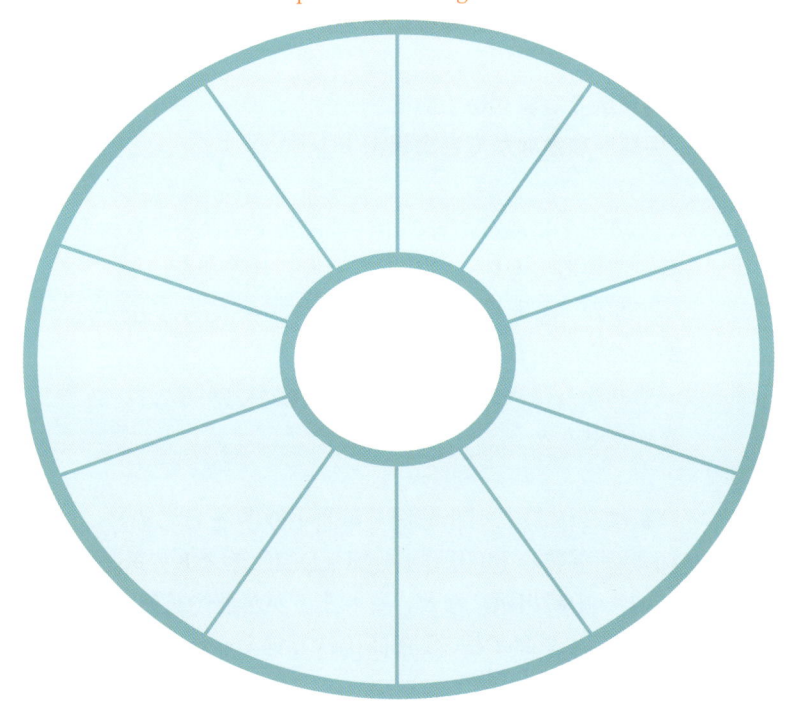

はじめに

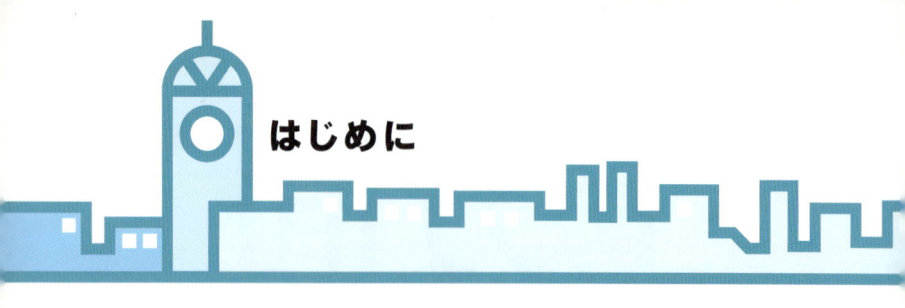

> ● **1文法1秒で、英文法を
> マスターする方法とは?**

**「英文法さえできるようになれば、
英語の成績が上がるのに……」**

**「英文法でつまずいていて、
英語がなかなかできません……」**

　本書を手に取った方の中には、英文法に苦手意識を持っている方もいらっしゃるかもしれません。
　ですが、もし、1文法1秒でマスターできる方法があったら、どうでしょう?
　それならば、あなたも一気に成績が上がるとは思いませんか?

　私はこれまで、『1分間英単語1600』をはじめ、『1分間英熟語1400』『1分間TOEICテスト英単語』(以上、中経出版)など、これまで英単語や英熟語について、1単語1秒、1熟語1秒で覚えられる本を執筆してきました。

そんななか、
「1文法1秒でわかるようになる英文法の
本を出してください！」

という声を多くいただいていました。

　そして、ついに、1文法1秒で覚えられる、
まさに英文法の決定版ともいえる本が完成しました。

　それが、本書**『1分間英文法600』**なのです。

頻度の高い600の英文法を厳選!

「『1分間英文法600』は、
どのような内容になっているのですか?」

　はい。難易度でいうと、大学受験・TOEIC 600点
までに対応できるように作成しましたので、
きっと、あなたに役立つものに仕上がっています。

『1分間英文法600』の600の内訳についてですが、
基礎的なものから、センター試験レベルはもとより、
ほとんどの大学入試で合格点を取れるぐらいのレベル
まで、1文法1秒で暗記しやすいようになっています。

　さらに、見開き2ページに6つの英文法が掲載されて
いて、60文法＝60秒＝1分ごとにチェックシートが
ついています。
1分ごとに確認ができるので、復習も簡単です。

　さらに、最短・最速でマスターできるようにCDも
付属していますので、耳からも覚えることが可能です。

　ぜひ『1分間英文法600』を使って、最短距離で合格
を勝ち取ってくださいね。

　では、いきます!

『1分間英文法600』一覧

テーマ名	問題番号
不定詞・動名詞	1〜 60
受動態	61〜 84
比較	85〜120
前置詞・分詞・分詞構文	121〜144
仮定法	145〜168
付加疑問	169〜180
完了時制	181〜204
不定数量形容詞	205〜222
関係詞	223〜240
不定代名詞	241〜270
否定	271〜300
倒置・強調	301〜312
省略	313〜324
同格	325〜330
no matter + 疑問詞	331〜336
話法	337〜360
その他の構文	361〜420
その他のイディオム①	421〜480
その他のイディオム②	481〜540
その他のイディオム③	541〜600

『1分間英文法600』の3ステップ

『1分間英文法600』の学習は、次の3ステップで完成します。

【ステップ1】
付属CDを再生し、英語例文(左ページ上)を聴きながら日本語訳(左ページ下)とポイント部分(右ページ)を眺め、理解する (1文法5秒)

※これを最後まで(600文法)行い(50分)、60回繰り返す
(自分が大丈夫だと思ったら、減らしてOKです)

【ステップ2】
例文を1秒で眺め、日本語訳を1秒で眺め、ポイント部分を1〜2秒で眺める (1文法3〜4秒)

※これを最後まで(600文法)行い(30分〜40分)、
　60回繰り返す
(自分が大丈夫だと思ったら、減らしてOKです)

【ステップ3】
左ページは見ずに、右ページだけ1文法1秒で「黙読」する
※これを最後まで(600文法)行い(10分)、
　1日2〜4回繰り返す

この「3ステップ」が、『1分間英文法600』の勉強法です。

　ところで、『1分間英単語1600』をはじめ、
英語に関する「1分間シリーズ」の中で、私は、

「暗記する上では、例文はまったく意味がない」

と書きましたが、それはあくまでも、英単語や英熟語を覚えるときの話です。
　確かに暗記する際、**例文は「ムダ」**であり、
「時間がかかるもの」です。

　しかし、英文法に関しては、英文法を**理解するために**、あえて例文を日本語訳とともに左ページに載せました。

　ただし、最終的には、【ステップ3】にありますように、右ページだけを1文法1秒で眺めて完成！　となります。

> **【ステップ1】**
> **付属CDを再生し、英語例文を聴きながら**
> **日本語訳とポイント部分を眺め、理解する**

　まず、付属CDを聴くことで、英文法のポイントが詰まった例文を、潜在意識(せんざい)に落とし込んでいきます。

　特に、マーカーが引かれた箇所(かしょ)に注意して聴いてください。

ここでは、すべてを暗記しようとするのではなく、理解することだけを目標にしてください。

　英語の例文を耳に入れながら、目線は同時に、下の日本語訳を見たり、右ページのポイント部分を見たりしてください。

　CDを使うことで、例文を聴いている数秒間の間に、同時に日本語訳とポイントを理解することができます。

　これをできれば **60回** 繰り返してください。

　そうすると、ほとんどの英文法について、
「うろ覚え〜だいたい覚えている」 くらいの状態にすることができるはずです。

これが、英文法が潜在意識に入っている状態です。

　ただし、注意点ですが、「ステップ１」の段階では、例文を聴く時間があるため、どうしても１文法５秒はかかります。
　なので、600を行うのに最速でも50分はかかってしまいます。

　ですが、長期間の記憶に落とし込むためには、この潜在意識に落とし込むという作業は必須ですので、ぜひ、ステップ１は飛ばさないでいただけたらうれしいです。

　それが終わったら、「ステップ２」へ進みましょう。

> 【ステップ2】
> 例文を1秒で眺め、日本語訳を1秒で眺め、
> ポイント部分を1〜2秒で眺める

　次に、1文法を3〜4秒でこなしていく方法をお教えしましょう。

　まず、左ページ上の例文を1秒で眺めます。
　すでに理解している状態ですので、見るだけでOKです。
　その際に、マーカーが書かれているところが、思わず目に飛び込んでくるはずです。

　その状態で、例文の下の日本語訳を1秒で眺めます。
　こちらの日本語も、一度理解した日本語なので、1秒で大丈夫です。
　この思考スピードに慣れてください。

　そして、右ページのポイント部分を眺めます。
　こちらも1秒でオーケーです。
　右下の部分にもポイントがある場合は、それも1秒で眺めます。

　今までの『1分間英単語』などでは、音読するという作業を行いました。

ですが、英文法は、

「すでに理解したことを、もう一度 1 秒で思い出すこと」

というのが重要です。
(もし、音読をしたいという方がいらっしゃいましたら、英語のマーカー部分だけ音読をすることはアリですが、スピード重視なので、英文法の場合は、あまり音読にこだわらなくても大丈夫です。)

「ステップ 2」の段階では、600 文法を通して行うのに、30 ～ 40 分かかります。

「文法書 1 冊を 40 分で最後までやりきる」というのは、かなりすごいことですよね。

それが終わったら、「ステップ 3」へ進みましょう。

> **【ステップ3】**
> **左ページは見ずに、右ページだけ**
> **1文法1秒で「黙読」する**

「ステップ3」では、左ページは見ずに、
右ページ部分だけを**「黙読」**して下さい。

　左の例文を見るのは、あくまで理解するためだったと
割り切ってください。

　結局、覚えるのは、例文ではなく、右ページなのです。

「1文法1秒」ですので、600をすべてやりきるのに、
10分しかかからない計算になります。

　必要に応じて1日2〜4回復習することで、
かなりしっかりとした**「記憶」**になってくるでしょう。

　もし、試験の前日に、1文法1秒で、600の英文法を
10分で復習できたら、本番の試験ではかなり有利になる
とは思いませんか？

　あくまで、ピークを本番に持ってくるためにも、
1文法1秒のスピード学習法に慣れてくださいね。

　ぜひ、あなたも1文法1秒でマスターしましょう！

本書の「3つのステップ」

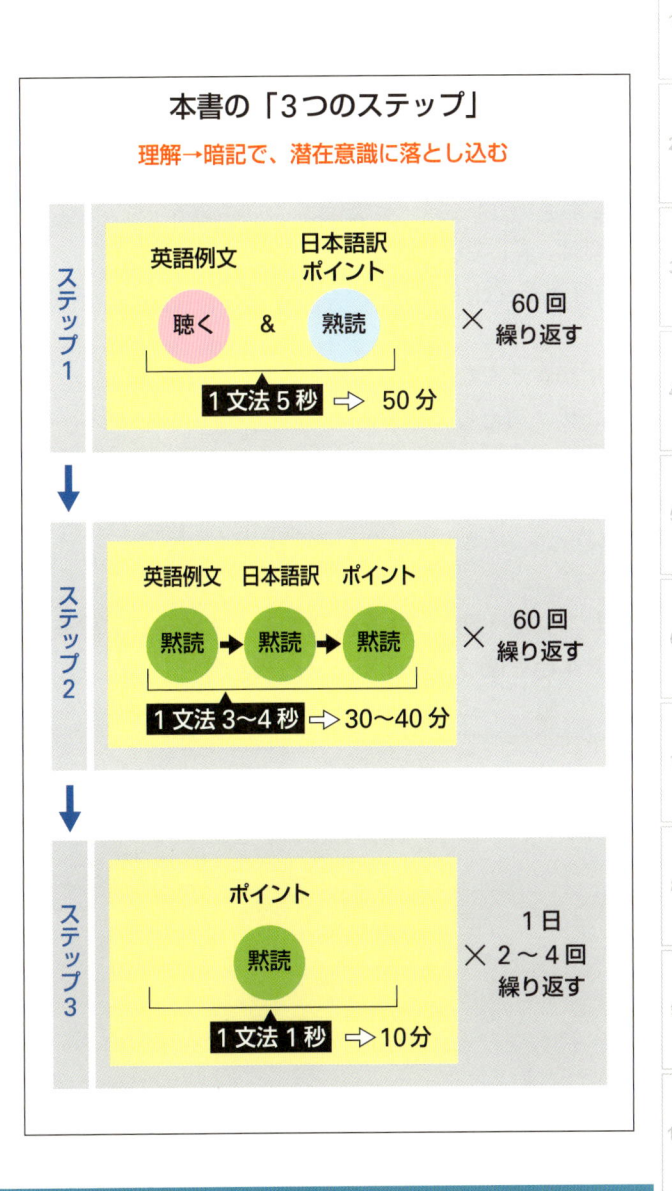

理解→暗記で、潜在意識に落とし込む

ステップ1

英語例文（聴く） & 日本語訳ポイント（熟読）

1文法5秒 ⇒ 50分 × 60回繰り返す

↓

ステップ2

英語例文（黙読）→ 日本語訳（黙読）→ ポイント（黙読）

1文法3〜4秒 ⇒ 30〜40分 × 60回繰り返す

↓

ステップ3

ポイント（黙読）

1文法1秒 ⇒ 10分 1日×2〜4回繰り返す

「1文法1秒で繰り返す」暗記法が最強な、2つの理由

　では、「1文法1秒で繰り返す勉強法」である『1分間英文法600』が、

　なぜ、そんなに簡単なのか？
　なぜ、覚えられるのか？
　なぜ、それでいて楽しいのか？

というと、それには、2つの理由があります。

【1】1文法1秒で60を復習する「スピード学習法」
【2】4色を使って暗記する「右脳記憶法」

です。

　次から、それぞれ紹介していきましょう。

1 1文法1秒! 1分間で60を復習する「スピード学習法」の「5つの特長」

特長1 繰り返し復習することで、短期記憶→長期記憶に落とし込める!

記憶には**「短期記憶」**と**「長期記憶」**があります。
「短期記憶」とは、短期間で忘れてしまう記憶。
「長期記憶」とは、長い間覚えていられる記憶です。

「短期記憶」の持続時間は 20 秒以内です。
　数字なら「5~9ケタ程度」しか覚えられません。

　例えば、

【8ケタの数字(電話番号など)】
　5909-8920

は大体の人が覚えられますが、

【16ケタの数字(カード番号など)】
　2586-5041-8062-6193

となると、覚えられる人は、かなり少ないはずです。

数字を短時間覚えておくときの記憶は「短期記憶」に相当しますので、例えば、1回しか利用しない電話番号などは、電話をかけるときは覚えていても、
すぐに忘れてしまうでしょう。

　これとは逆に**「長期記憶」**とは、
長いスパンで保持し続けられる記憶のことです。
　あなたが「日本語」や「漢字」を忘れないのは、
この「長期記憶」があるからです。

　つまり、**「短期記憶」で得た知識を、「長期記憶」に移していく作業こそが、「勉強」**なのです。

　では、どうしたら「長期記憶」にすることが
できるのでしょうか？

「エビングハウスの忘却曲線」によれば、
一度覚えたことも、

・**20分後には42％忘れてしまう**
・**1時間後には56％忘れてしまう**
・**1日後には74％忘れてしまう**
・**1ヵ月後には79％忘れてしまう**

という「実験結果」が出ています。

エビングハウスの忘却曲線

記憶率

- 100%
- 58%
- 44%
- 26%
- 23%
- 21%
- 0%

100%

1カ月後には79%忘れてしまう

たった1日で74%忘れてしまう

26%

21%

時間
- 20分後
- 1時間後
- 1日後
- 1週間後
- 1カ月後

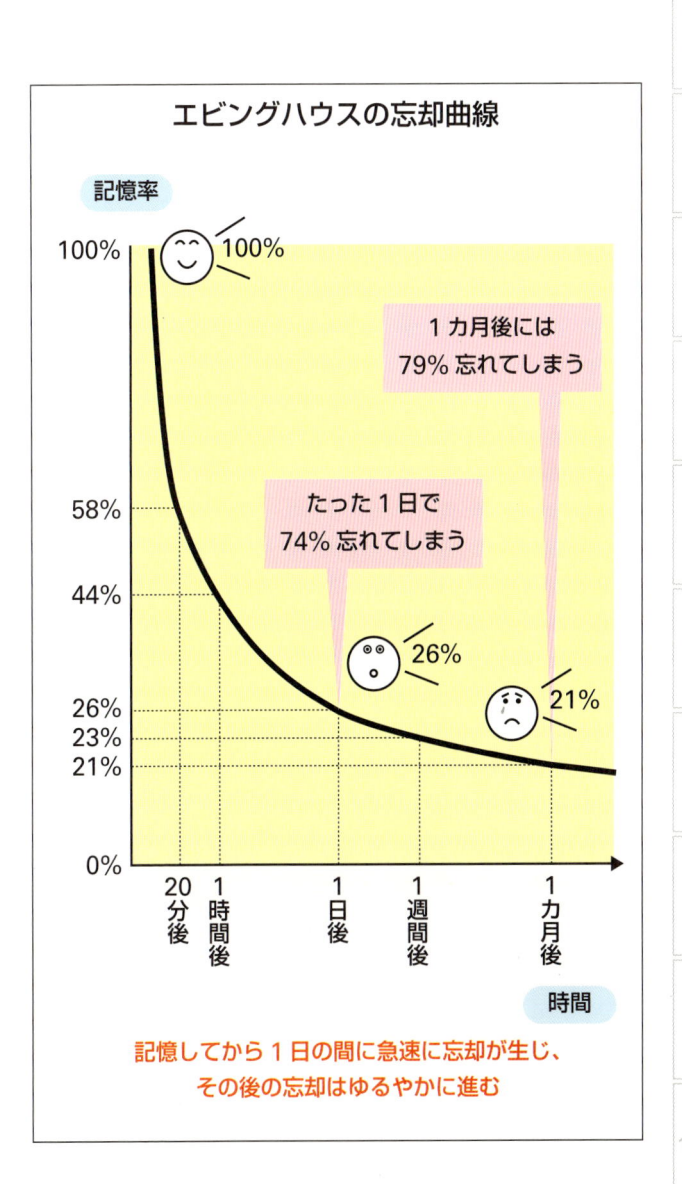

記憶してから1日の間に急速に忘却が生じ、その後の忘却はゆるやかに進む

ということは、「たったの1回だけ頑張って覚える努力」をしても、1日もすれば、ほとんど忘れてしまう……つまり「短期記憶のまま」なのです。

　では、どうしたら、「短期記憶」を「長期記憶」に移せるのでしょうか？
　それは、

「何度も、何度も、繰り返し復習すること」

です。なぜ、1文法1秒で繰り返す
『1分間英文法600』が最強かというと、

「600の文法を10分で勉強できる」

からです。
　そして、600が終わった20分後、40％以上忘れてしまったころに……

「もう一度、600を10分で復習できる」

のです。

特長 2 「1文法1秒、1分間で60文法」の形式！
覚えやすい1分間単位の区切り

　本書は「見開き2ページに6文法」のページ構成ですので、「20ページで60文法＝1分間」となり、
最後に**「チェックシート」**がついています。
　つまり、**「1文法1秒で60文法＝1分間」**で
チェックを入れて、**「次の1分間」に突入する**という
流れになっています。

　これをたったの**「10回＝10分」繰り返すだけで、
600文法を一気に復習できる**のです。
「1分間単位」で区切られたレイアウトには、
覚えやすいだけでなく、やる気が持続しやすくなっています。
　誰でも一気に600文法を復習できるはずです。

　実際、「膨大（ぼうだい）な作業量」を処理するときは、
**「いくつかの段階に細かく区切って、
1区切りずつ処理していく」**のが、
途中でやる気を失わないベストな方法なのです。

　例えば、いきなり「プロサッカー選手を目指せ！」と
言われると長続きしませんが、細かく区切ってあげて、

Min	
1	不定詞・動名詞
	受動態
2	比較
	前置詞・分詞・分詞構文
3	仮定法
	付加疑問
4	完了時制
	不定数量形容詞
5	関係詞
	不定代名詞
6	否定
	倒置・強調
7	省略
	同格
8	no matter＋疑問詞
	話法
9	その他の構文
	その他のイディオム①
10	その他のイディオム②
	その他のイディオム③

・「次の試合で、1点入れよう！」
・「次の試合で、勝とう！」
・「市大会で、優勝」
・「県大会で、優勝」
・「国立競技場で、優勝」
・「プロサッカー選手になる」

というように、**「細かい区切りごとの目標」を立てて頑張ることで、やる気を持続することができる**のです。

　あなたも、たった10分で600文法が復習できるなら、「10分間頑張ること」は、それほど大変には感じないはずです。

　これが本書の『1分間英文法600』という名前の由来です。

「60文法」=「1分間」で覚える

12文法で12秒 → **次の12文法で24秒**

次の12文法で36秒 → **次の12文法で48秒**

次の12文法で60秒 → 1文法1秒で60終わったら、チェックして、次の60へ

60文法=1分間

Min	
1	不定詞・動名詞
	受動態
2	比較
	前置詞・分詞・分詞構文
3	仮定法
	付加疑問
4	完了時制
	不定数量形容詞
5	関係詞
	不定代名詞
6	否定
	倒置・強調
7	省略
	同格
8	no matter +疑問詞
	話法
9	その他の構文
	その他のイディオム①
10	その他のイディオム②
	その他のイディオム③

21

特長 3 「書かずに見る」ので「頭を使う」

英文法を**「書いて覚える人」**がいます。
ですが、これは英文法の勉強法としては、
「最も効率が悪い」ものです。

1文法覚えるのに6秒かけて10回書いたら、
それだけで60秒もかかってしまいます。

しかも、手で書いていると、
「書く作業」に意識が向かってしまって、
「暗記する作業」に意識がいきません。

その証拠に、1分間という時間を使って、
「1文法6秒で10書く作業」をしたときと、
「1文法1秒で60を目で見る作業」をしたときとで、
頭の疲れ方を比べてみてください。

明らかに、**「目で見て暗記する作業」をしたときの
ほうが、頭が疲れている**のを実感できるはずです。

特長4 1つのポイントにつき、覚える日本語訳は「1つだけ」

多くの英文法書には、1つにつき、意味が2つ、3つ……と、たくさん書いてあったりします。

確かに、そのほうが文法書の著者としては、安心かもしれません。
読者から「なんで、この意味が載ってないんですか？」といった「クレーム」を言われずにすみますので……。

ですが、本書ではあえて思い切って、
「1つのポイントにつき1つの意味」 に絞り込みました。
理由は簡単。そのほうが覚えやすいからです。

いきなり、2つ、3つ……と覚えても、
試験に出るとは限りませんし、
第一、時間がかかりすぎます。
　本書は、あくまで「最速のスピード」を追求しているので、「1つのポイントにつき1つの意味」なのです。
　それに……、

「文法書が最後まで進まない……」

そんな経験をお持ちの読者が、
多いのではないでしょうか？

何度も書きますが、本書なら、

600文法をやりきるのに、たったの10分！

しかかかりません。

**「うろ覚えでも最後までやり抜いて、
繰り返し、繰り返し暗記する」**

ここが大切なのです。

もちろん本書の中にも、
「どうしても2つの日本語訳が必要だ」という
ポイントもあります。
　その場合に限っては、
2つの意味を掲載していますので、
両方覚えるようにしてください。

そしてもし、自分で勉強していくうえで
本当に必要だと思ったときに限り、
空いている空白の部分に
「これ以外に覚えたい日本語訳」
を自分でつけ足すのもよいでしょう。

特長5 かんたんな「例文」で英文法を理解

英文法は、ポイントだけを覚えても、
どのように活用されるかなかなか理解しにくいため、
「かんたんな」例文で表せるようにしました。

34ページから、本文をご覧いただければおわかりですが、
本書には1文法につき1つの、かんたんな例文が載って
います。

しかし本書では、慣用句や、難易度の高い単語を
同時に覚えるといった、いわば、英文法とは関係ない
「余計な部分」をなるべく排除しました。
「余計な部分」に目を奪われ、覚えるべき文法を
暗記するスピードが落ちることを防ぐためです。

中には、「中学生レベル」の文章も入っているかと
思いますが、文法を優先して暗記してもらうために、
工夫しました。

**「余分なことをすべてそぎ落として、
最重要の情報だけに集中すること」**が、
最速で覚えるための秘訣です。

なお、単語や熟語に関して、
暗記数をもっと増やしたい場合には、
既刊の『1分間英単語1600』をはじめ、
『1分間英熟語1400』『1分間TOEICテスト英単語』
などを、目的・用途に応じてご利用ください。

2　4色を使って暗記する「右脳記憶法」の「2つの特長」

特長1　4色を効果的に使い、無意識に右脳を活用

「1文法1秒で繰り返す勉強法」である
『1分間英文法600』が最強な理由の2つ目は、
以下で紹介する**「右脳学習法」**です。

　そもそも、人間の脳は「左脳」と「右脳」とに
分かれています。
　わかりやすく言えば、

- **「左脳は論理的で、容量は少ない」**
- **「右脳は映像的で、容量が大きい」**

ということです。

　頭をよくしようと思ったら、「左脳」と「右脳」の
両方を効率的に使わなければならないのですが、
現代人の大半は「左脳」だけで、
「右脳」をほとんど使っていません。

　そこで、**右脳は映像的＝「色」に反応**、
という特長を活用します。

つまり、**「色鮮やかなものを使い、記憶・暗記に応用」**
すれば、今まで使っていなかった、
「右脳」の膨大な容量を使えるようになり、
記憶力・暗記力が向上するのです。

　これは、脳の97％を占め「眠っている能力」とも
言われる、潜在的な力を使うことにもつながります。

　本書は、潜在的な力を最大限に引き出すため、
「4つの色」 を活用しました。

　34ページから始まる、
例文と日本語訳、ポイント部分を見てください。

　それぞれの例文と日本語訳、ポイント部分には、
4色のマーカーがあらかじめ引かれていますので、
この本を見て、
「カラフルだなぁ」と感じられたかと思います。

　カラフルだから見た瞬間に用語が判別できるので、
脳に刻みやすい、という長所を活かしました。

● **「構文」** ……………………**赤色**
● **「イディオム」** ……………**緑色**
● **「前置詞・副詞・文型」** ……**青色**
● **「ポイント・その他」** ………**黄色**

　このように、『1分間英文法600』は「右脳」を刺激し、
「眠っている97％の脳の力」を最大限使えるように、
工夫がしてあるのです。

4色の色分けの例

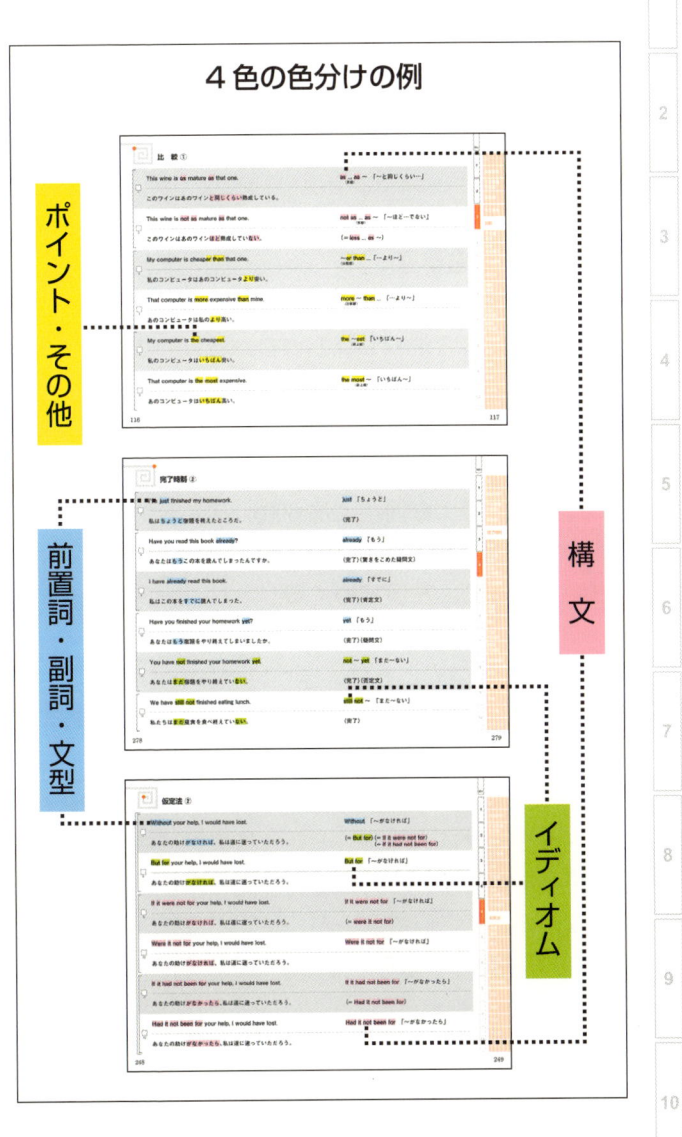

比較 ①

This wine is as mature as that one.
このワインはあのワインと同じくらい熟成している。
as ... as ~ 「〜と同じくらい…」

This wine is not as mature as that one.
このワインはあのワインほど熟成していない。
not as ... as ~ 「〜ほど…でない」
(= less ... as ~)

My computer is cheaper than that one.
私のコンピュータはあのコンピュータより安い。
—er than ... 「〜より…」

That computer is more expensive than mine.
あのコンピュータは私のより高い。
more ~ than ... 「〜より…」

My computer is the cheapest.
私のコンピュータはいちばん安い。
the —est 「いちばん〜」

That computer is the most expensive.
あのコンピュータはいちばん高い。
the most ~ 「いちばん〜」

完了時制 ②

I have just finished my homework.
私はちょうど宿題を終えたところです。
just 「ちょうど」(完了)

Have you read this book already?
あなたはもうこの本を読んでしまったんですか。
already 「もう」(完了)(驚きをこめた疑問文)

I have already read this book.
私はこの本をすでに読んでしまった。
already 「すでに」(完了)(肯定文)

Have you finished your homework yet?
あなたはもう宿題をやり終えてしまいましたか。
yet 「もう」(完了)(疑問文)

You have not yet finished your homework.
あなたはまだ宿題をやり終えていない。
not ~ yet 「まだ〜ない」(完了)(否定文)

We have still not finished eating lunch.
私たちはまだ昼食を食べ終えていない。
still not ~ 「まだ〜ない」(完了)

仮定法 ①

Without your help, I would have lost.
あなたの助けがなければ、私は道に迷っていただろう。
Without 「〜がなければ」
(= But for) (= If it were not for)
(= If it had not been for)

But for your help, I would have lost.
あなたの助けがなければ、私は道に迷っていただろう。
But for 「〜がなければ」

If it were not for your help, I would have lost.
あなたの助けがなければ、私は道に迷っていただろう。
If it were not for 「〜がなければ」
(= Were it not for)

Were it not for your help, I would have lost.
あなたの助けがなければ、私は道に迷っていただろう。
Were it not for 「〜がなければ」

If it had not been for your help, I would have lost.
あなたの助けがなかったら、私は道に迷っていただろう。
If it had not been for 「〜がなかったら」
(= Had it not been for)

Had it not been for your help, I would have lost.
あなたの助けがなかったら、私は道に迷っていただろう。
Had it not been for 「〜がなかったら」

ポイント・その他 (黄)
前置詞・副詞・文型 (青)
構文 (ピンク)
イディオム (緑)

Min
1 不定詞・動名詞 / 受動態
2 比較 / 前置詞・分詞・分詞構文
3 仮定法 / 付加疑問
4 完了時制 / 不定数量形容詞
5 関係詞 / 不定代名詞
6 否定 / 倒置・強調
7 省略 / 同格
8 no matter +疑問詞 / 話法
9 その他の構文 / その他のイディオム①
10 その他のイディオム② / その他のイディオム③

29

特長2　「左手でめくる」ことで、右脳が刺激される

実は、人間の体の構造というのは、

● 「右脳」が左半身
● 「左脳」が右半身

というように、「逆転して」つながっています。
　つまり、「右脳」は「左手」とつながっていて、「左脳」は「右手」とつながっています。

　ですから、『1分間英文法600』の本を、

「右手で持って、左手でめくる」

ように使っていくことで、色だけではなく、
左手でも「右脳を刺激することができる」のです。

　実際に「脳内の血流の動き」が映像で見られる
「光トポグラフィー装置」という機械を使って
「左手」を使っている人の脳内を見てみると、
「右脳が使われている」のが、
映像でも確認できるそうです。

**現代人のほとんどが使っていない、
「右脳」を効率よく刺激して使うことで、
さらに記憶・暗記が定着します。**

　本書『1分間英文法600』は、
ここまで考えつくされた文法集なのです。

　ぜひ一度、手に取っていただいた本書の威力と効果を、
実感していただければ、著者として幸いです。

　また、この「短い時間で行う勉強法」について、
「本1冊が1分で読める方法」や
「60冊分の本を1分間で復習できる方法」を書いた
私の著作

『本当に頭がよくなる1分間勉強法』（中経出版）

も読んでいただくと、今後の人生における勉強に、
とても役立つものと、確信しています。

　最後になりましたが、本書の作成におきましては、
㈱瑪瑠企画さま、大学生の竹澤万結さん、横山真光さん
に多大なるご協力をいただきました。
　記して、感謝いたします。

㈱ココロ・シンデレラ　代表取締役　石井貴士

1分間英文法
①

One Minute Tips to Master English Grammar 600

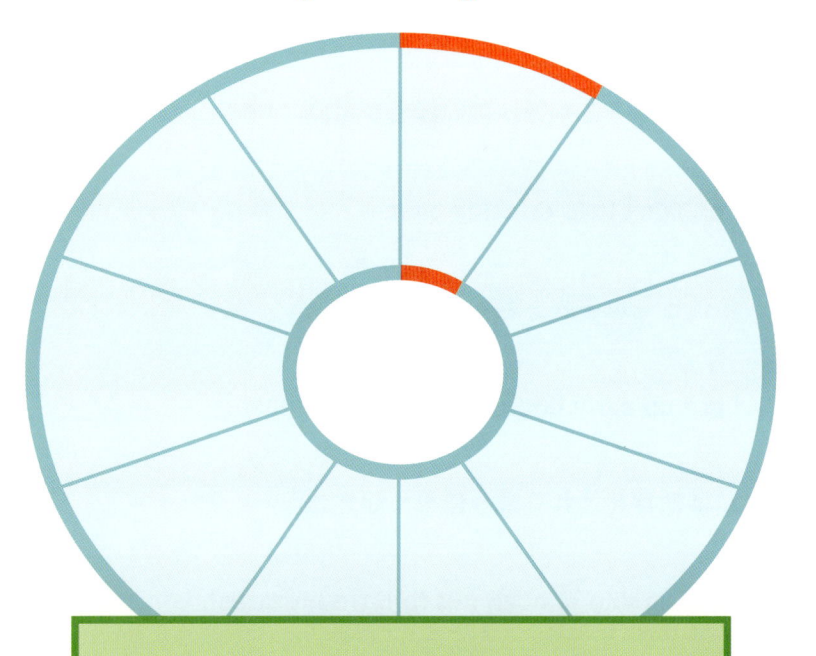

不定詞・動名詞

不定詞・動名詞 ① (覚えておきたい用法①)

1. You had better go there.

   あなたはそこへ行ったほうがよい。

2. You had better not go there.

   あなたはそこへ行かないほうがよい。

3. I couldn't help drinking beer.

   私はビールを飲まざるを得なかった。

4. I got up early enough to have breakfast.

   私は朝食をとるように早く起きた。

5. I got up late enough not to have breakfast.

   私は朝食をとれないくらい遅く起きた。

6. He was too tired to walk.

   彼はあまりに疲れていたので、歩けなかった。

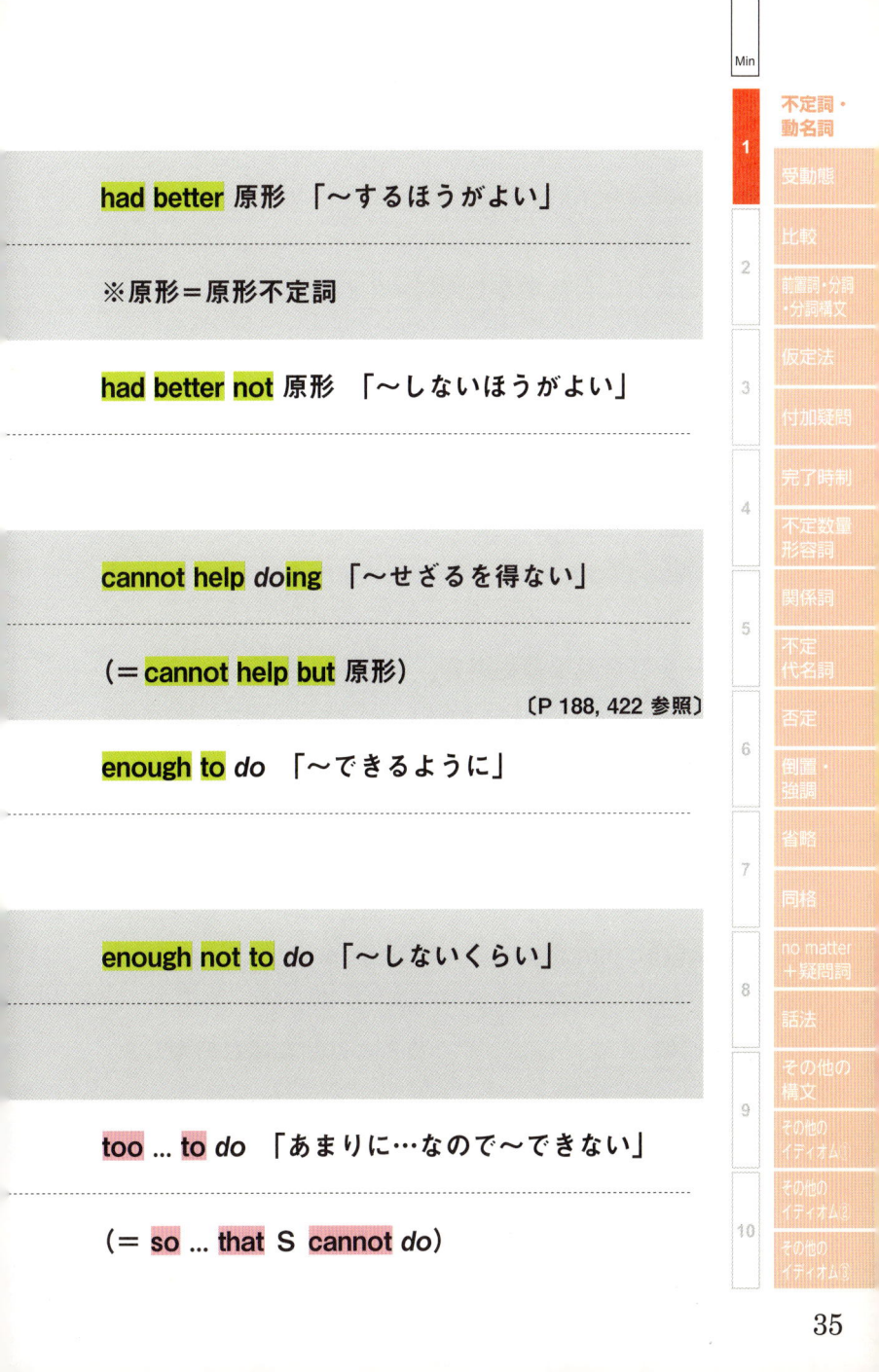

had better 原形 「～するほうがよい」

※原形＝原形不定詞

had better not 原形 「～しないほうがよい」

cannot help *doing* 「～せざるを得ない」

(＝ cannot help but 原形)
〔P 188, 422 参照〕

enough to *do* 「～できるように」

enough not to *do* 「～しないくらい」

too ... to *do* 「あまりに…なので～できない」

(＝ so ... that S cannot *do*)

不定詞・動名詞 ② (覚えておきたい用法②、不定詞のみを目的語にとる動詞①)

7． He studied hard **in order to** pass the test.

彼はテストに合格する**ために**一生懸命勉強した。

8． He studied hard **so as to** pass the test.

彼はテストに合格する**ために**一生懸命勉強した。

9． He studied **so** hard **as to** pass the test.

彼は一生懸命勉強**したので**、テストに合格した。

10． I **promised** him **to** come back soon.

私は彼**に**、すぐにもどってくる**と約束した**。

11． I **promised** him **not to** come back soon.

私は彼に、すぐにもどってくることは**しないと約束した**。

12． We **chose** him **to** be chairman.

私たちは彼**を**議長**に選んだ**。

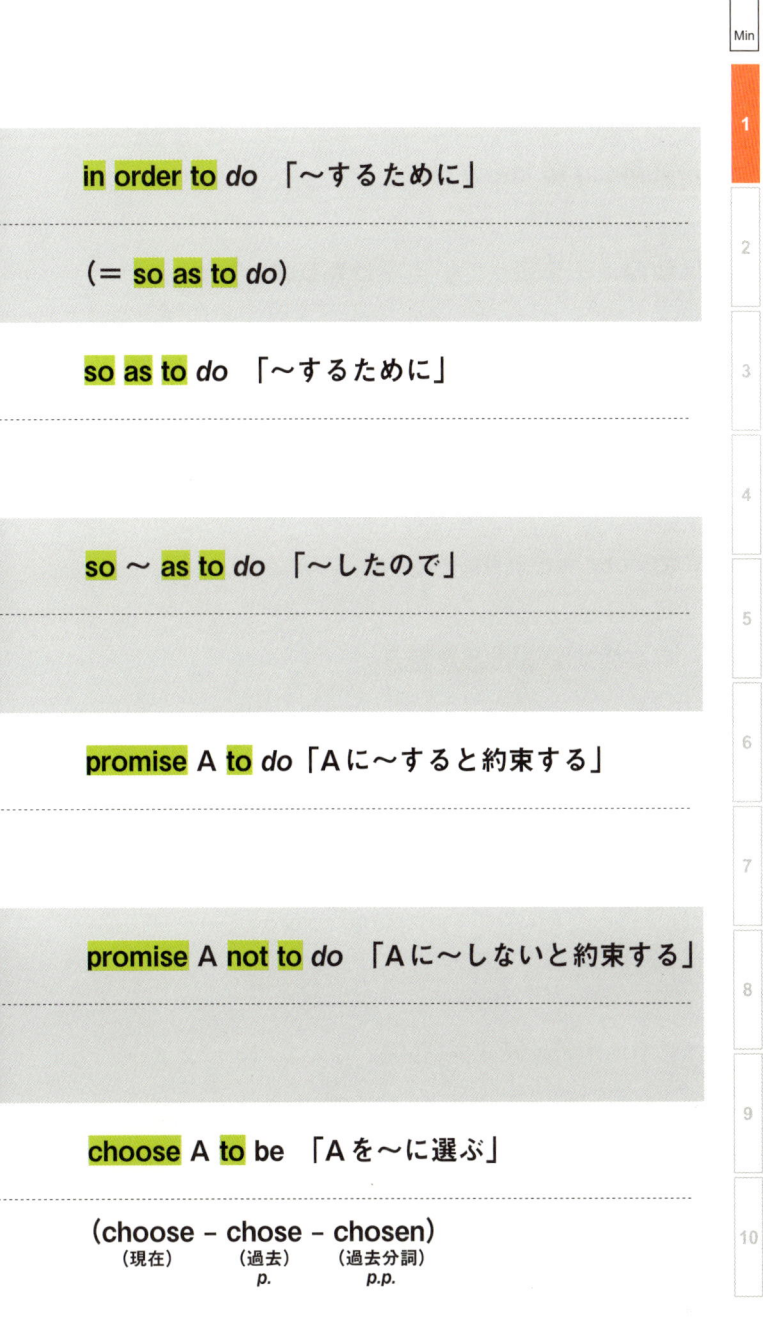

in order to *do* 「〜するために」

(= **so as to** *do*)

so as to *do* 「〜するために」

so 〜 **as to** *do* 「〜したので」

promise A **to** *do* 「Aに〜すると約束する」

promise A **not to** *do* 「Aに〜しないと約束する」

choose A **to** be 「Aを〜に選ぶ」

(choose – chose – chosen)
（現在）　（過去）　（過去分詞）
　　　　　　 p.　　　　 p.p.

不定詞・動名詞 ③ (不定詞のみを目的語にとる動詞②)

13
She pretended to know me.

彼女は私のことを知っているふりをした。

14
She pretended not to know me.

彼女は私のことを知らないふりをした。

15
I wish to succeed in the future.

私は、将来成功することを願う。

16
I hope to see you later.

あなたにあとで会うことを望む。

17
I don't care to do it today.

今日はそれをしたいと思わない。

18
We mean to stay here.

私たちはここに滞在(たいざい)するつもりだ。

pretend to *do* 「~するふりをする」

pretend not to *do* 「~しないふりをする」

wish to *do* 「~することを願う」

hope to *do* 「~することを望む」

care to *do* 「~したいと思う」

※通例、否定文・疑問文で用いる

mean to *do* 「~するつもりだ」

(= **be going to** *do*)

不定詞・動名詞 ④ (動名詞のみを目的語にとる動詞①)

19

Maki finished writing a letter.

マキは手紙を書き終えた。

20

He couldn't stand remaining here.

彼はここに残るのを耐(た)えられなかった。

21

He admits doing it himself.

彼は自分がそれをしたことを認めている。

22

You should avoid driving when you take medicine.

薬を飲んだときには運転することを避けるべきだ。

23

We postponed making this decision.

私たちはこの決定をすることを延期した。

24

He escaped losing the game.

彼は試合に敗れることから逃れた。

finish *doing* 「~するのを終える」

stand *doing* 「~するのを耐える」

※通例、can, could などとともに否定文・疑問文で用いる

admit *doing* 「~する[した]ことを認める」

avoid *doing* 「~することを避ける」

postpone *doing* 「~することを延期する」

escape *doing* 「~することから逃れる」

不定詞・動名詞 ⑤ (動名詞のみを目的語にとる動詞②)

25
We enjoyed playing baseball yesterday.

私たちは昨日、野球をして楽しんだ。

26
I quit going shopping yesterday.

私は昨日、買い物に行くことをやめた。

27
He practices playing the guitar.

彼はギターを弾くことを練習する。

28
He gave up smoking last month.

彼は先月、タバコを吸うことをやめた。

29
I will go on singing.

私は歌い続けるだろう。

30
I will keep on singing.

私は歌い続けるだろう。

enjoy *doing* 「〜して楽しむ」

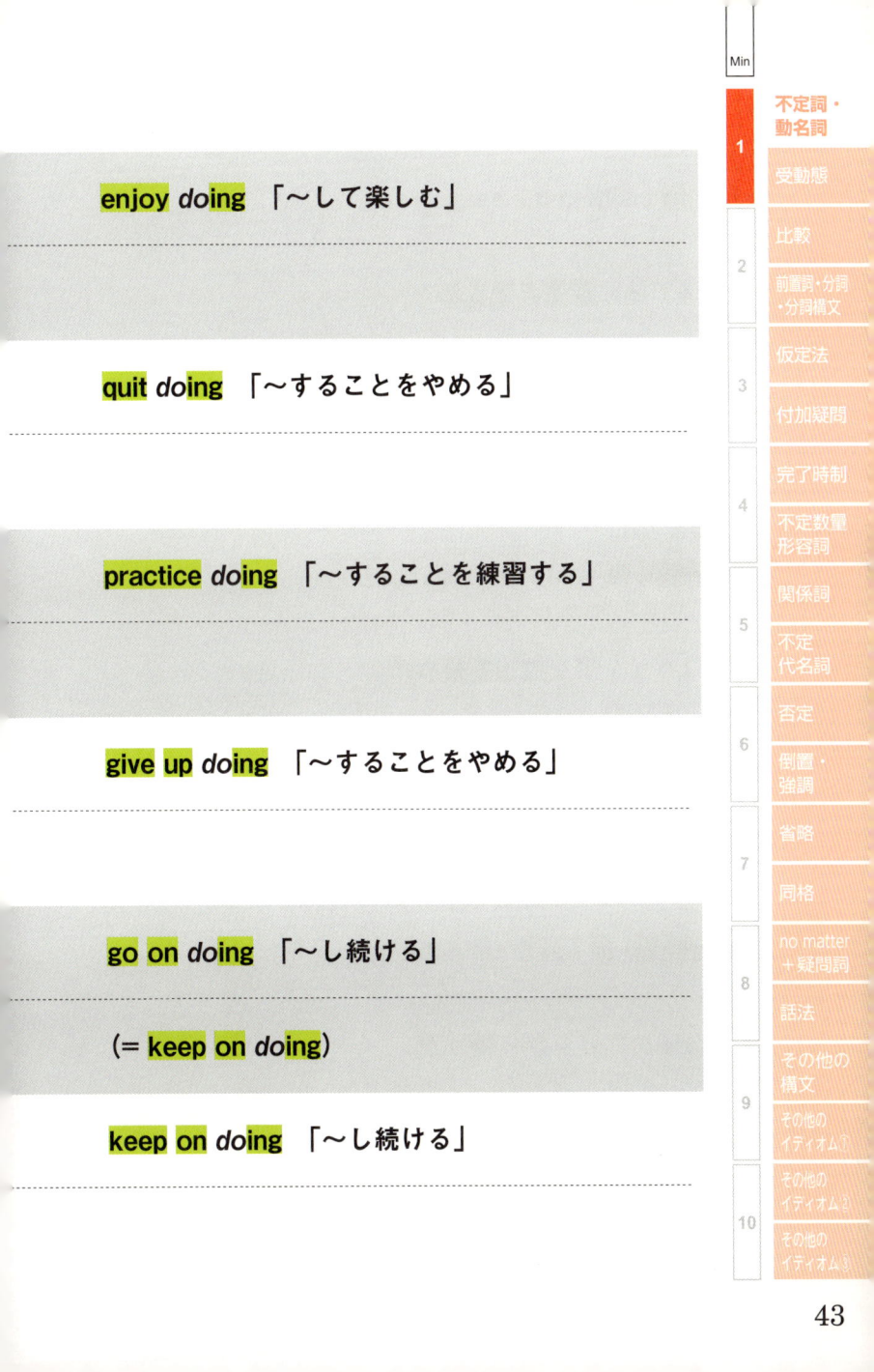

quit *doing* 「〜することをやめる」

practice *doing* 「〜することを練習する」

give up *doing* 「〜することをやめる」

go on *doing* 「〜し続ける」

(= **keep on** *doing*)

keep on *doing* 「〜し続ける」

不定詞・動名詞 ⑥ (不定詞・動名詞の両方を目的語にとる動詞)

31
I **like to** swim in the sea.

私は海で泳ぐ<mark>ことが好きだ</mark>。

32
I **love to** play the piano.

私はピアノを弾く<mark>ことが大好きだ</mark>。

33
He **began to** study Spanish.

彼はスペイン語を勉強<mark>し始めた</mark>。

34
She **started to** cry immediately.

彼女はすぐに泣き<mark>始めた</mark>。

35
I **continued to** run around the park.

私は公園の周りを走り<mark>続けた</mark>。

36
I **plan to** go fishing tomorrow.

私は明日、魚釣りに行く<mark>つもりだ</mark>。

like to *do* 「〜することが好きだ」

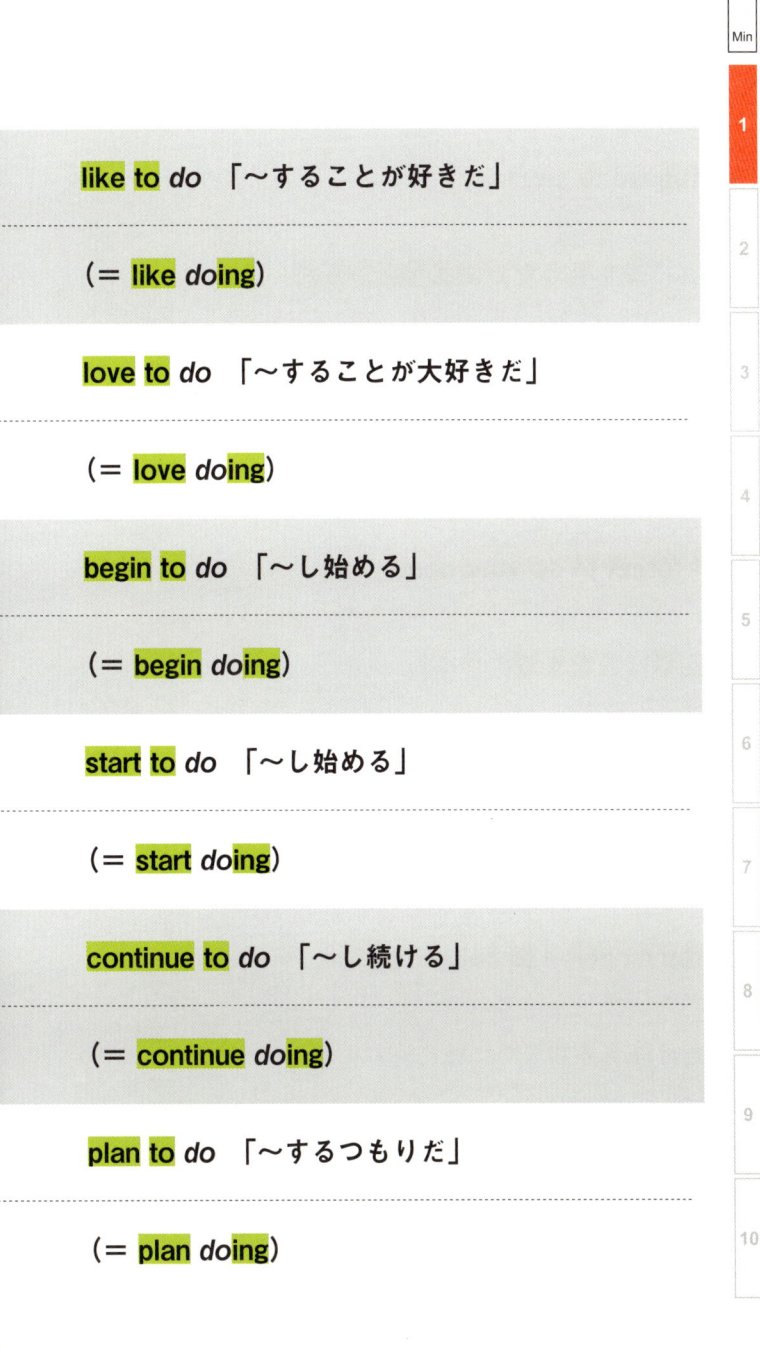

(= like *do*ing)

love to *do* 「〜することが大好きだ」

(= love *do*ing)

begin to *do* 「〜し始める」

(= begin *do*ing)

start to *do* 「〜し始める」

(= start *do*ing)

continue to *do* 「〜し続ける」

(= continue *do*ing)

plan to *do* 「〜するつもりだ」

(= plan *do*ing)

不定詞・動名詞 ⑦ (不定詞・動名詞で意味の異なる動詞)

37

He **stop**ped **to** smoke.

彼はタバコを吸うために立ち止まった。

38

He **stop**ped smok**ing**.

彼はタバコを吸うのをやめた。

39

Don't **forget to** do your homework.

忘れずに宿題をするように。

40

I'll **never forget** seeing you.

私はあなたに会ったことをけっして忘れない。

41

You **remembered to** call me at five.

あなたは忘れずに5時に私に電話した。

42

Do you **remember** seeing me?

あなたは私に会ったことを覚えていますか。

stop to *do* 「〜するために立ち止まる」

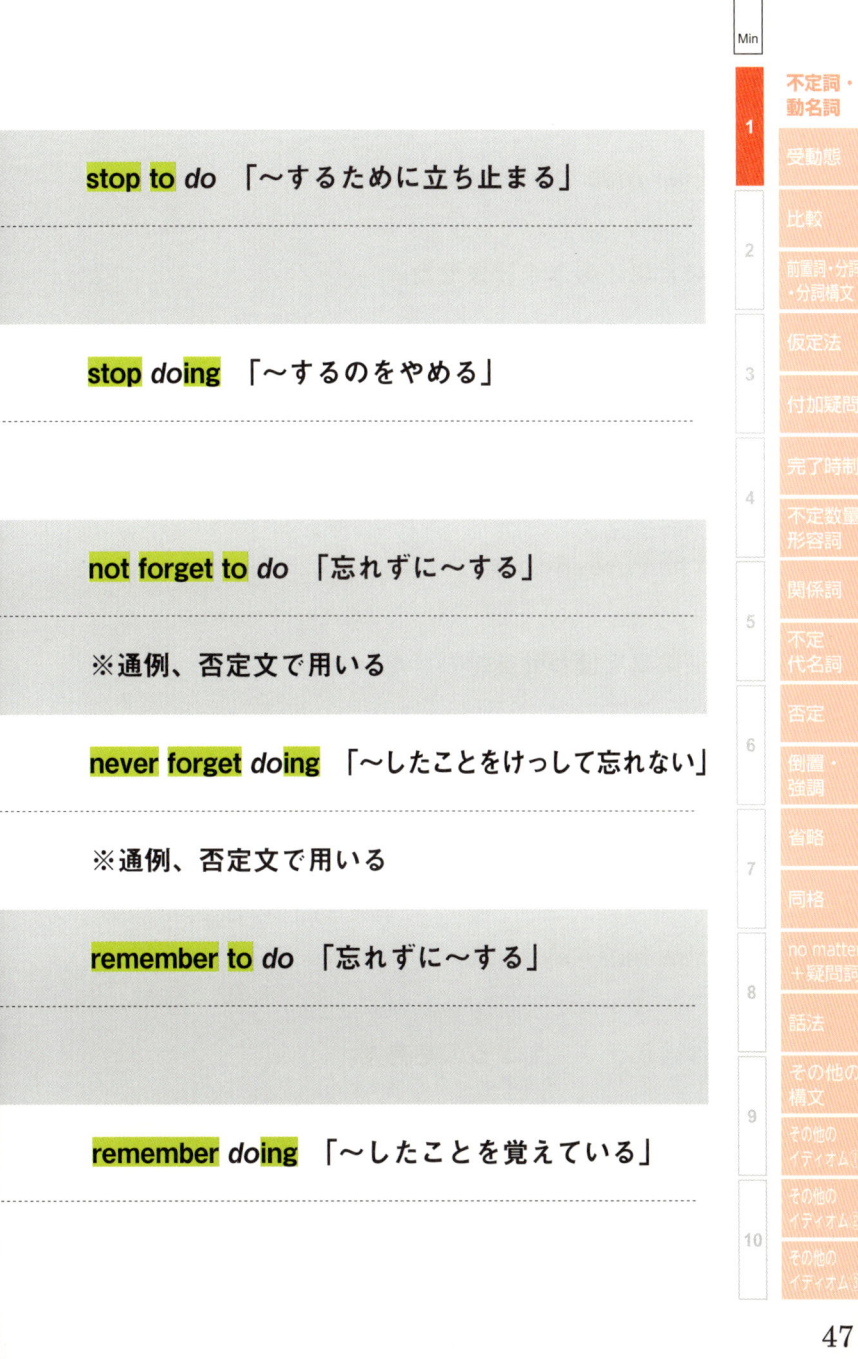

stop *doing* 「〜するのをやめる」

not forget to *do* 「忘れずに〜する」

※通例、否定文で用いる

never forget *doing* 「〜したことをけっして忘れない」

※通例、否定文で用いる

remember to *do* 「忘れずに〜する」

remember *doing* 「〜したことを覚えている」

不定詞・動名詞 ⑧ (原形不定詞)

43

I had her read this book.
[riːd]

私は彼女にこの本を読ませた。

44

We made her go there alone.

私たちは彼女を1人でそこに行かせた。

45

I'll let him use my car.

私は彼に車を使わせるつもりだ。

46

We felt the walls vibrate.

私たちは壁が揺れるのを感じた。

47

She saw him play tennis.

彼女は彼がテニスをするのを見た。

48

She watched her child play in the field.

彼女は子どもが野原で遊ぶのを見守っていた。

have A 原形 「Aに〜させる」

make A 原形 「Aを〜させる」

let A 原形 「Aに〜させる」

feel A 原形 「Aが〜するのを感じる」

see A 原形 「Aが〜するのを見る」

watch A 原形 「Aが〜するのを見守る」

不定詞・動名詞 ⑨（独立不定詞の慣用表現）

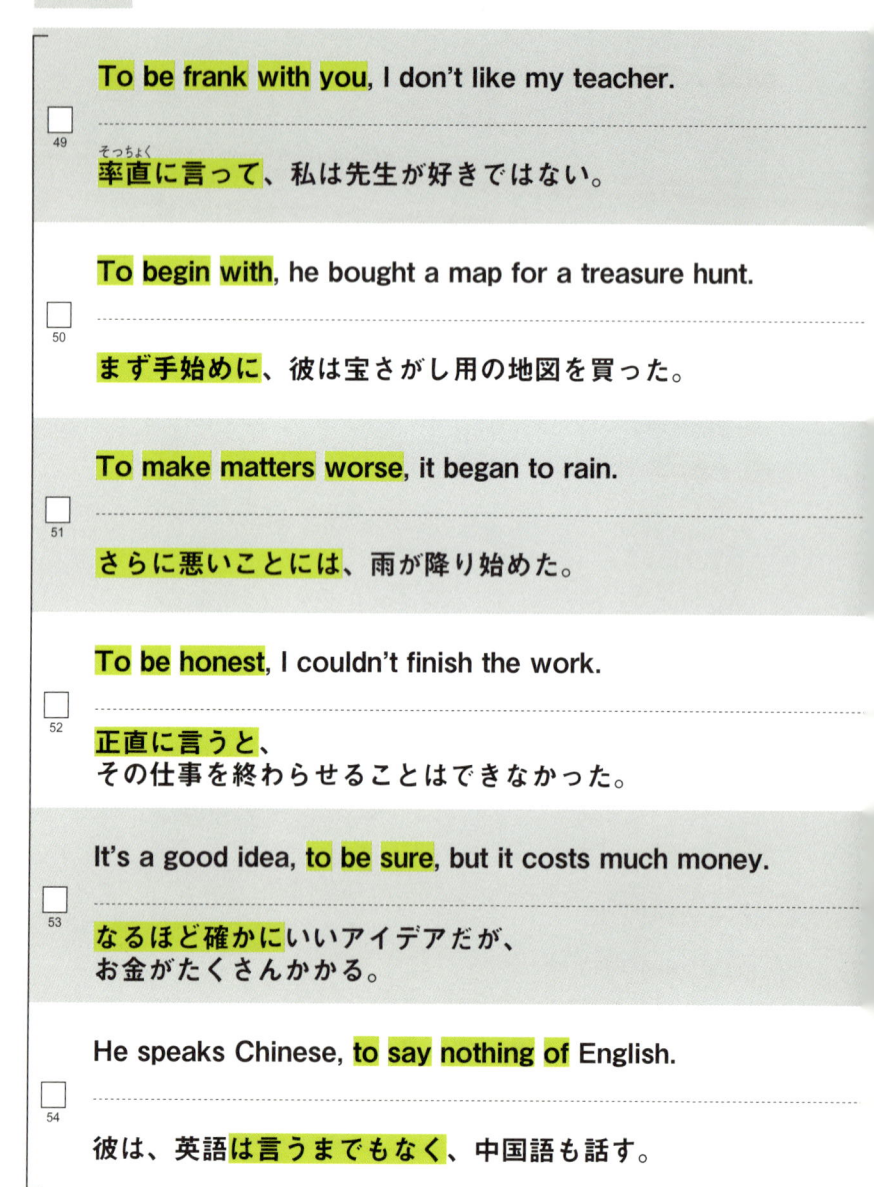

49

To be frank with you, I don't like my teacher.

率直(そっちょく)に言って、私は先生が好きではない。

50

To begin with, he bought a map for a treasure hunt.

まず手始めに、彼は宝さがし用の地図を買った。

51

To make matters worse, it began to rain.

さらに悪いことには、雨が降り始めた。

52

To be honest, I couldn't finish the work.

正直に言うと、
その仕事を終わらせることはできなかった。

53

It's a good idea, to be sure, but it costs much money.

なるほど確かにいいアイデアだが、
お金がたくさんかかる。

54

He speaks Chinese, to say nothing of English.

彼は、英語は言うまでもなく、中国語も話す。

To be frank with you 「率直(そっちょく)に言って」

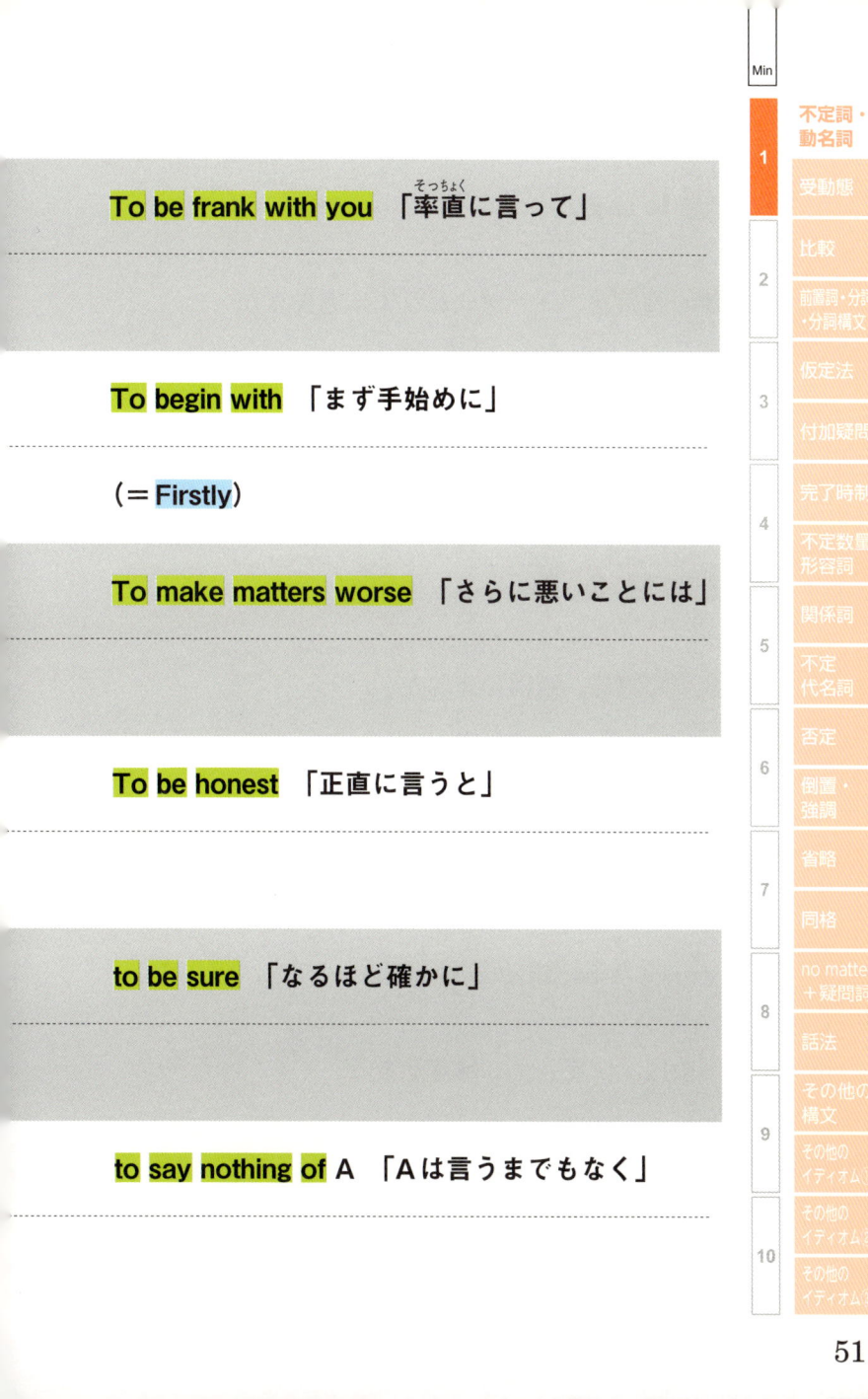

To begin with 「まず手始めに」

(= **Firstly**)

To make matters worse 「さらに悪いことには」

To be honest 「正直に言うと」

to be sure 「なるほど確かに」

to say nothing of A 「Aは言うまでもなく」

不定詞・動名詞 ⑩ (〜 to say の慣用表現、動名詞の慣用表現)

55 Strange to say, the door shut by itself.

不思議な話だが、ドアがひとりでに閉まった。

56 Curious to say, I couldn't find the shop.

変な話だが、私はその店を見つけることができなかった。

57 Needless to say, the rules are important.

言うまでもなく、規則は大切だ。

58 On arriving there, Eri went shopping.

そこに着くとすぐに、エリは買い物に行った。

59 This movie is worth watching many times.

この映画は、何度も見る価値がある。

60 I often feel like traveling somewhere.

私はよくどこかへ旅したいような気がする。

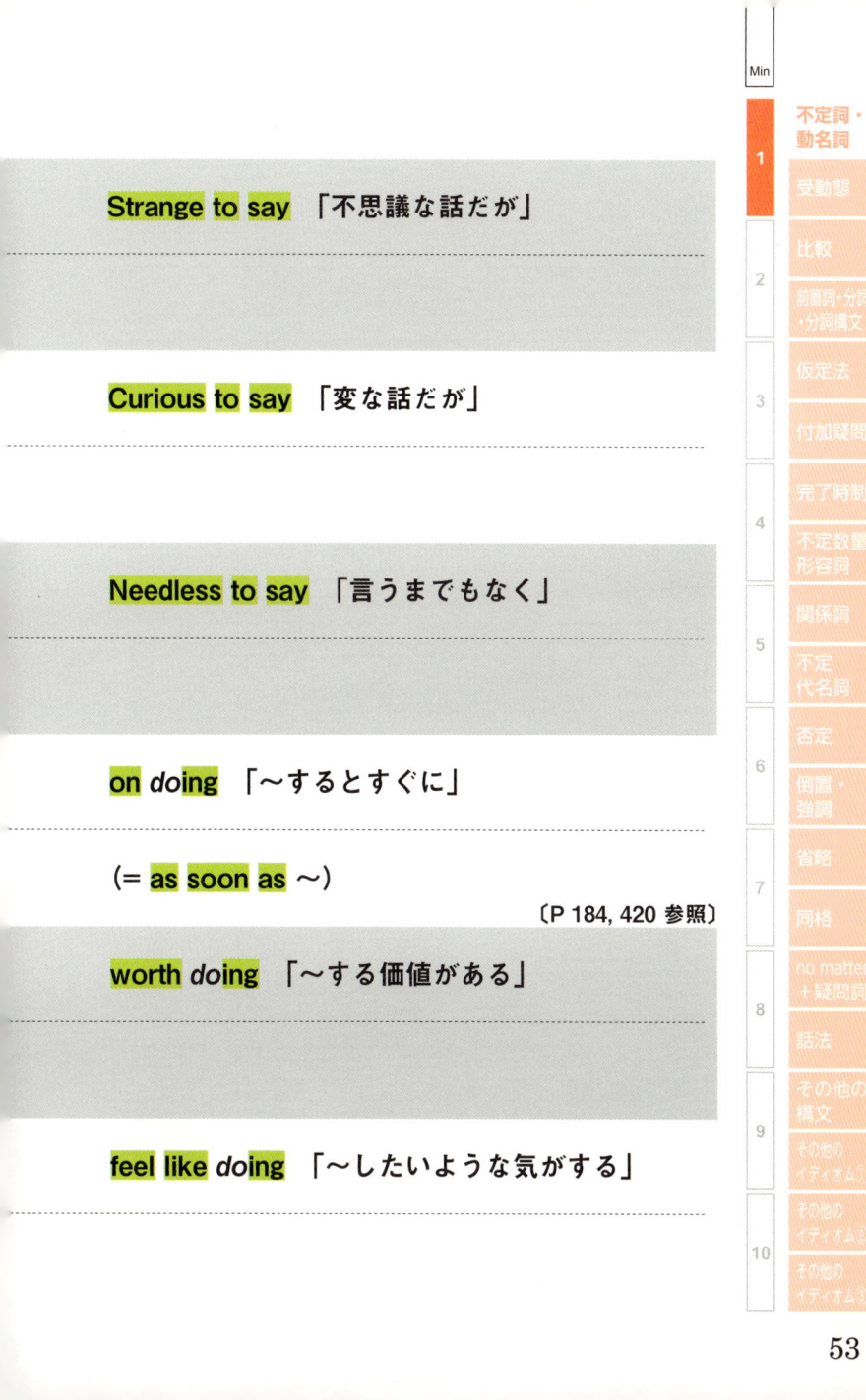

Strange to say 「不思議な話だが」

Curious to say 「変な話だが」

Needless to say 「言うまでもなく」

on *doing* 「～するとすぐに」

(= **as soon as** ～)

〔P 184, 420 参照〕

worth *doing* 「～する価値がある」

feel like *doing* 「～したいような気がする」

1分経過 チェックシート

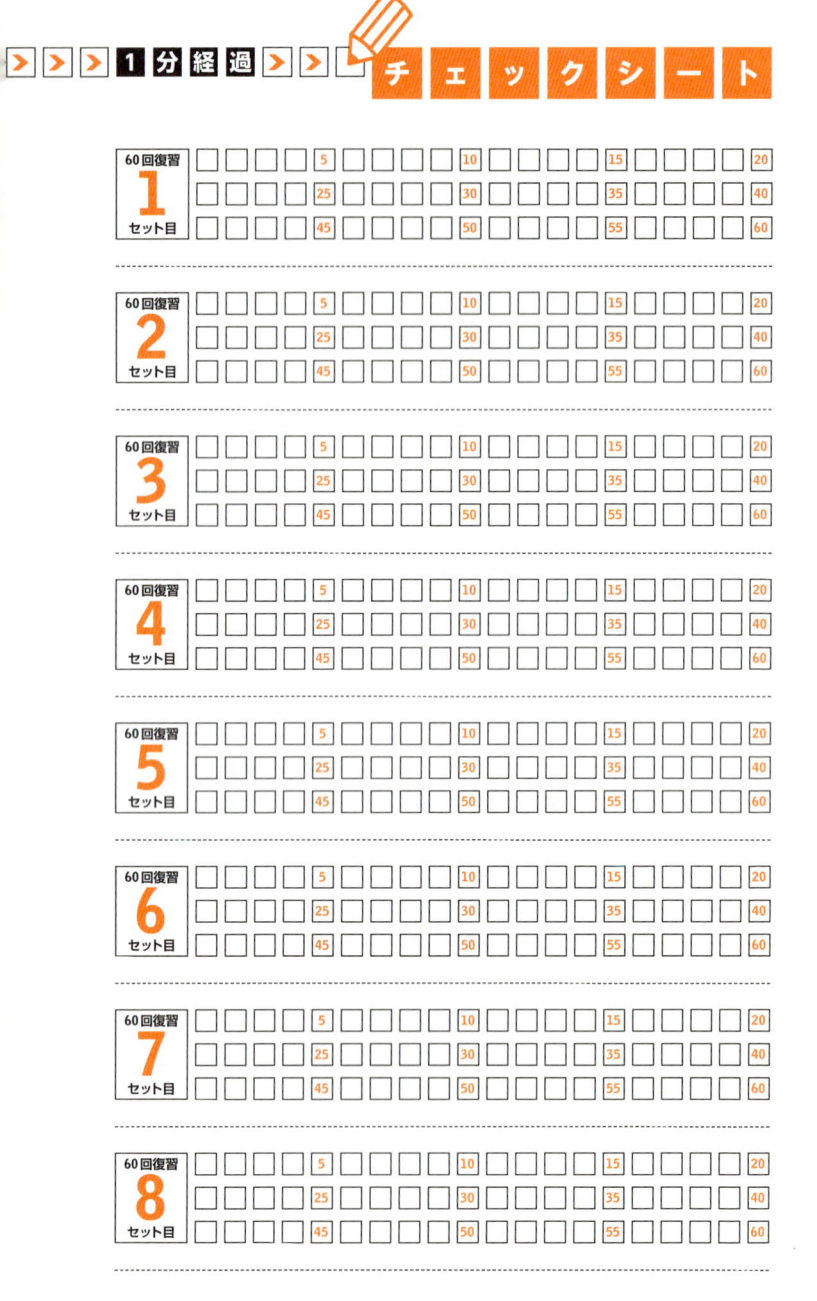

60回復習 1セット目
				5					10					15					20
				25					30					35					40
				45					50					55					60

60回復習 2セット目
				5					10					15					20
				25					30					35					40
				45					50					55					60

60回復習 3セット目
				5					10					15					20
				25					30					35					40
				45					50					55					60

60回復習 4セット目
				5					10					15					20
				25					30					35					40
				45					50					55					60

60回復習 5セット目
				5					10					15					20
				25					30					35					40
				45					50					55					60

60回復習 6セット目
				5					10					15					20
				25					30					35					40
				45					50					55					60

60回復習 7セット目
				5					10					15					20
				25					30					35					40
				45					50					55					60

60回復習 8セット目
				5					10					15					20
				25					30					35					40
				45					50					55					60

1分間英文法 ②

One Minute Tips to Master English Grammar 600

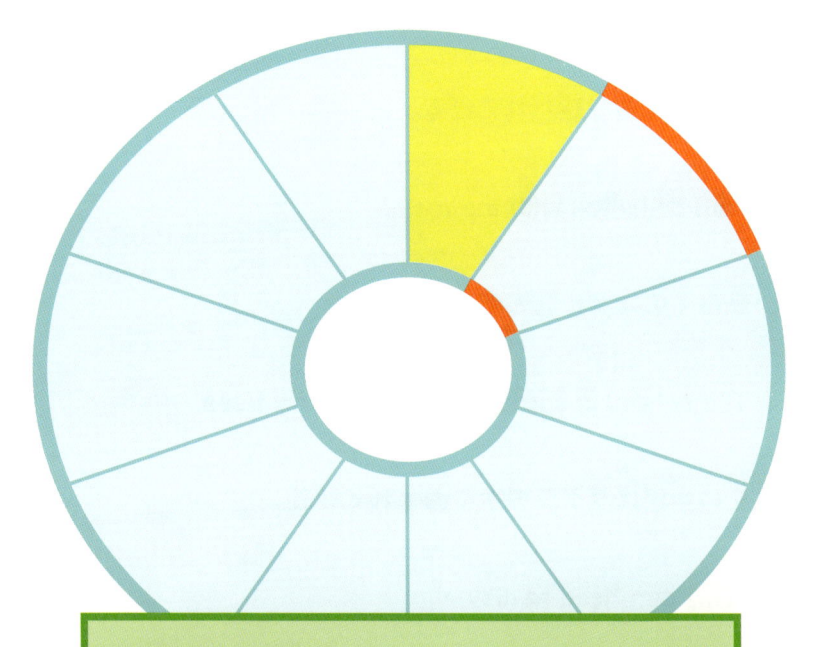

受動態
比較

受動態 ① (by 以外の前置詞を使う動詞の受動態)

61. The box **is filled with** trash.

その箱はゴミで**いっぱいになっている**。

62. Mt. Fuji **is covered with** snow.

富士山は雪で**覆(おお)われている**。

63. I **am delighted with** the result.

私はその結果に**喜んでいる**。

64. The school **is surrounded with** cherry trees.

その学校はサクラの木に**囲(かこ)まれている**。

65. I **was surprised at** his call.

私は彼の電話に**驚(おどろ)いた**。

66. I **am interested in** the movie.

私はその映画に**興味をもっている**。

be filled with 「いっぱいになる」

(= **be full of**)

be covered with 「覆(おお)われている」

※ by でも可

be delighted with 「喜んでいる」

※ by でも可

be surrounded with 「囲(かこ)まれている」

※ by でも可

be surprised at 「驚(おどろ)く」

※ by でも可

be interested in 「興味をもっている」

受動態 ② (群動詞の受動態)

67

The plan was given up by him.

その計画は彼によってあきらめさせられた。

68

I was laughed at by everyone.

私はみんなに笑われた。

69

I was talked about by him.

私は彼に話題にされた。

70

I am looked up to by my students.

私は生徒たちに尊敬されている。

71

My baby is taken care of by my grandmother.

私の赤ちゃんは私の祖母に世話されている。

72

Sometimes my brother is made fun of by his classmates.

私の弟はときどきクラスメートにからかわれる。

be given up by 「あきらめさせられる」

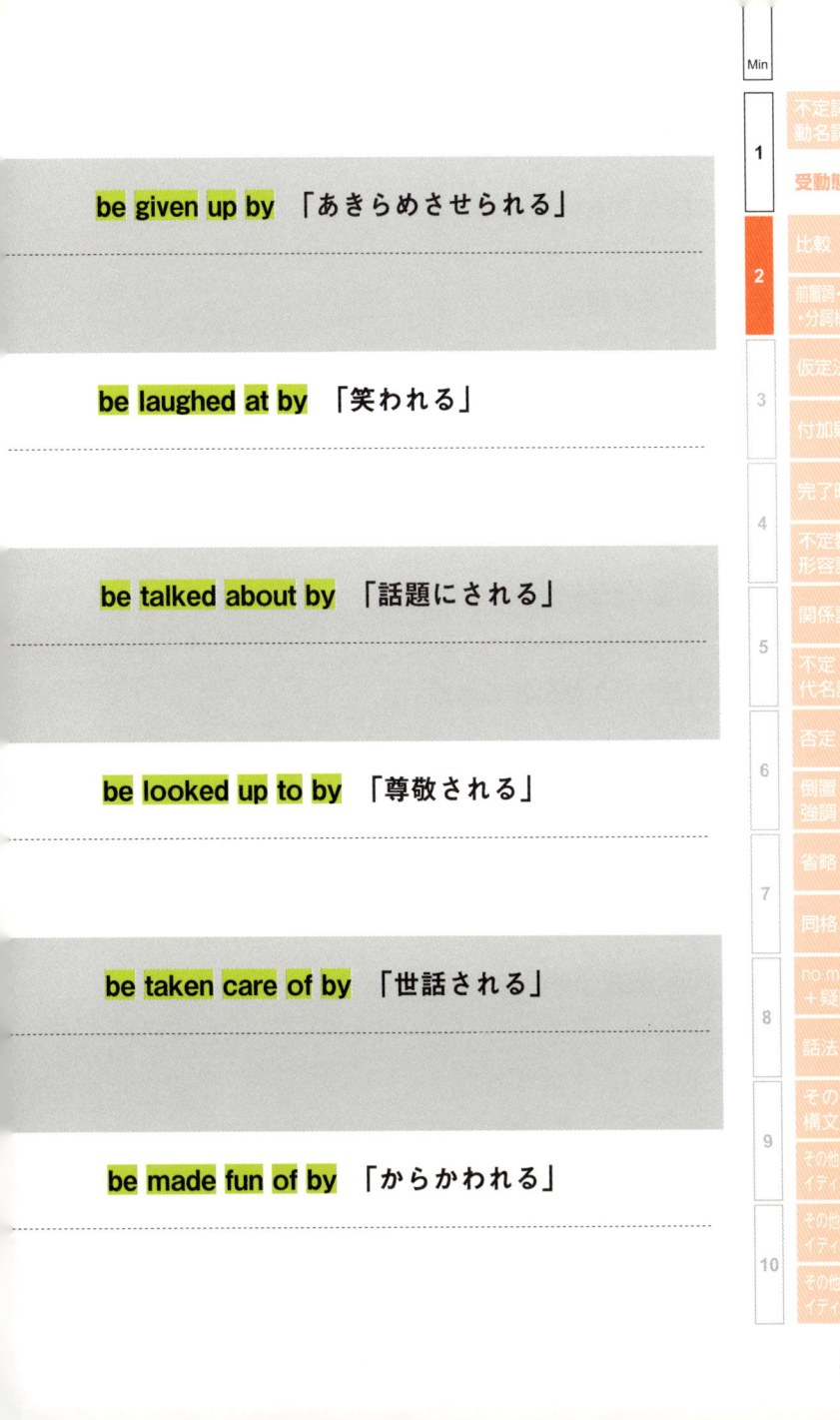

be laughed at by 「笑われる」

be talked about by 「話題にされる」

be looked up to by 「尊敬される」

be taken care of by 「世話される」

be made fun of by 「からかわれる」

受動態 ③（まぎらわしい受動態①）

73
This car is made in Japan.

この車は日本製だ。

74
This house is made of stone.

この家は石で作られている。

75
Cheese is made from milk.

チーズはミルクから作られる。

76
She was dressed in red.

彼女は真っ赤な服を着ていた。

77
Your hair was dressed with flowers.

あなたの髪は花で飾られた。

78
Princess Diana was killed in the accident.

ダイアナ妃は事故で死んだ。

be made in 「〜製だ」

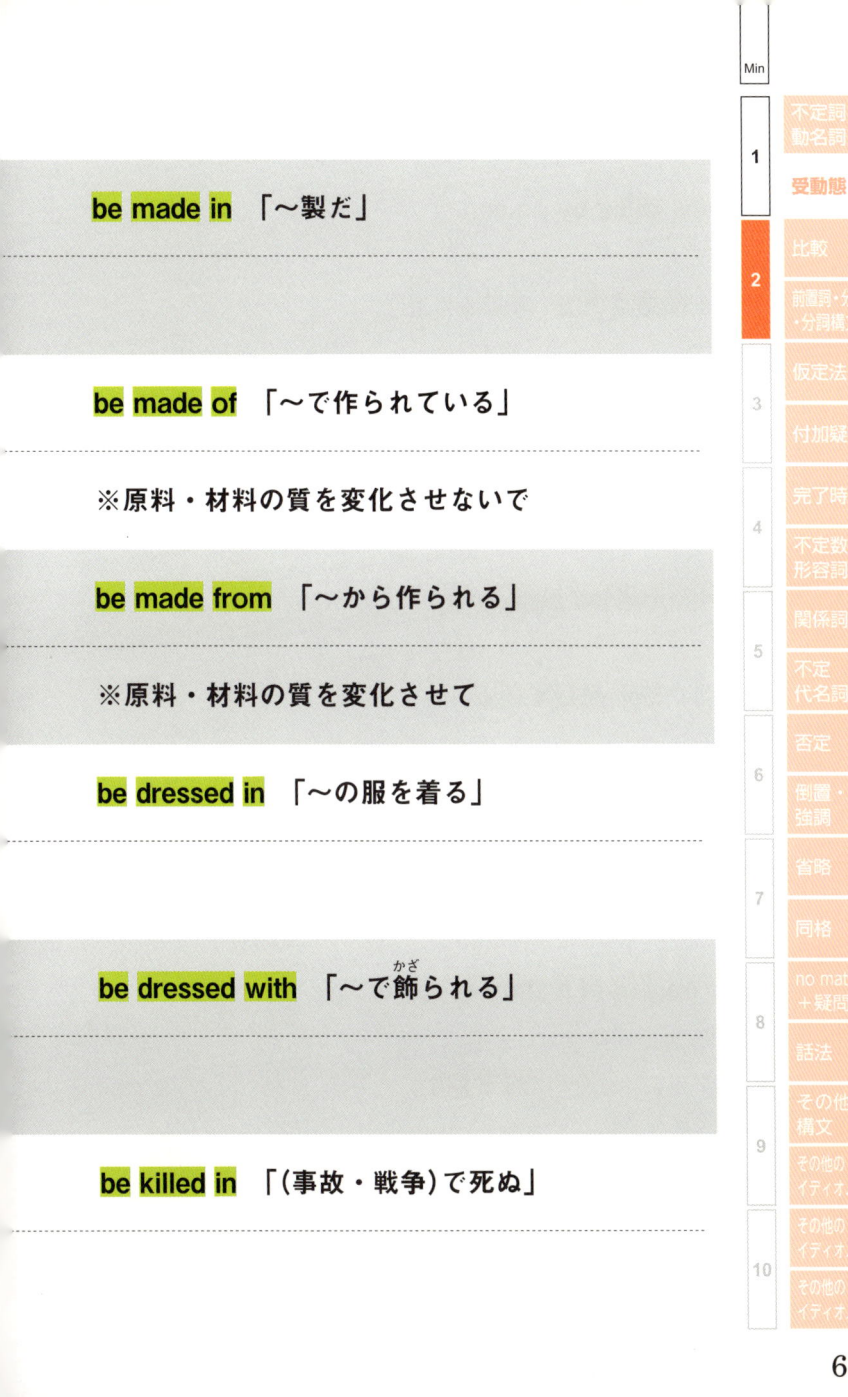

be made of 「〜で作られている」

※原料・材料の質を変化させないで

be made from 「〜から作られる」

※原料・材料の質を変化させて

be dressed in 「〜の服を着る」

be dressed with 「〜で飾（かざ）られる」

be killed in 「(事故・戦争)で死ぬ」

受動態 ④ (まぎらわしい受動態②、能動的に訳す受動態)

79 He was killed by poison.

彼は毒で殺された[毒殺された]。

80 You are concerned with the matter.

あなたはその件に関係している。

81 I am concerned about my future.

私は将来を心配している。

82 I was excited over the news.

私はそのニュースに興奮した。

83 I was caught in a shower yesterday.

私は昨日にわか雨にあった。

84 Masao was born in 1993.

マサオは1993年に生まれた。

be killed by 「〜で殺される」

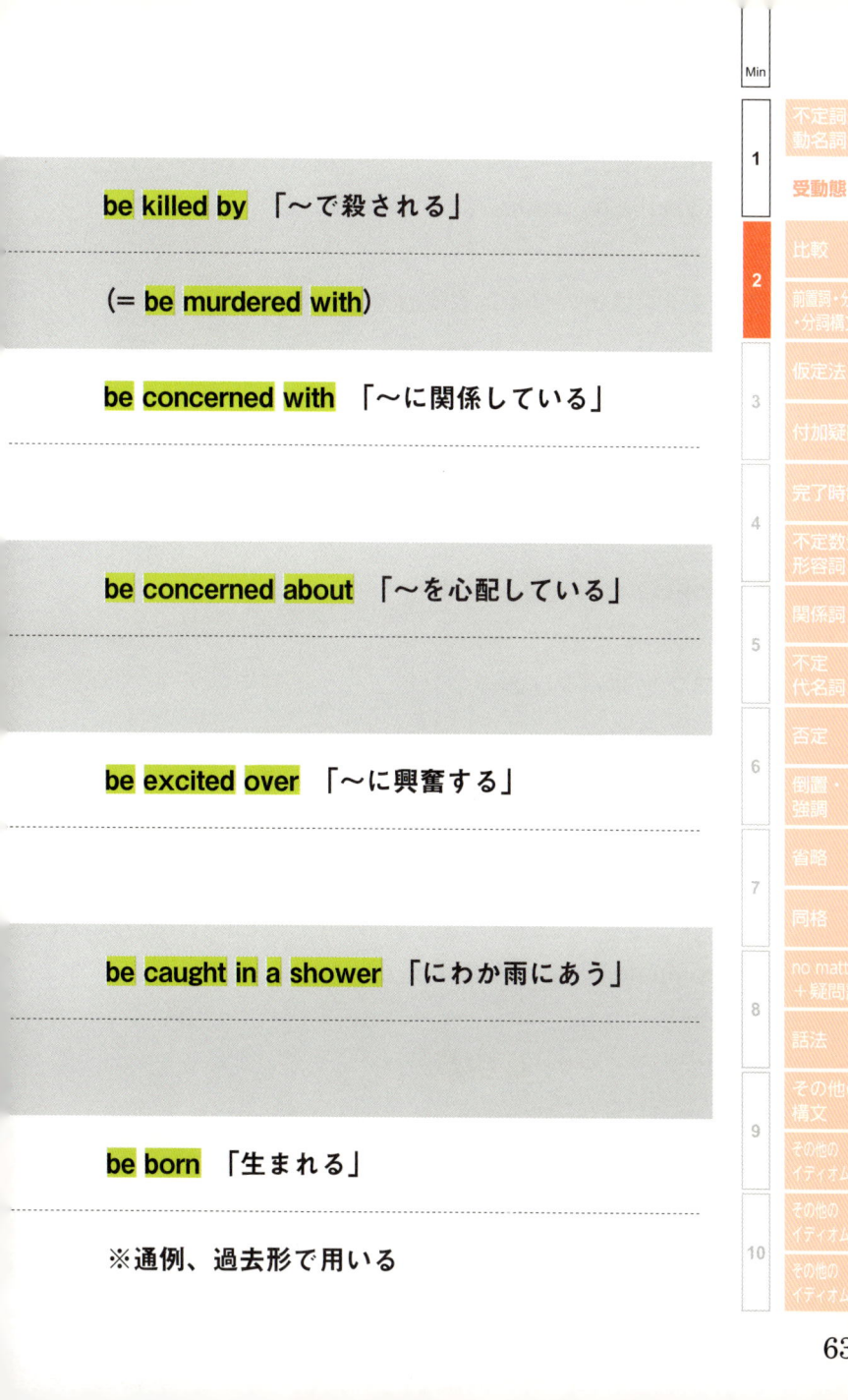

(= be murdered with)

be concerned with 「〜に関係している」

be concerned about 「〜を心配している」

be excited over 「〜に興奮する」

be caught in a shower 「にわか雨にあう」

be born 「生まれる」

※通例、過去形で用いる

比 較 ① (比較の基本①)

85
This wine is as mature as that wine.

このワインはあのワインと同じくらい熟成している。

86
This wine is not as mature as that wine.

このワインはあのワインほど熟成していない。

87
My computer is cheaper than that one.

私のコンピュータはあのコンピュータより安い。

88
That computer is more expensive than mine.

あのコンピュータは私のより高い。

89
My computer is the cheapest.

私のコンピュータはいちばん安い。

90
That computer is the most expensive.

あのコンピュータはいちばん高い。

as ... as ～ 「～と同じくらい…」
(原級)

not as ... as ～ 「～ほど…でない」
(原級)

(= **less ... than** ～)

～er than ... 「…より～」
(比較級)

more ～ than ... 「…より～」
(比較級)

the ～est 「いちばん～」
(最上級)

the most ～ 「いちばん～」
(最上級)

比 較 ② (比較の基本②、覚えておきたい比較表現①)

91 This car is better than that one.

この車はあの車よりよい。

92 This car is the best of all.

この車はすべての車の中でいちばんよい。

93 He is the tallest in his class.

彼はクラスの中でいちばん背が高い。

94 He is the tallest of the three.

彼は3人の中でいちばん背が高い。

95 You are more diligent than any other student.

あなたは他のどの生徒より勤勉(きんべん)だ。

96 You are as diligent as any student.

あなたはどの生徒にも劣(おと)らず勤勉だ。

A is better than B 「AはBよりよい」

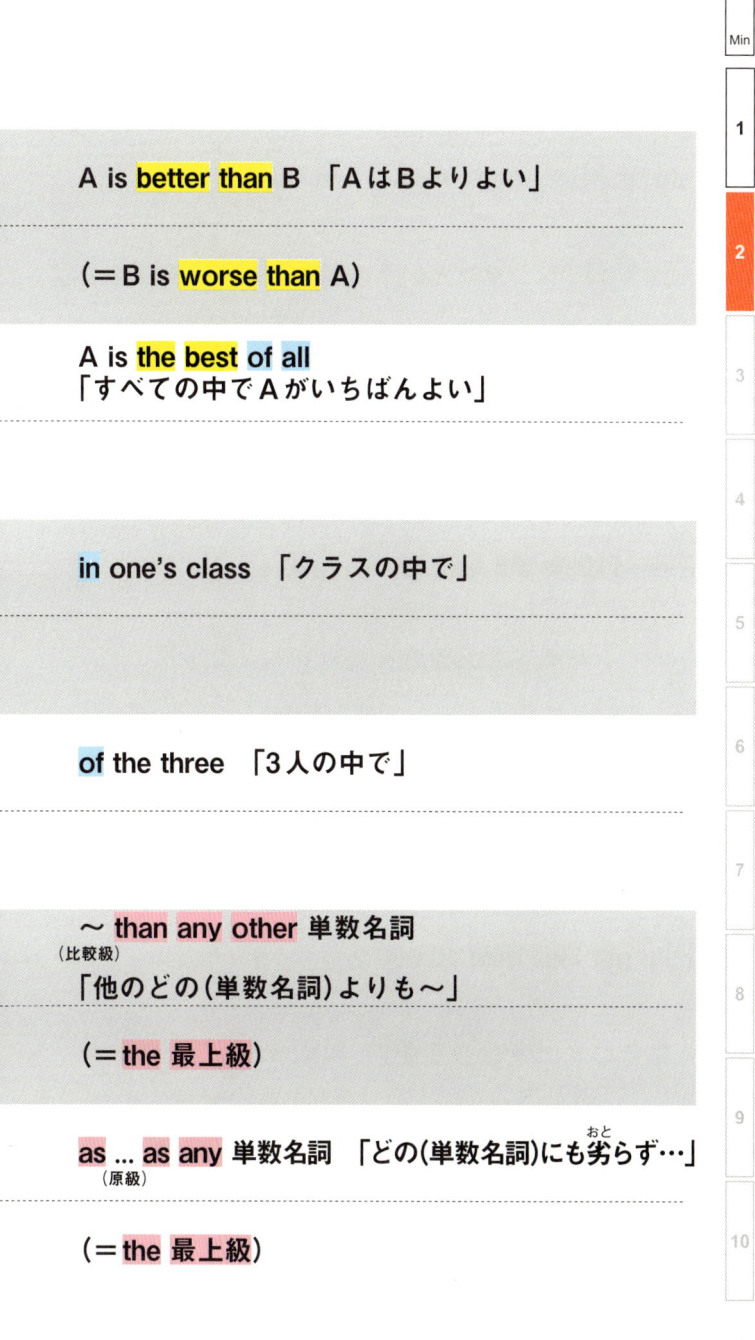

(＝B is worse than A)

A is the best of all
「すべての中でAがいちばんよい」

in one's class 「クラスの中で」

of the three 「3人の中で」

～ than any other 単数名詞
(比較級)
「他のどの(単数名詞)よりも～」

(＝the 最上級)

as ... as any 単数名詞 「どの(単数名詞)にも劣らず…」
(原級)

(＝the 最上級)

比 較 ③ (覚えておきたい比較表現②)

97
You are an artist rather than a musician.

あなたはミュージシャンというよりもむしろ芸術家だ。

98
You are not so much a musician as an artist.

あなたはミュージシャンというよりもむしろ芸術家だ。

99
He worked none the less for his failure.

彼は失敗したにもかかわらず仕事をした。

100
You paid no less than 10,000 yen for the book.

あなたはその本に1万円ものお金を払った。

101
You paid not less than 10,000 yen for the book.

あなたはその本に少なくとも1万円払った。

102
You paid no more than 10,000 yen for the book.

あなたはその本に1万円しか払わなかった。

B rather than A 「AというよりもむしろB」

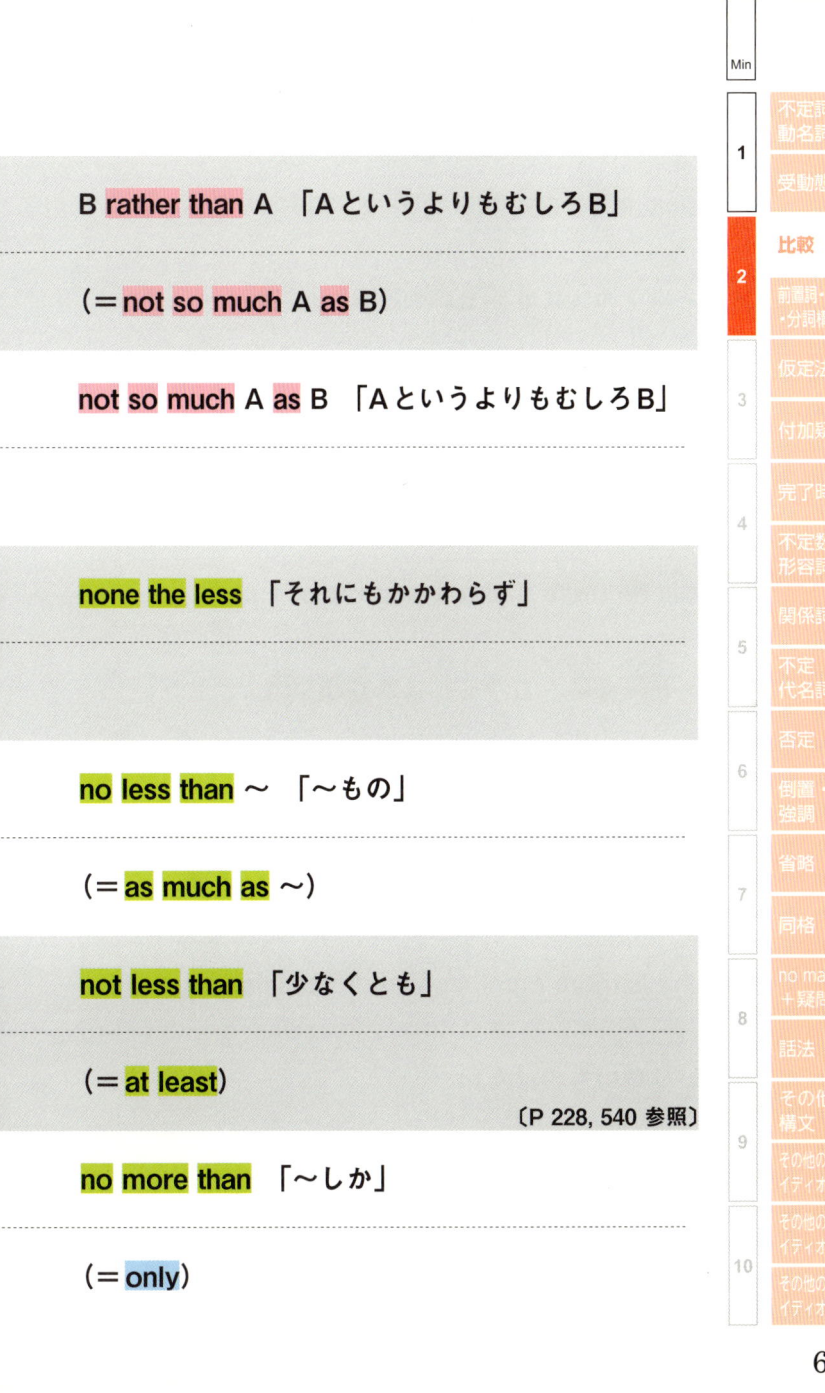

(= not so much A as B)

not so much A as B 「AというよりもむしろB」

none the less 「それにもかかわらず」

no less than ~ 「~も」

(= as much as ~)

not less than 「少なくとも」

(= at least)

〔P 228, 540 参照〕

no more than 「~しか」

(= only)

比 較 ④ （覚えておきたい比較表現③）

103

You paid not more than 10,000 yen for the book.

あなたはその本にせいぜい1万円しか払わなかった。

104

A bat is not a bird any more than a rat is.

ネズミと同様に、コウモリは鳥ではない。

105

A bat is no more a bird than a rat is.

ネズミと同様に、コウモリは鳥ではない。

106

I have no other pet than cats.

私はネコよりほかのペットは何も飼っていない。

107

Nothing is more precious than friendship.

友情より尊いものはない。

108

Nothing is as precious as friendship.

友情ほど尊いものはない。

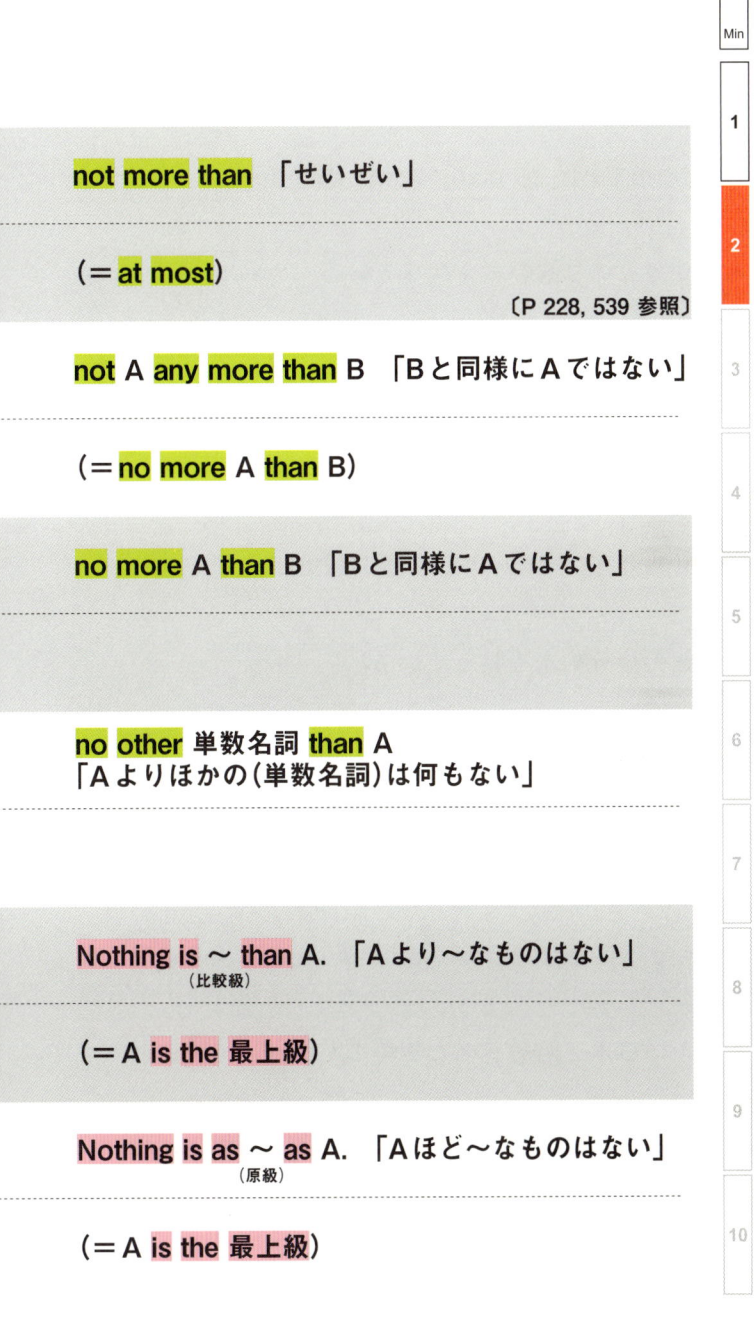

not more than 「せいぜい」

(= at most)

〔P 228, 539 参照〕

not A any more than B 「Bと同様にAではない」

(= no more A than B)

no more A than B 「Bと同様にAではない」

no other 単数名詞 than A
「Aよりほかの(単数名詞)は何もない」

Nothing is 〜 than A. 「Aより〜なものはない」
(比較級)

(= A is the 最上級)

Nothing is as 〜 as A. 「Aほど〜なものはない」
(原級)

(= A is the 最上級)

比 較 ⑤（覚えておきたい比較表現④）

109
You have twice as many books as I have.

あなたは私の2倍の本を持っている。

110
He has three times as many books as I have.

彼は私の3倍の本を持っている。

111
I have half as many books as he has.

私は彼の半分の本を持っている。

112
I have one third as many books as he has.

私は彼の3分の1の本を持っている。

113
You are one of the most famous men in Japan.

あなたは日本で最も有名な男の1人だ。

114
You are among the most famous men in Japan.

あなたは日本で最も有名な男の1人だ。

twice as ～ as 「2倍の」

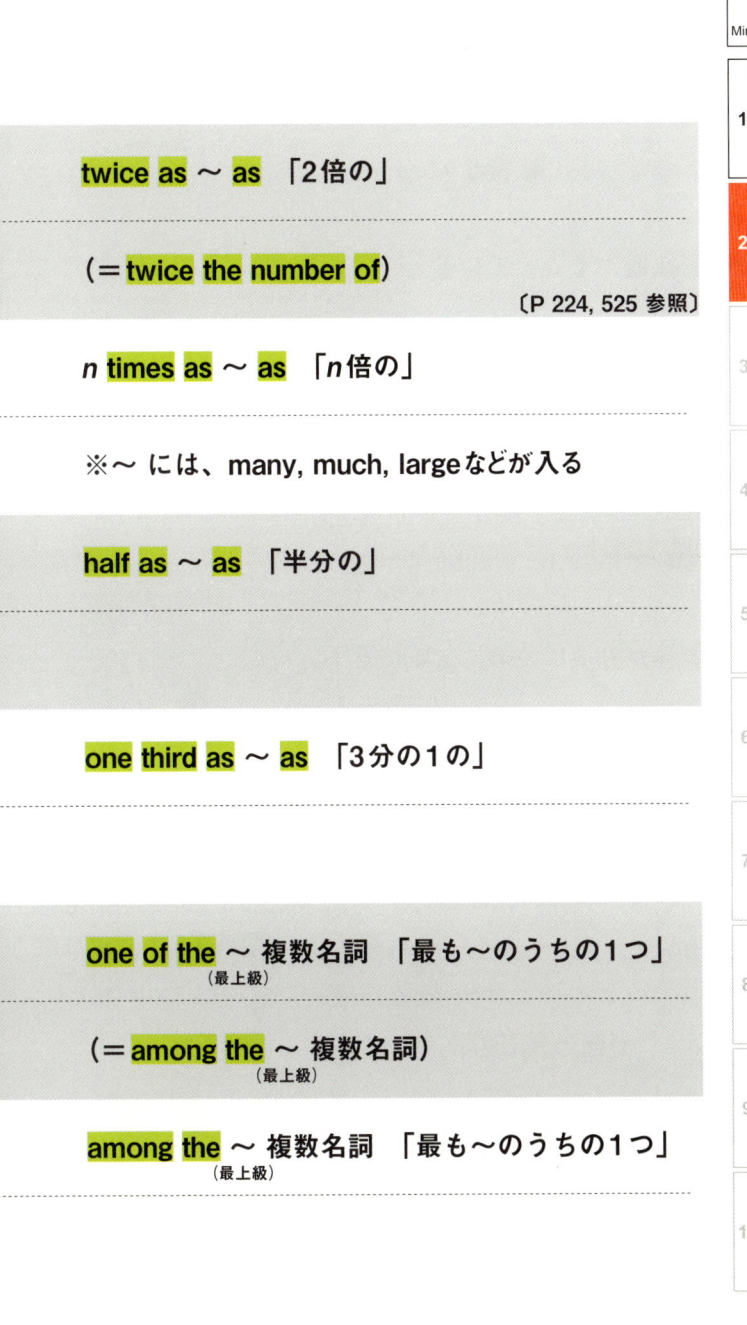

(＝twice the number of)
〔P 224, 525 参照〕

***n* times as ～ as** 「*n*倍の」

※～ には、many, much, large などが入る

half as ～ as 「半分の」

one third as ～ as 「3分の1の」

one of the ～ 複数名詞 「最も～のうちの1つ」
（最上級）

(＝among the ～ 複数名詞）
（最上級）

among the ～ 複数名詞 「最も～のうちの1つ」
（最上級）

比 較 ⑥ (その他の比較表現)

115

It's getting warmer and warmer.

だんだん暖かくなっている。

116

The sooner you come, the more goods you can buy.

早く来れば来るほど、商品をますますたくさん買うことができる。

117

Sooner or later he will be well.

遅かれ早かれ彼は元気になるだろう。

118

I walked for an hour, more or less.

私はおよそ1時間歩いた。

119

This book is five hundred yen the cheaper of the two.

この本は、2冊のうちで500円安い。

120

I cannot wait for you any longer.

もはやこれ以上あなたを待っていられない。

比較級 and 比較級　「だんだん」

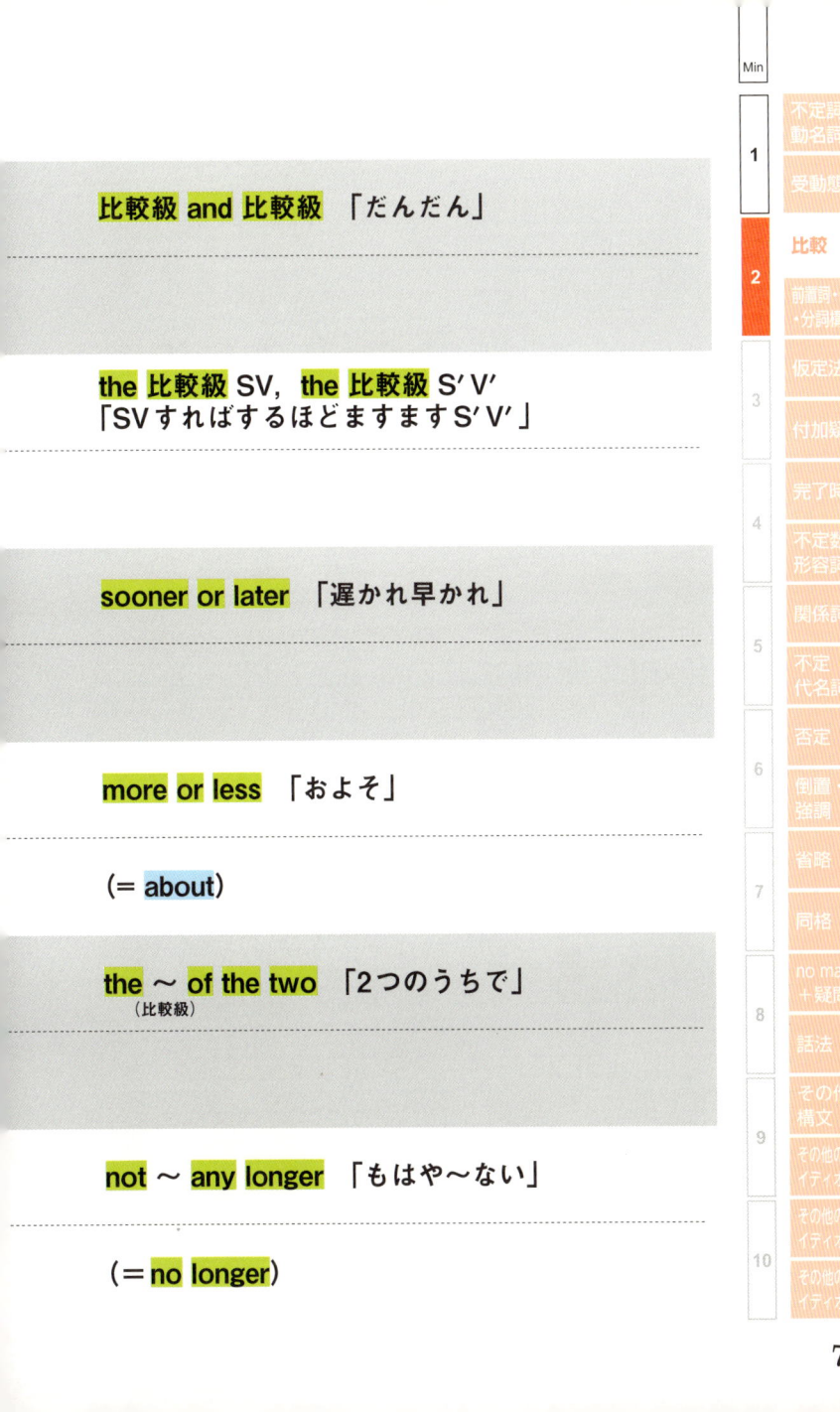

the 比較級 SV, the 比較級 S′V′
「SVすればするほどますますS′V′」

sooner or later　「遅かれ早かれ」

more or less　「およそ」

(= about)

the ～ of the two　「2つのうちで」
　（比較級）

not ～ any longer　「もはや～ない」

(= no longer)

1分経過 チェックシート

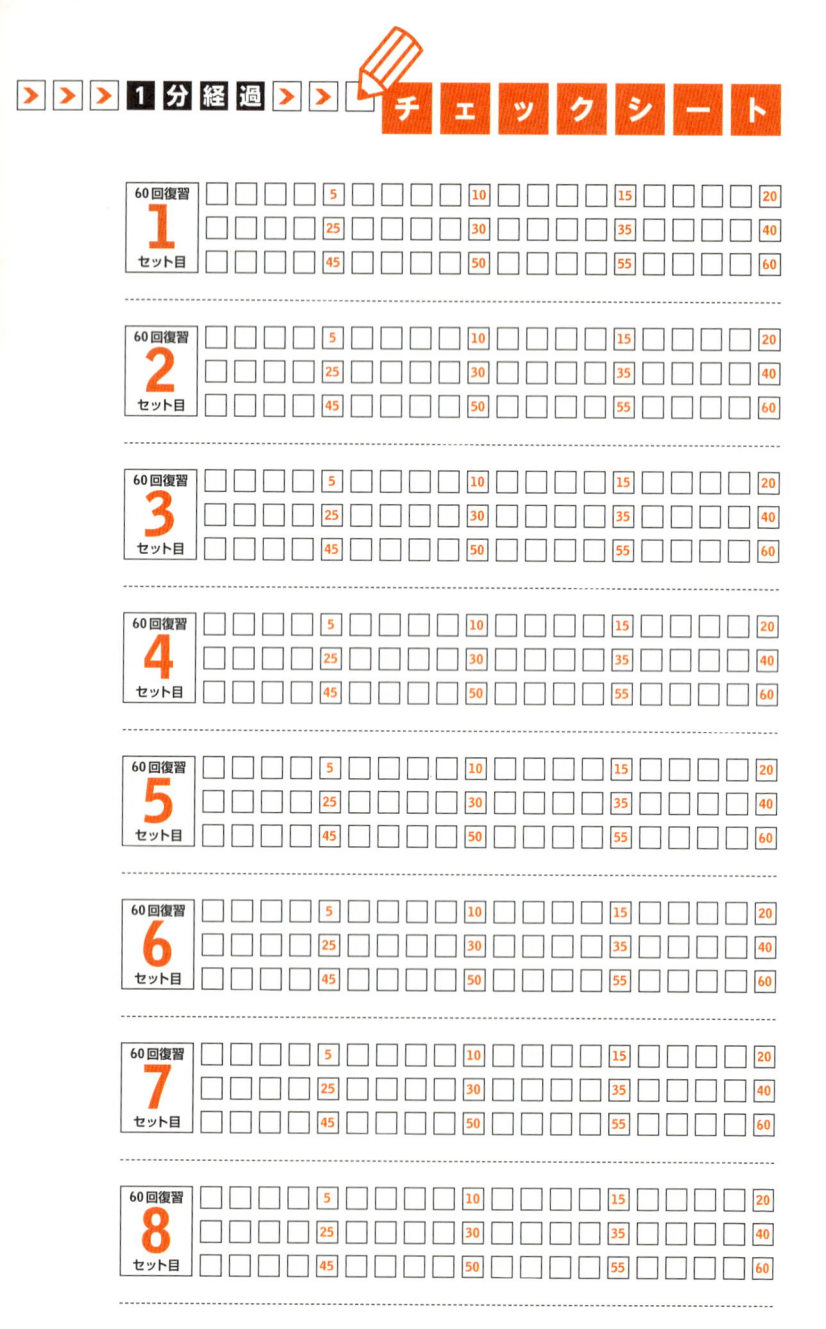

1セット目 60回復習
			5				10				15				20
			25				30				35				40
			45				50				55				60

2セット目 60回復習

3セット目 60回復習

4セット目 60回復習

5セット目 60回復習

6セット目 60回復習

7セット目 60回復習

8セット目 60回復習

1分間英文法
③

One Minute Tips to Master English Grammar 600

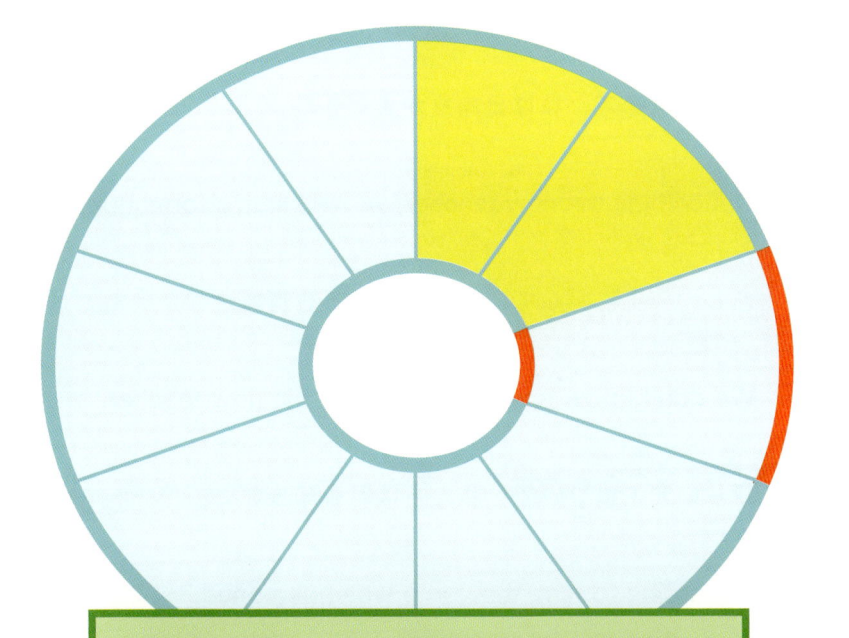

前置詞・分詞・分詞構文
仮定法
付加疑問

前置詞・分詞・分詞構文 ① (慣用的な用法①)

121
Excluding *natto*, I like Japanese food very much.

納豆を除いて、私は日本食が大好きだ。

122
Including *natto*, I like Japanese food very much.

納豆を含めて、私は日本食が大好きだ。

123
Concerning the new teacher, we had little information.

新しい先生に関して、私たちは少しも情報がなかった。

124
We don't know anything regarding the new teacher.

新しい先生について、私たちは何も知らない。

125
According to him, the game was postponed.

彼によれば、その試合は延期された。

126
Admitting that you say so, I can't give up this plan.

あなたがそう言うことは認めるものの、
私はこの計画をあきらめられない。

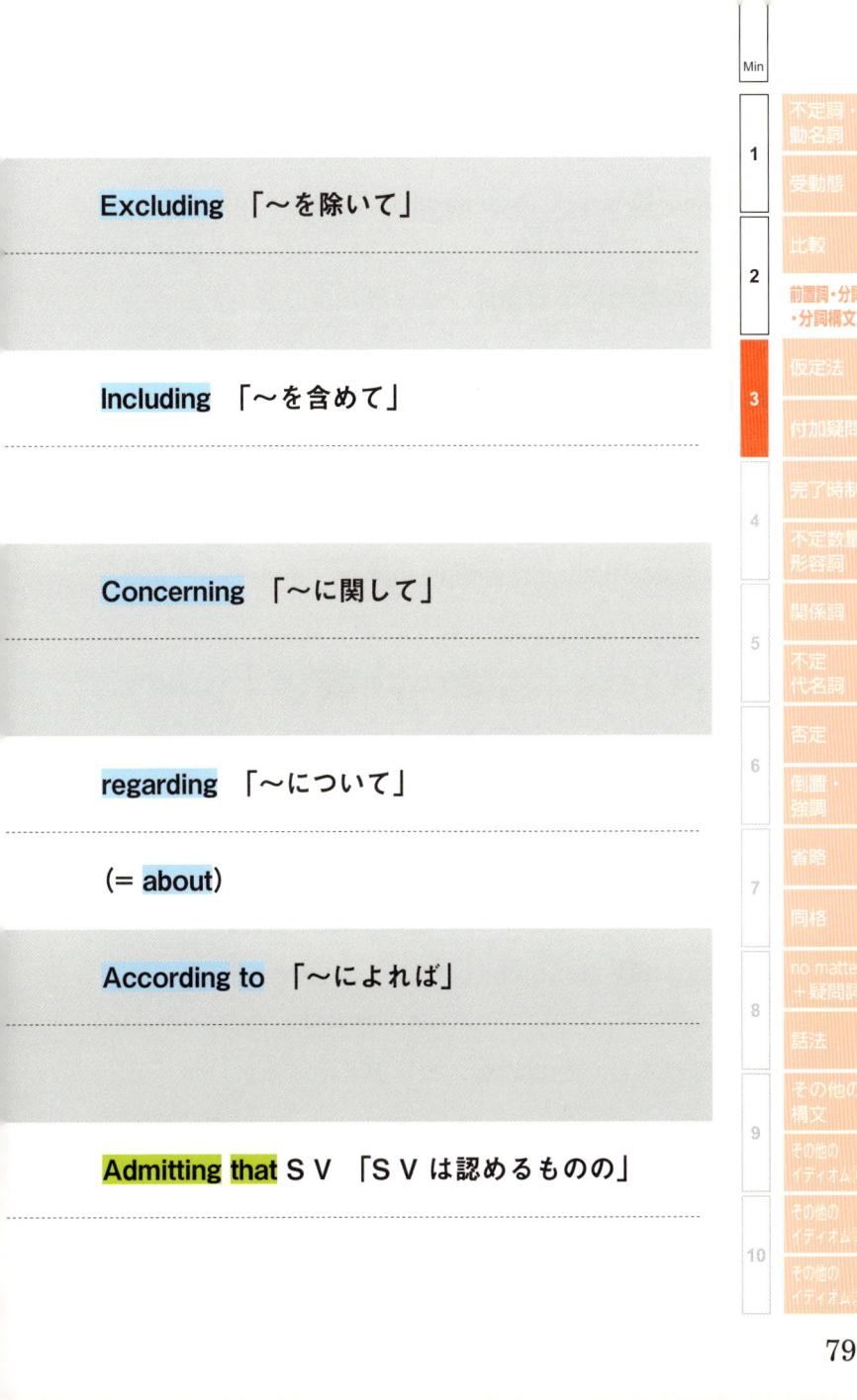

Excluding 「〜を除いて」

Including 「〜を含めて」

Concerning 「〜に関して」

regarding 「〜について」

(= about)

According to 「〜によれば」

Admitting that S V 「S V は認めるものの」

前置詞・分詞・分詞構文 ②（慣用的な用法②）

Speaking of professional baseball, he is the oldest player.

プロ野球について言えば、彼が最年長の選手だ。

Talking of professional baseball, he is the oldest player.

プロ野球と言えば、彼が最年長の選手だ。

He is a good player, **seeing that** he catches the ball well.

ボールをうまくとるという点から見ると、彼はいい選手だ。

Assuming that the rumor is true, I will choose her.

うわさが本当だと仮定して、私は彼女を選ぶだろう。

Granted that the rumor is true, I believe him.

うわさが本当だとしても、私は彼を信じる。

Provided that it rains, we will go to the museum.

雨が降るならば、私たちは博物館へ行くだろう。

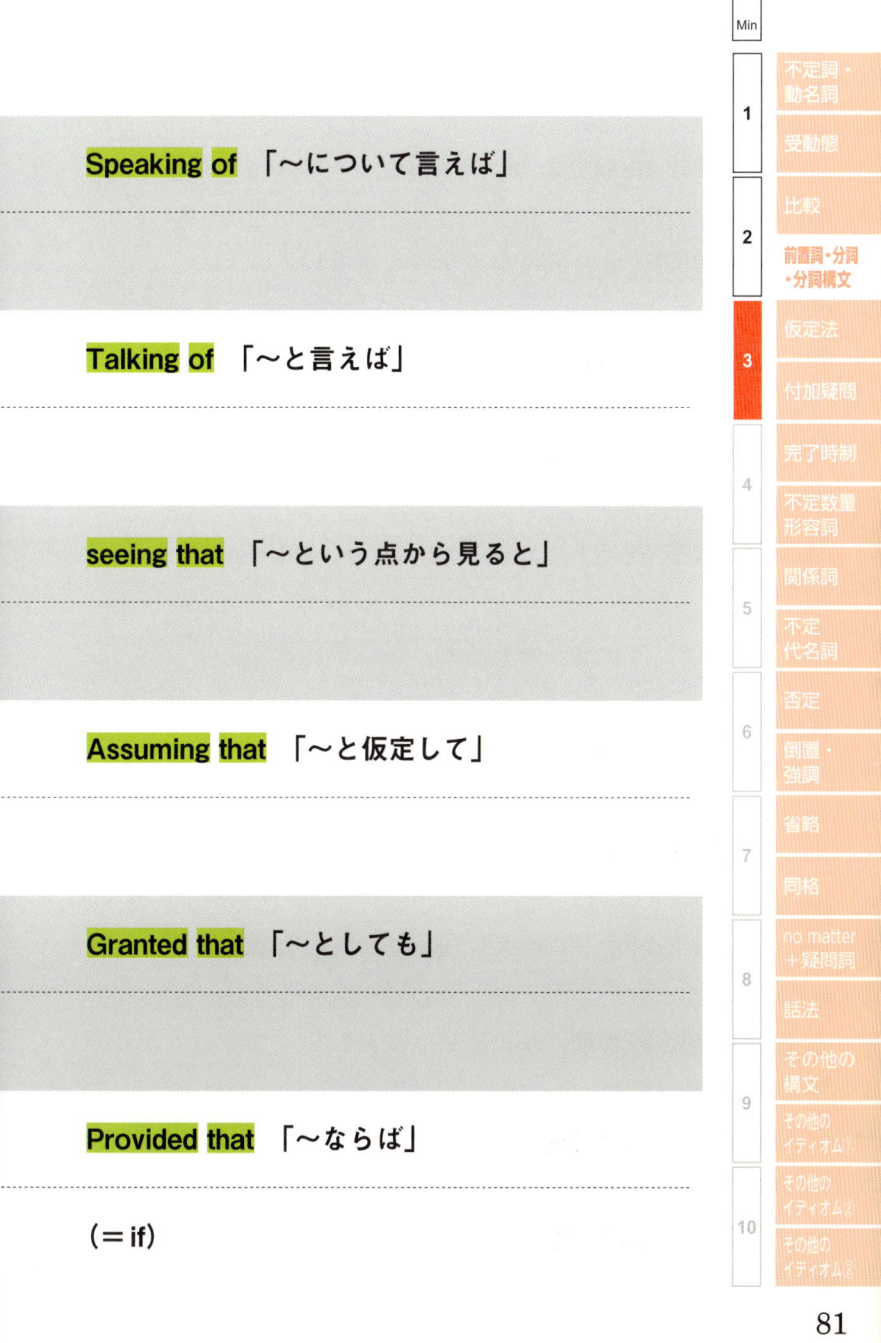

Speaking of 「〜について言えば」

Talking of 「〜と言えば」

seeing that 「〜という点から見ると」

Assuming that 「〜と仮定して」

Granted that 「〜としても」

Provided that 「〜ならば」

(= if)

前置詞・分詞・分詞構文 ③（慣用的な用法③）

133 Frankly speaking, he isn't popular among the girls.

率直に言えば、彼は女の子にモテない。

134 Strictly speaking, panthers and cheetahs are different.

厳密(げんみつ)に言えば、ヒョウとチーターはちがう。

135 Judging from his speech, he is an optimist.

彼の話し方から判断すると、彼は楽天家だ。

136 Generally speaking, Japanese are shy.

一般的に言えば、日本人は恥ずかしがりである。

137 I'll go fishing tomorrow, weather permitting.

天気がよければ、私は明日、釣りにいくつもりだ。

138 Broadly speaking, Korean TV dramas are interesting.

大ざっぱに言って、韓国のテレビドラマはおもしろい。

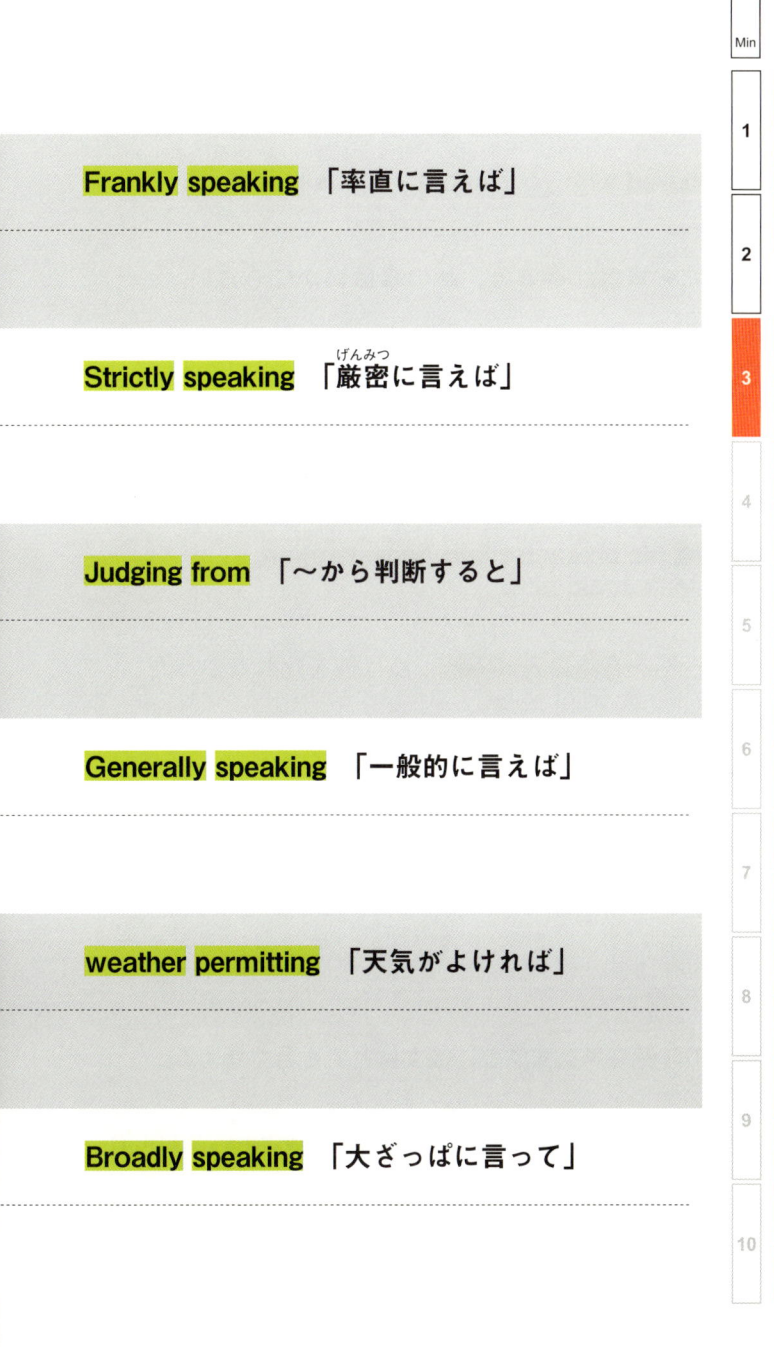

Frankly speaking 「率直に言えば」

Strictly speaking 「厳密(げんみつ)に言えば」

Judging from 「～から判断すると」

Generally speaking 「一般的に言えば」

weather permitting 「天気がよければ」

Broadly speaking 「大ざっぱに言って」

前置詞・分詞・分詞構文 ④（慣用的な用法④）

139
Compared with your car, my car is really old.

あなたの車と比べると、私の車はいかにも古い。

140
Other things being equal, I would recommend him.

ほかの条件が同じなら、私は彼を推薦する。

141
Taking his character into consideration, I couldn't scold him.

彼の性格を考慮に入れると、私は彼を叱れなかった。

142
All things considered, we got married.

すべてを考慮して、私たちは結婚した。

143
Considering her age, she looks so young.

彼女の年齢を考慮すると、彼女はとても若く見える。

144
Supposing that you were free now, would you help me?

もし今暇だとしたら、私を手伝ってくれますか。

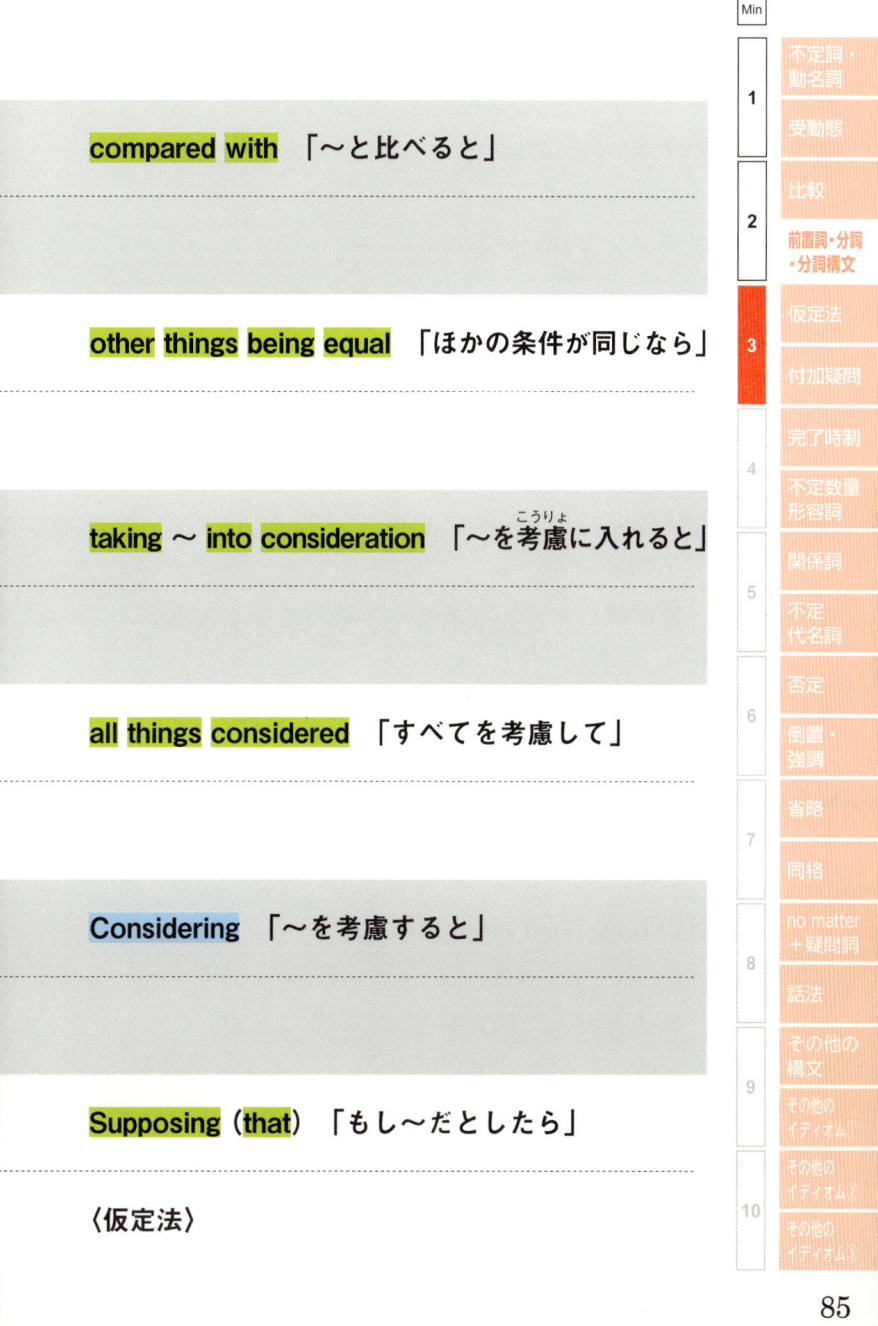

compared with 「～と比べると」

other things being equal 「ほかの条件が同じなら」

taking ～ into consideration 「～を考慮に入れると」

all things considered 「すべてを考慮して」

Considering 「～を考慮すると」

Supposing (that) 「もし～だとしたら」

〈仮定法〉

仮定法 ① (慣用的な用法)

I wish I were Edison.

私がエジソン**なら**いい**のに**。

I wish I had studied harder when I was young.

私は若いときにもっと勉強**しておけばよかったのに**。

I talked **as if I knew** everything about stars.

私は、星に関して**あたかも**すべて知っている**ように**話した。

I talked **as if I had known** everything about stars.

私は、星に関して**あたかも**すべて知って**いたかのように**話した。

It is high time I had breakfast.

私は、**もうとっくに**朝食をとって**いるころだ**。

If I were to be born again, I would be an astronaut.

もしもう一度生まれ変わる**ようなことでもあれば**、私は宇宙飛行士になりたい。

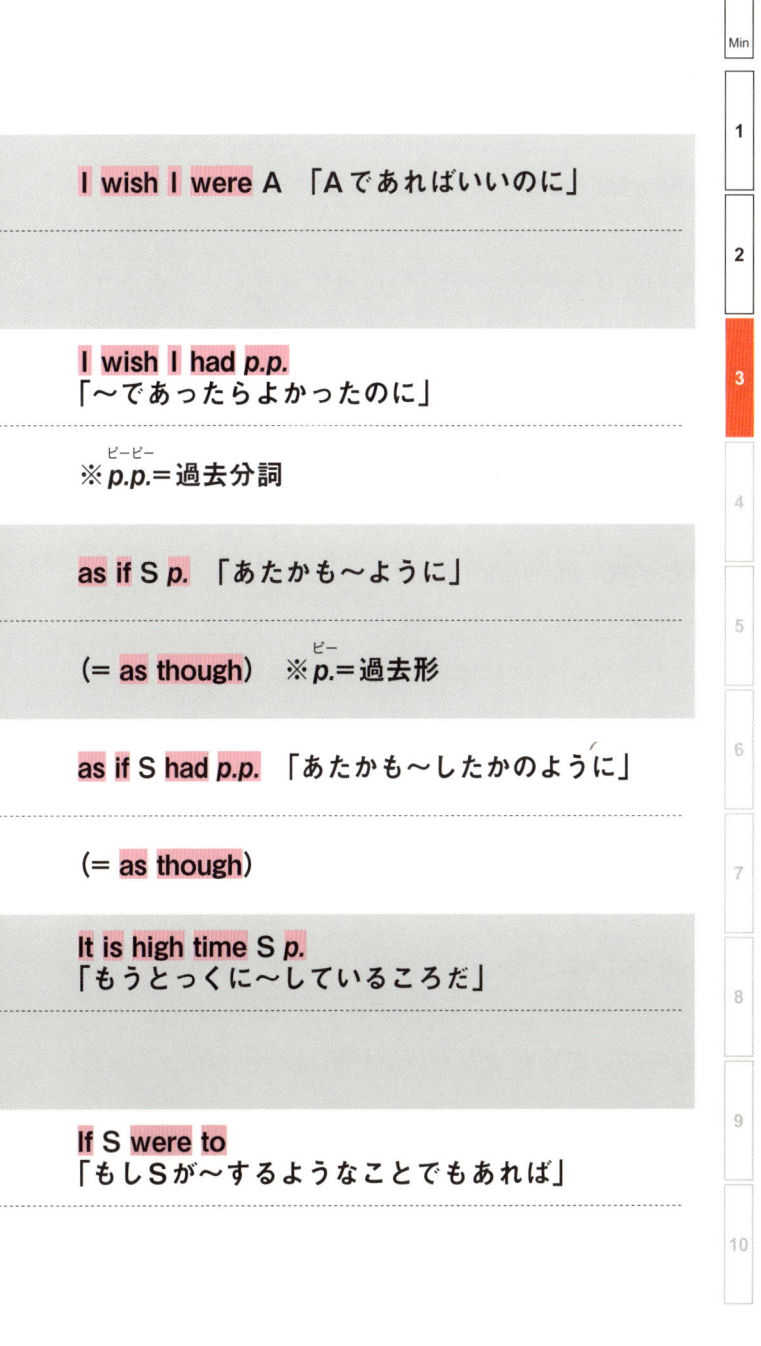

I wish I were A 「Aであればいいのに」

I wish I had *p.p.*
「〜であったらよかったのに」

※*p.p.*(ピーピー)＝過去分詞

as if S *p.* 「あたかも〜ように」

(＝ **as though**) ※*p.*(ピー)＝過去形

as if S had *p.p.* 「あたかも〜したかのように」

(＝ **as though**)

It is high time S *p.*
「もうとっくに〜しているころだ」

If S were to
「もしSが〜するようなことでもあれば」

仮定法 ② （覚えておきたい仮定法の書き換え表現）

151

Without your help, I would have got lost.

あなたの助けがなかったら、私は道に迷っていただろう。

152

But for your help, I would have got lost.

あなたの助けがなかったら、私は道に迷っていただろう。

153

If it were not for your help, I would get lost.

あなたの助けがなければ、私は道に迷うだろう。

154

Were it not for your help, I would get lost.

あなたの助けがなければ、私は道に迷うだろう。

155

If it had not been for your help, I would have got lost.

あなたの助けがなかったら、私は道に迷っていただろう。

156

Had it not been for your help, I would have got lost.

あなたの助けがなかったら、私は道に迷っていただろう。

Without 「～がなければ」「～がなかったら」

(= But for) (= If it were not for)
　　　　　 (= If it had not been for)

But for 「～がなければ」「～がなかったら」

If it were not for 「～がなければ」

(= were it not for)

Were it not for 「～がなければ」

If it had not been for 「～がなかったら」

(= Had it not been for)

Had it not been for 「～がなかったら」

仮定法 ③（その他の用法①）

157
I wonder if you could call me later.

後ほどお電話をいただけないでしょうか。

158
If only there were thirty hours every day !

毎日30時間あればいいのに。

159
If only there had been thirty hours that day !

あの日、30時間あったらよかったのに。

160
She is an honest woman, I should say.

私が申し上げるとすれば、彼女は正直な女性だ。

161
She is an honest woman, I should think.

私が思うところでは、彼女は正直な女性だ。

162
She is an honest woman, one would think.

彼女は正直な女性だとだれでも思うだろう。

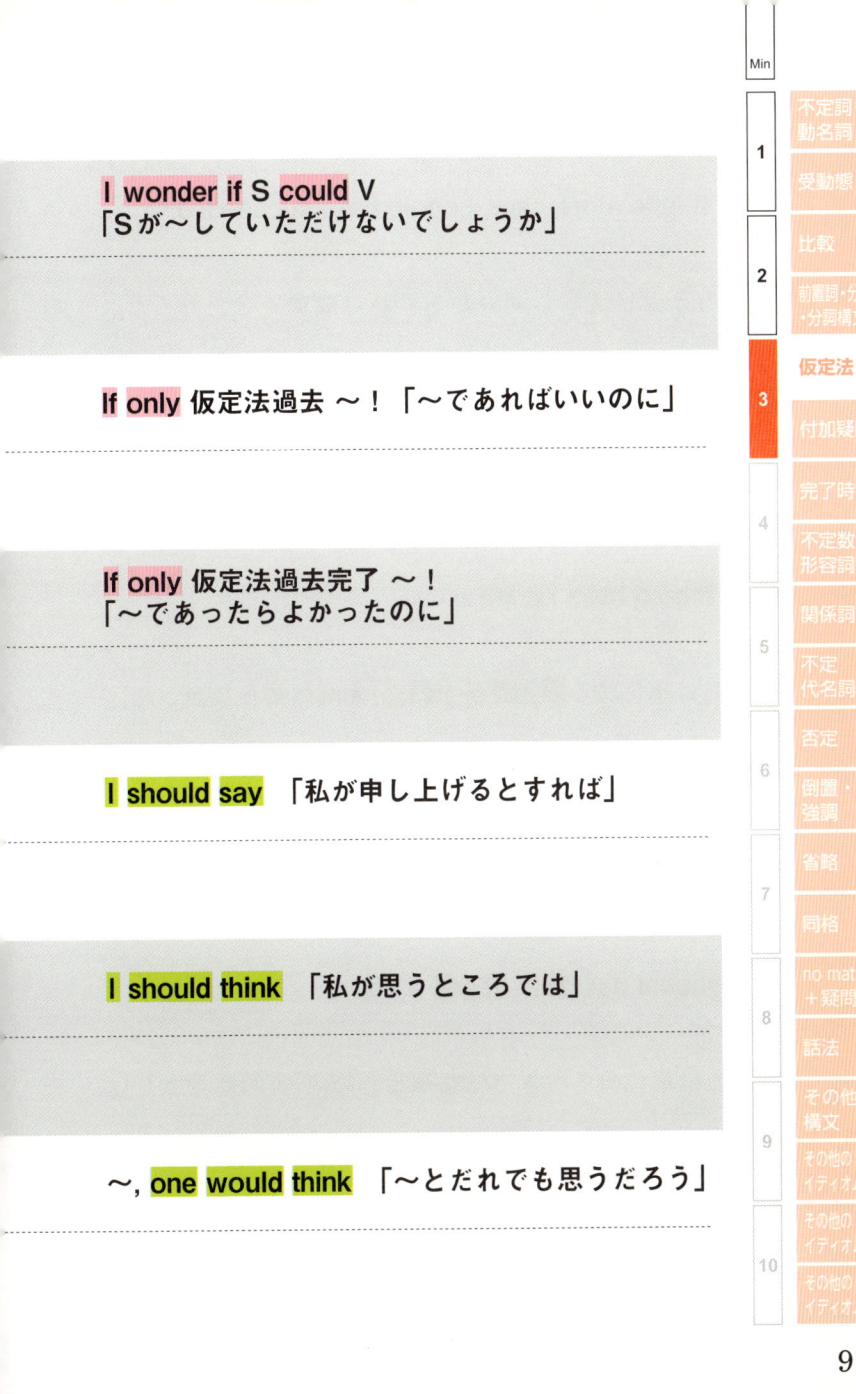

I wonder if S could V
「Sが〜していただけないでしょうか」

If only 仮定法過去 〜！「〜であればいいのに」

If only 仮定法過去完了 〜！
「〜であったらよかったのに」

I should say 「私が申し上げるとすれば」

I should think 「私が思うところでは」

〜, **one would think** 「〜とだれでも思うだろう」

仮定法 ④（その他の用法②）

163 With a little more care, I could have succeeded.

もしもう少し注意していたら、私は成功できただろう。

164 He walked slowly; otherwise he would fall down.

彼はゆっくり歩いた。もしそうでなければ転んでいただろう。

165 You should have ridden a car.

あなたは車に乗るべきだったのに[実際は乗らなかった]。

166 You ought to have ridden a car.

あなたは車に乗るべきだったのに[実際は乗らなかった]。

167 You should not have ridden a car.

あなたは車に乗るべきではなかったのに[実際は乗った]。

168 You ought not to have ridden a car.

あなたは車に乗るべきではなかったのに[実際は乗った]。

With 「もし~していたら」

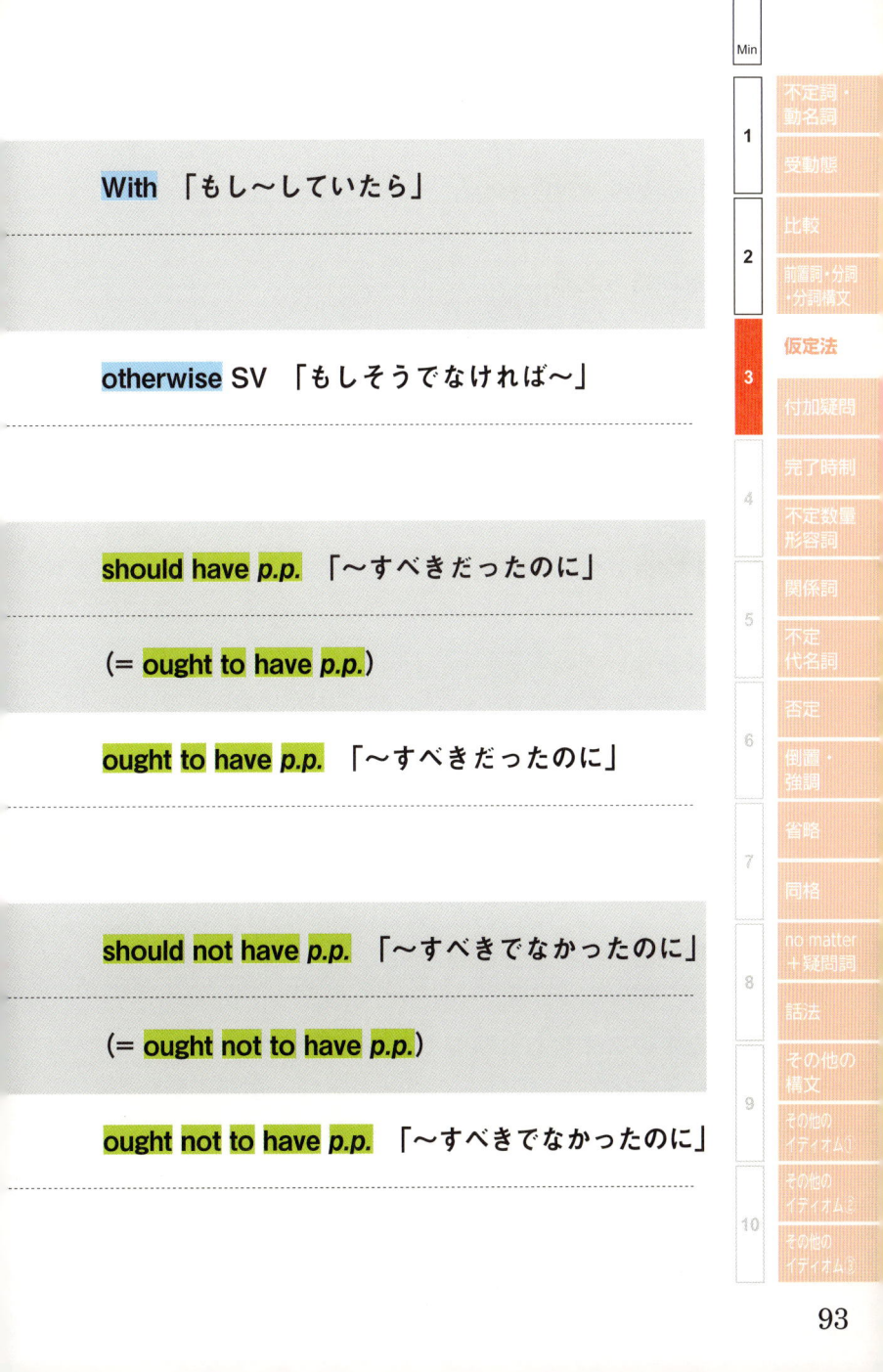

otherwise SV 「もしそうでなければ~」

should have *p.p.* 「~すべきだったのに」

(= ought to have *p.p.*)

ought to have *p.p.* 「~すべきだったのに」

should not have *p.p.* 「~すべきでなかったのに」

(= ought not to have *p.p.*)

ought not to have *p.p.* 「~すべきでなかったのに」

付加疑問 ① (注意すべき付加疑問)

Take a seat, **won't you**?

席に着い**たらどう**。

Take a seat, **will you**?

席に着い**てくれませんか**。

Don't take a seat, **will you**?

席に着か**ないでね**。

Let's release the bird from the cage, **shall we**?

かごから鳥を逃がして**あげましょうよ**。

We **shall** miss you, **shan't** we?

あなたがいなくなると寂しくなる**だろうね**。

I am doing well, **aren't I**?

私は上手に**していますよね**。

命令文, won't you? 「〜したらどう」

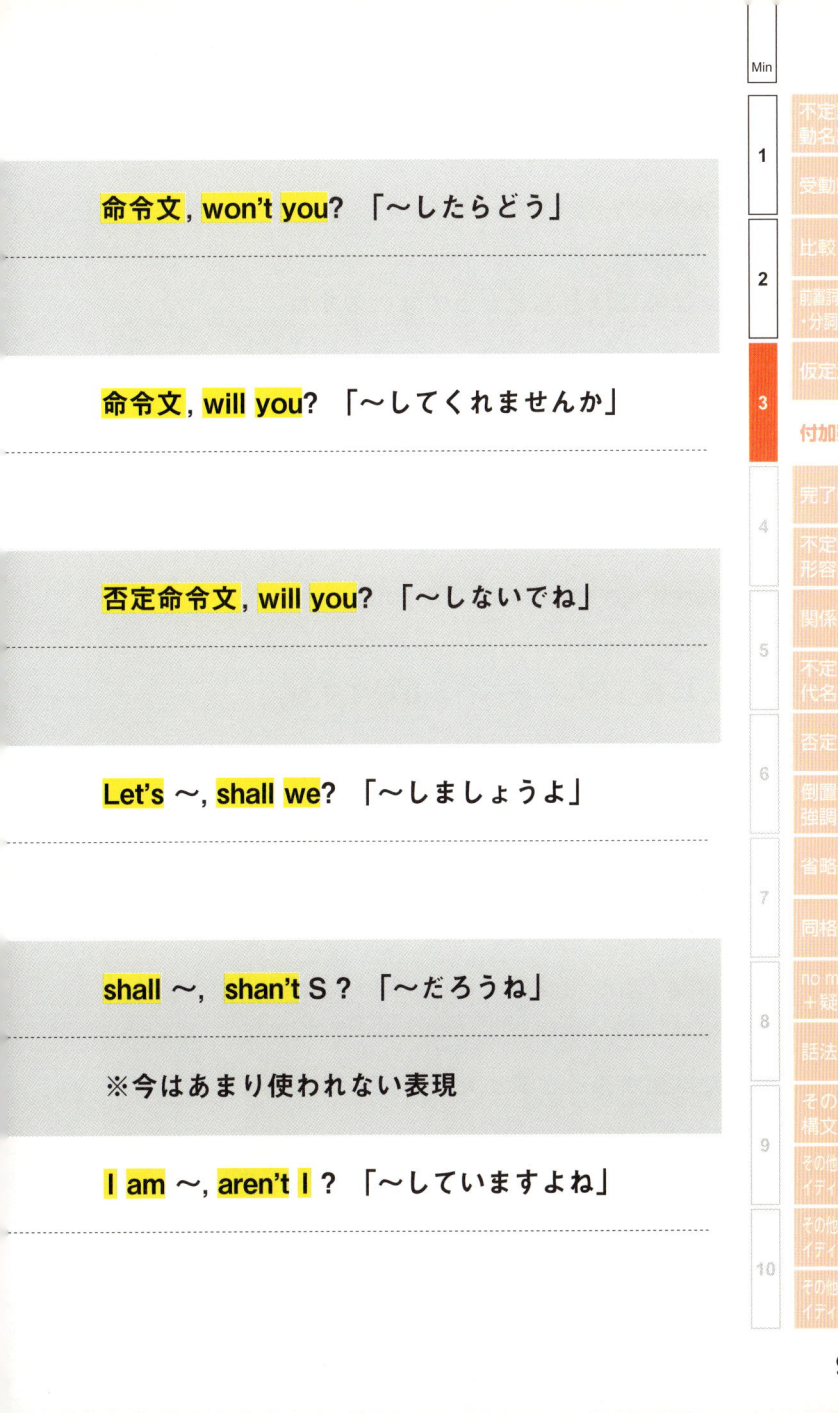

命令文, will you? 「〜してくれませんか」

否定命令文, will you? 「〜しないでね」

Let's 〜, shall we? 「〜しましょうよ」

shall 〜, shan't S? 「〜だろうね」

※今はあまり使われない表現

I am 〜, aren't I? 「〜していますよね」

付加疑問 ② (準否定語などの付加疑問)

175

You scarcely see him, do you?

あなたは彼にほとんど会ってないですね。

176

You hardly know her, do you?

あなたは彼女のことをほとんど知らないですね。

177

You rarely go to school, do you?

あなたはめったに学校へ行かないですね。

178

You seldom go to school, do you?

あなたはめったに学校へ行かないですね。

179

You little expected that he would come, did you?

あなたは彼が来るとまったく予期しませんでしたね。

180

You have never been to Osaka, have you?

あなたは一度も大阪に行ったことがありませんね。

scarcely ~, do S? 「ほとんど~ないですね」

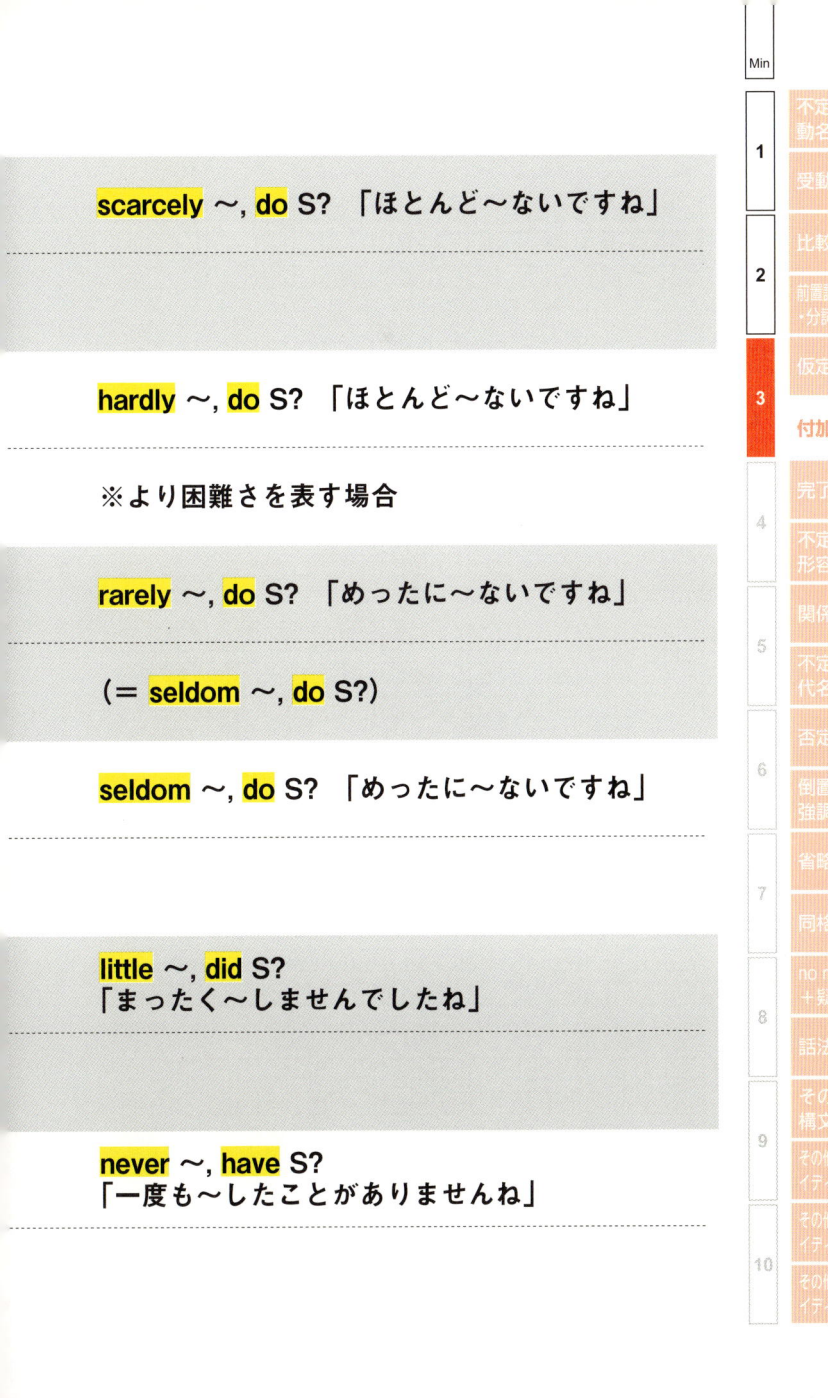

hardly ~, do S? 「ほとんど~ないですね」

※より困難さを表す場合

rarely ~, do S? 「めったに~ないですね」

(= seldom ~, do S?)

seldom ~, do S? 「めったに~ないですね」

little ~, did S?
「まったく~しませんでしたね」

never ~, have S?
「一度も~したことがありませんね」

1分経過 チェックシート

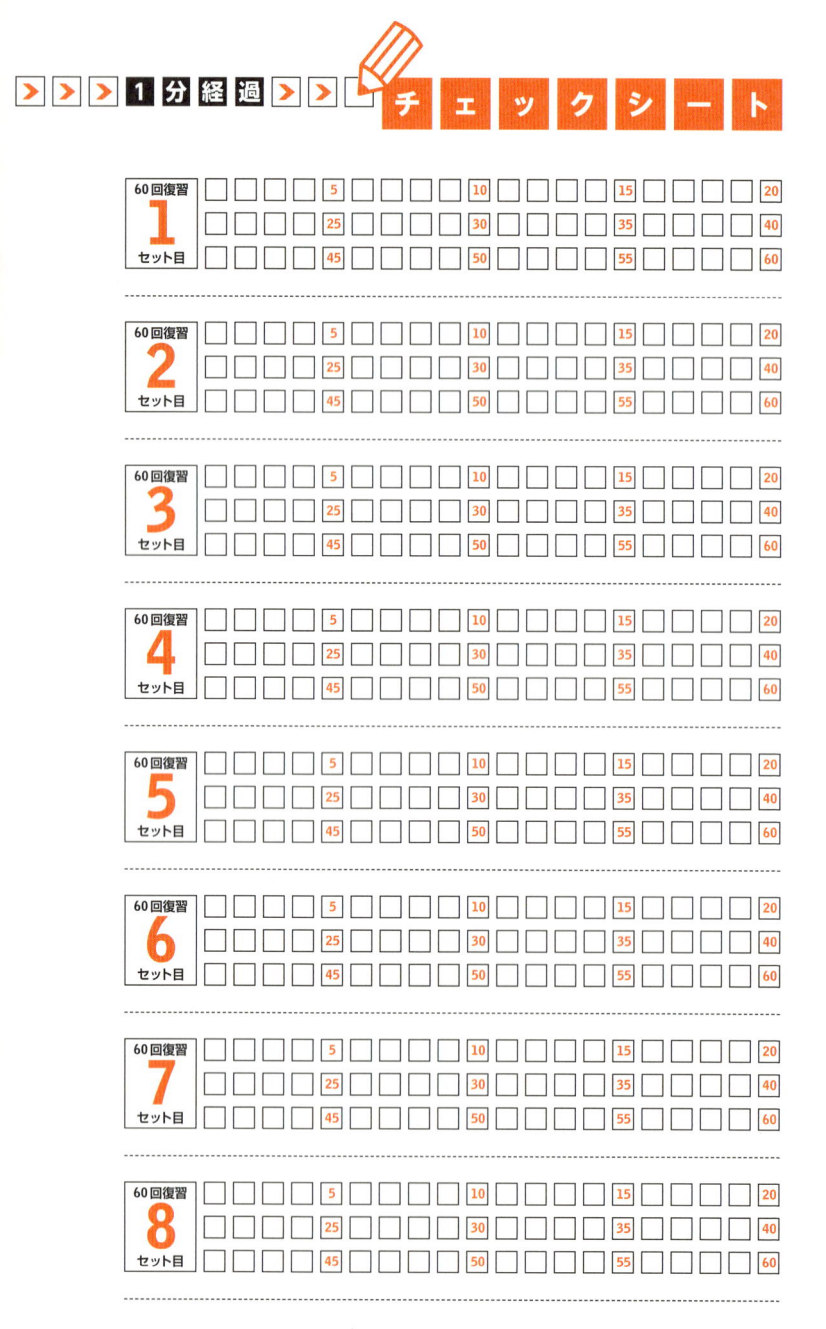

60回復習 1セット目
				5					10					15					20
				25					30					35					40
				45					50					55					60

60回復習 2セット目
				5					10					15					20
				25					30					35					40
				45					50					55					60

60回復習 3セット目
				5					10					15					20
				25					30					35					40
				45					50					55					60

60回復習 4セット目
				5					10					15					20
				25					30					35					40
				45					50					55					60

60回復習 5セット目
				5					10					15					20
				25					30					35					40
				45					50					55					60

60回復習 6セット目
				5					10					15					20
				25					30					35					40
				45					50					55					60

60回復習 7セット目
				5					10					15					20
				25					30					35					40
				45					50					55					60

60回復習 8セット目
				5					10					15					20
				25					30					35					40
				45					50					55					60

1分間英文法
④

One Minute Tips to Master English Grammar 600

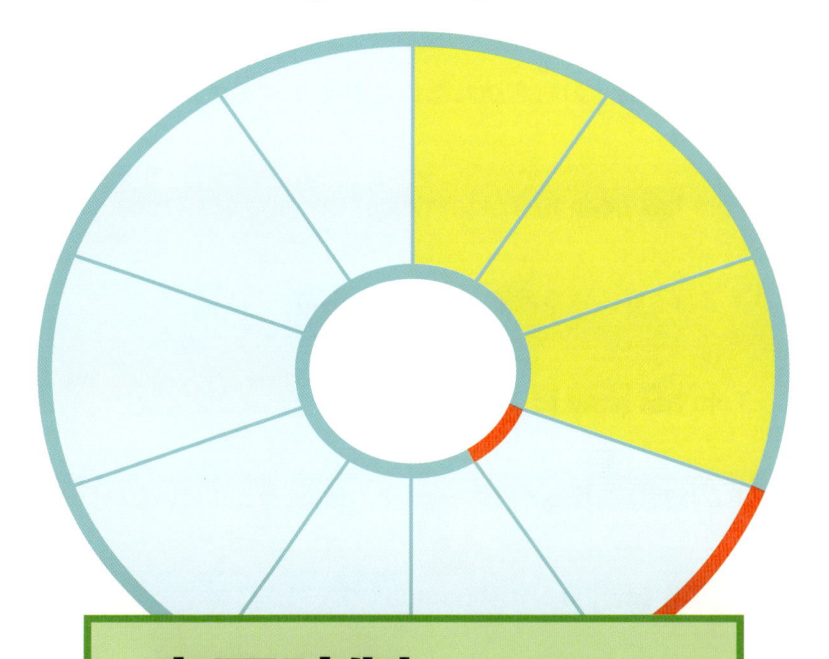

完了時制
不定数量形容詞
関係詞

完了時制 ① (覚えておきたい用法)

181
How long have you been in Japan?
— For two weeks.

あなたはどのくらい日本に滞在していますか。
— 2週間です。

182
How many times have they visited the village?
— Four times.

彼らは何回その村を訪れたことがありますか。
— 4回です。

183
Tom has been to Tokyo twice.

トムは2度、東京へ行ったことがある。

184
Tom has gone to Tokyo.

トムは東京へ行ってしまった[その結果、今ここにいない]。

185
He has been in Kyushu once.

彼は九州に一度いたことがある。

186
He has been at Sakurajima.

彼は桜島にいたことがある。

How long 現在完了~? 「どのくらいの期間~か」

〈現在完了・継続〉

How many times 現在完了~?
「何回~したことがありますか」

〈現在完了・経験〉

have[has] been to ~ 「~へ行ったことがある」

〈現在完了・経験〉

have[has] gone to ~ 「~へ行ってしまった」

〈現在完了・結果〉

have[has] been in ~
「~(広い地域)にいたことがある」

〈現在完了・経験〉

have[has] been at ~
「~(狭い地域)にいたことがある」

〈現在完了・経験〉

完了時制 ② (完了用法でよく使う語)

187
Have you read this book already?

あなたはもうこの本を読んでしまったんですか。

188
I have already read this book.

私はこの本をすでに読んでしまった。

189
I've just finished my homework.

私はちょうど宿題を終えたところだ。

190
Have you finished your homework yet?

あなたはもう宿題をやり終えてしまいましたか。

191
You have not finished your homework yet.

あなたはまだ宿題をやり終えていない。

192
We have still not finished eating lunch.

私たちはまだ昼食を食べ終えていない。

already 「もう」

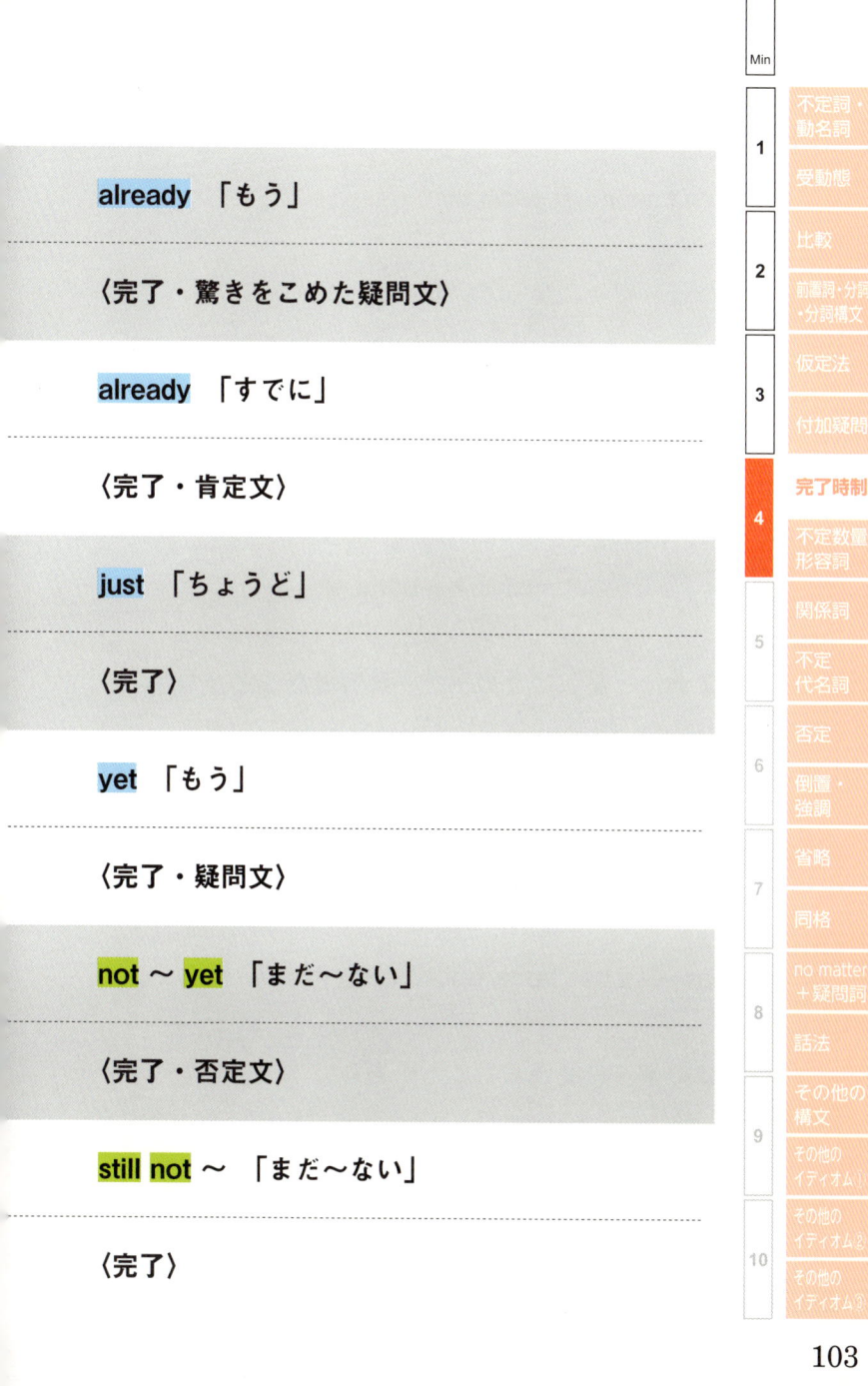

〈完了・驚きをこめた疑問文〉

already 「すでに」

〈完了・肯定文〉

just 「ちょうど」

〈完了〉

yet 「もう」

〈完了・疑問文〉

not ~ yet 「まだ~ない」

〈完了・否定文〉

still not ~ 「まだ~ない」

〈完了〉

完了時制 ③ (経験用法でよく使う語)

193
I haven't seen her recently.

私は最近、彼女に会っていない。

194
I haven't seen her lately.

私は近ごろ、彼女に会っていない。

195
I have never met such a beautiful girl.

私はこれほど美しい女の子を一度も見たことがない。

196
He has seldom visited his uncle.

彼はおじさんのところをめったに訪れない。

197
He has read this book once.

彼はこの本を一度読んだことがある。

198
Have you been to Tokyo before?

あなたは以前に東京へ行ったことがありますか。

recently 「最近」

〈経験〉

lately 「近ごろ」

〈経験〉

never 「(これまでに)一度も〜ない」

〈経験〉

seldom 「めったに〜ない」

〈経験〉

once 「一度」

〈経験〉

before 「以前に」

〈経験〉

完了時制 ④ (継続用法でよく使う語)

Have you ever been to New York?

あなたは今までにニューヨークに行ったことがありますか。

God has ever been beside us.

神はもとから私たちのそばにいる。

He has always trusted his friends.

彼はいつも友達を信頼している。

I have lived here for ten years.

私はここに10年間住んでいる。

Mari has lived in Nagoya since last year.

マリは昨年以来、名古屋に住んでいる。

I have been here all my life.

私は生まれて以来ずっとここに住んでいる。

ever 「今までに」

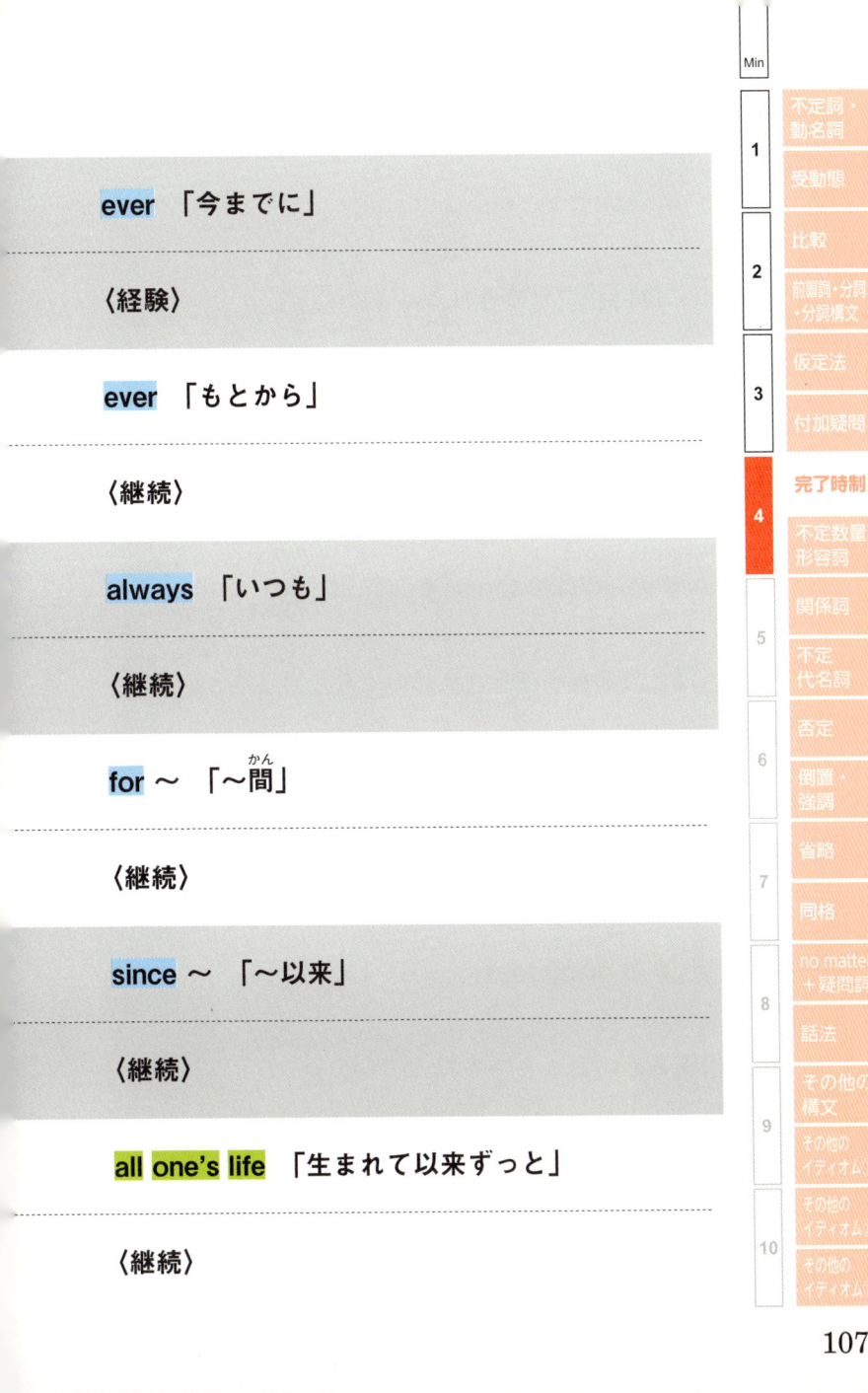

〈経験〉

ever 「もとから」

〈継続〉

always 「いつも」

〈継続〉

for ~ 「~間(かん)」

〈継続〉

since ~ 「~以来」

〈継続〉

all one's life 「生まれて以来ずっと」

〈継続〉

不定数量形容詞 ① (some と many)

There are some streets in this city.

この町にはいくつかの通りがある。

Give me some water.

いくらかの水をください。

We need some skill to use this machine.

私たちはこの機械を使うためのいくらかの技術が必要だ。

I had a great many toys.

私は非常に多くのおもちゃを持っていた。

I had a good many toys.

私は相当多くのおもちゃを持っていた。

Many a young girl has her hopes in the future.

多くの少女は将来に希望を持っている。

some 複数名詞　「いくつかの(複数名詞)」

some 物質名詞　「いくらかの(物質名詞)」

some 抽象名詞　「いくらかの(抽象名詞)」

a great many 複数名詞　「非常に多くの(複数名詞)」

※ a good many より意味が強い

a good many 複数名詞　「相当多くの(複数名詞)」

many a 単数名詞　「多くの(単数名詞)」

※多数の中のそれぞれを強調する

不定数量形容詞 ② (many と much, few)

211
We work hard as so many bees.

私たちはまるで同数のミツバチのように働く。

212
I drink wine as so much water.

私はまるで同量の水を飲むようにワインを飲む。

213
I drink wine like so much water.

私はまるで同量の水を飲むようにワインを飲む。

214
He is not much of a politician.

彼は大した政治家ではない。

215
There are only a few chairs in the room.

部屋にはイスがごく少ししかない。

216
There are but few chairs in the room.

部屋にはイスがごく少ししかない。

as so many 複数名詞
「同数の(複数名詞)のように」

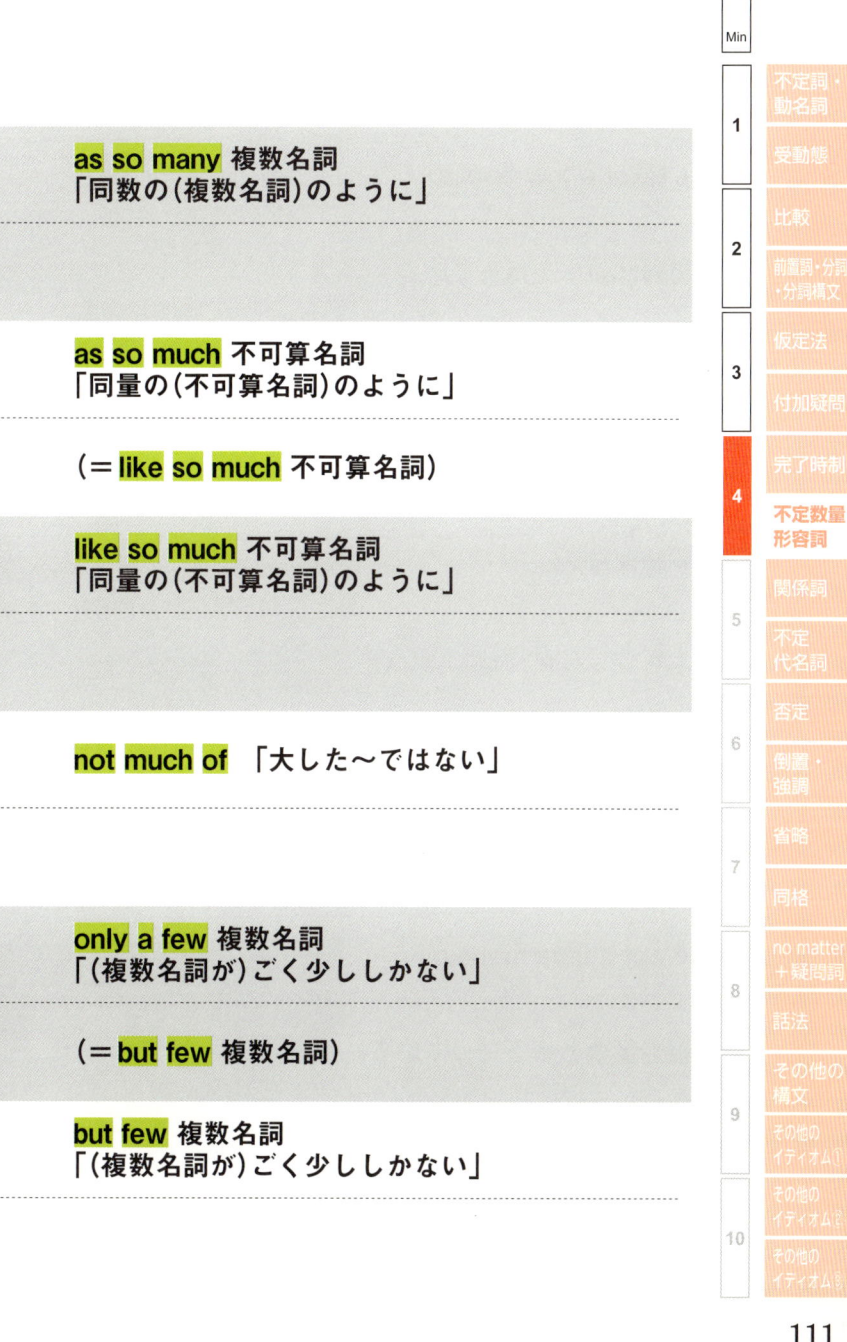

as so much 不可算名詞
「同量の(不可算名詞)のように」

(＝ **like so much** 不可算名詞)

like so much 不可算名詞
「同量の(不可算名詞)のように」

not much of 「大した〜ではない」

only a few 複数名詞
「(複数名詞が)ごく少ししかない」

(＝ **but few** 複数名詞)

but few 複数名詞
「(複数名詞が)ごく少ししかない」

不定数量形容詞 ③ (few と little)

217
I have quite a few books.

私は相当数の本を持っている。

218
I have not a few books.

私は相当数の本を持っている。

219
I have few books.

私は本を少ししか持っていない。

220
I have little money.

私はお金を少ししか持っていない。

221
I have not a little money.

私は相当量のお金を持っている。

222
I have only a little money.

私はお金をごく少ししか持っていない。

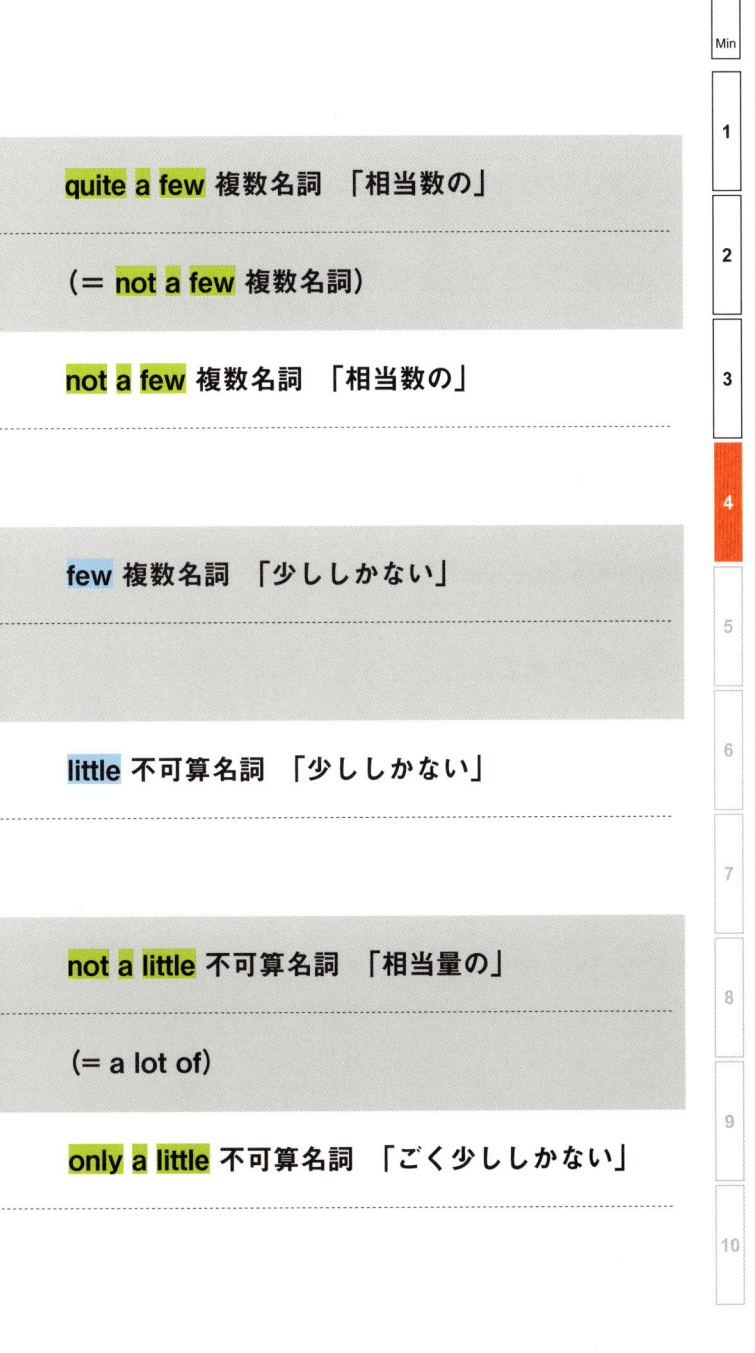

quite a few 複数名詞 「相当数の」

(= **not a few** 複数名詞)

not a few 複数名詞 「相当数の」

few 複数名詞 「少ししかない」

little 不可算名詞 「少ししかない」

not a little 不可算名詞 「相当量の」

(= a lot of)

only a little 不可算名詞 「ごく少ししかない」

関係詞 ① (関係副詞の先行詞の省略、合成関係副詞)

223 She is kind. This is why I like her.

彼女は親切だ。そういうわけで、私は彼女が好きだ。

224 This is how they got married.

そういう次第で、彼らは結婚した。

225 This is where you were born.

ここがあなたが生まれたところだ。

226 Please come here whenever you are free.

暇なときはいつでもここに来てください。

227 I go to see you wherever you live.

あなたがどこで生活しようとも、私はあなたに会いに行く。

228 However difficult it is for me, I go to see you.

どんなに困難でも、私はあなたに会いに行く。

This is why 「そういうわけで〜」

(= This is the reason why)

This is how 「そういう次第で〜」

(= This is the way how)

This is where 「ここが〜するところだ」

(= This is the place where)

whenever 「〜するときはいつでも」

(= at any time that)

wherever 「どこで〜しようとも」

(= at any place that)

however 「どんなに〜でも」

(= no matter how)

関係詞 ② (関係詞を使った慣用表現①)

229
You have good health and, what is better, a lot of friends.

あなたは健康で、さらによいことにはたくさんの友達がいる。

230
It began to rain, and what is worse, it got cold.

雨が降り始め、さらに悪いことには寒くなってきた。

231
She is beautiful, tender, and, what is the best of all, full of wit.

彼女は美しく、優しく、そして何よりよいことには機転が利く。

232
Experiences made him what he is.

経験が今の彼をつくった。

233
I'm not what I used to be.

今の私は昔の私ではない。

234
Osaka is to the *Kansai* area what Tokyo is to the *Kanto* area.

大阪と関西の関係は、東京と関東の関係に等しい。

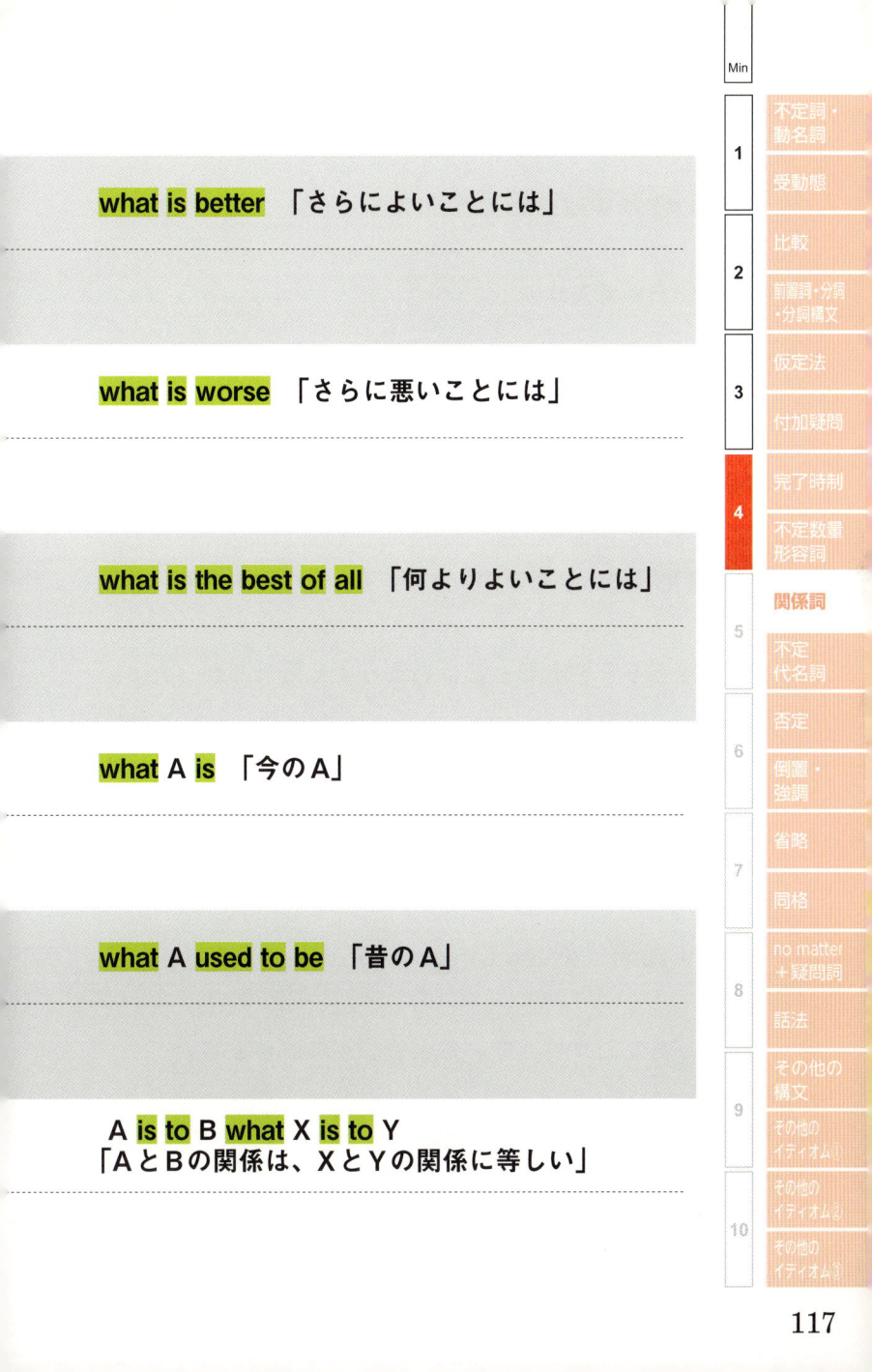

what is better 「さらによいことには」

what is worse 「さらに悪いことには」

what is the best of all 「何よりよいことには」

what A is 「今のA」

what A used to be 「昔のA」

A is to B what X is to Y
「AとBの関係は、XとYの関係に等しい」

関係詞 ③ (関係詞を使った慣用表現②)

He is **what they call** a genius.

彼は**いわゆる**天才だ。

He is **what is called** a genius.

彼は**いわゆる**天才だ。

What by the joy **and** the anxiety, I couldn't sleep well.

喜び**やら**不安**やらで**、私はあまりよく眠れなかった。

What with the joy **and** the anxiety, I couldn't sleep well.

喜び**やら**不安**やらで**、私はあまりよく眠れなかった。

I want **such** a watch **as** you have.

私は、あなたが持っている**ような**腕時計が欲しい。

I want **the same** watch **that** you have.

私は、あなたが持っているの**と同一の**腕時計が欲しい。

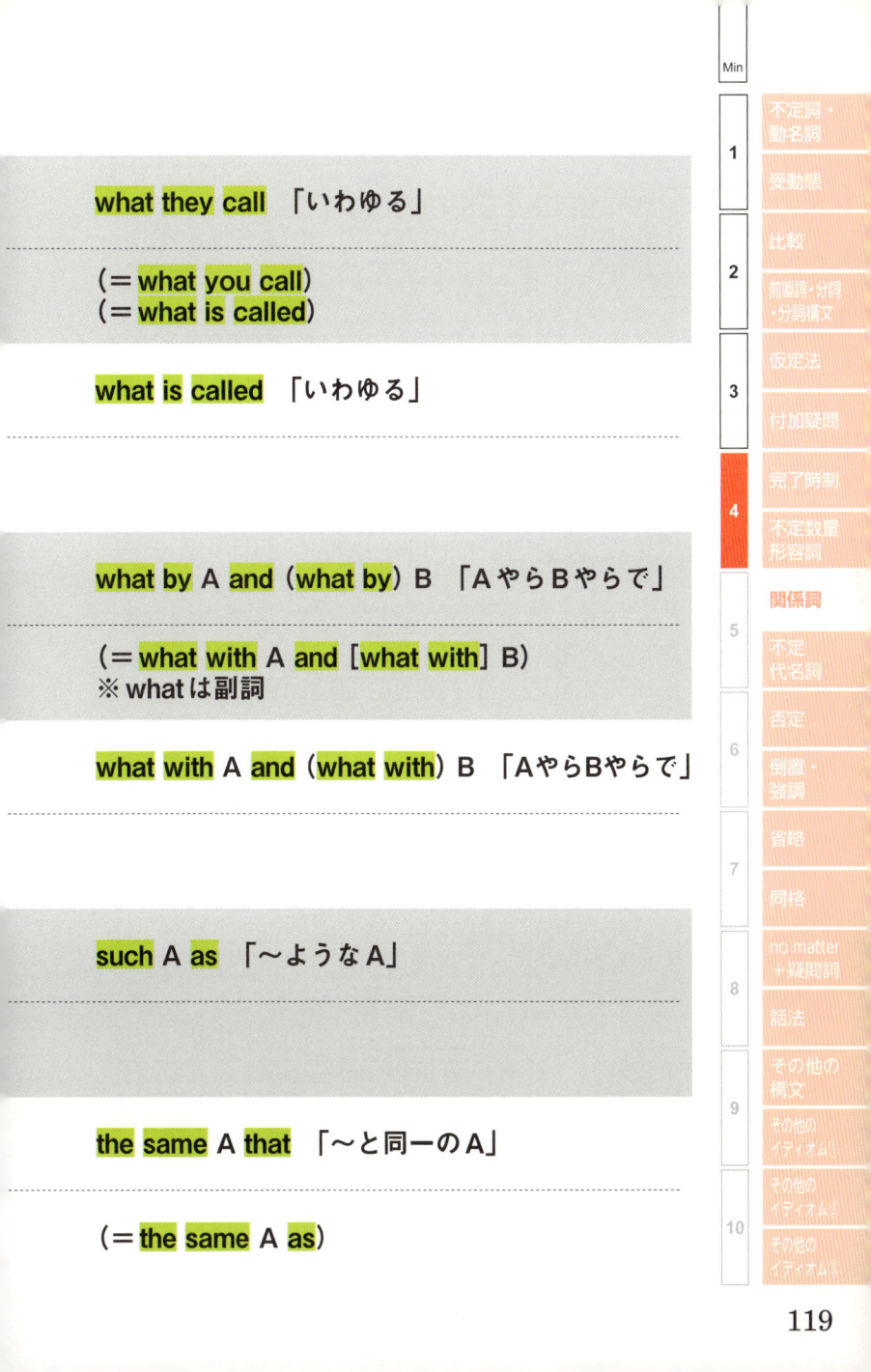

what they call 「いわゆる」

(= **what you call**)
(= **what is called**)

what is called 「いわゆる」

what by A and (what by) B 「AやらBやらで」

(= **what with A and [what with] B**)
※ what は副詞

what with A and (what with) B 「AやらBやらで」

such A as 「～ようなA」

the same A that 「～と同一のA」

(= **the same A as**)

1分経過 チェックシート

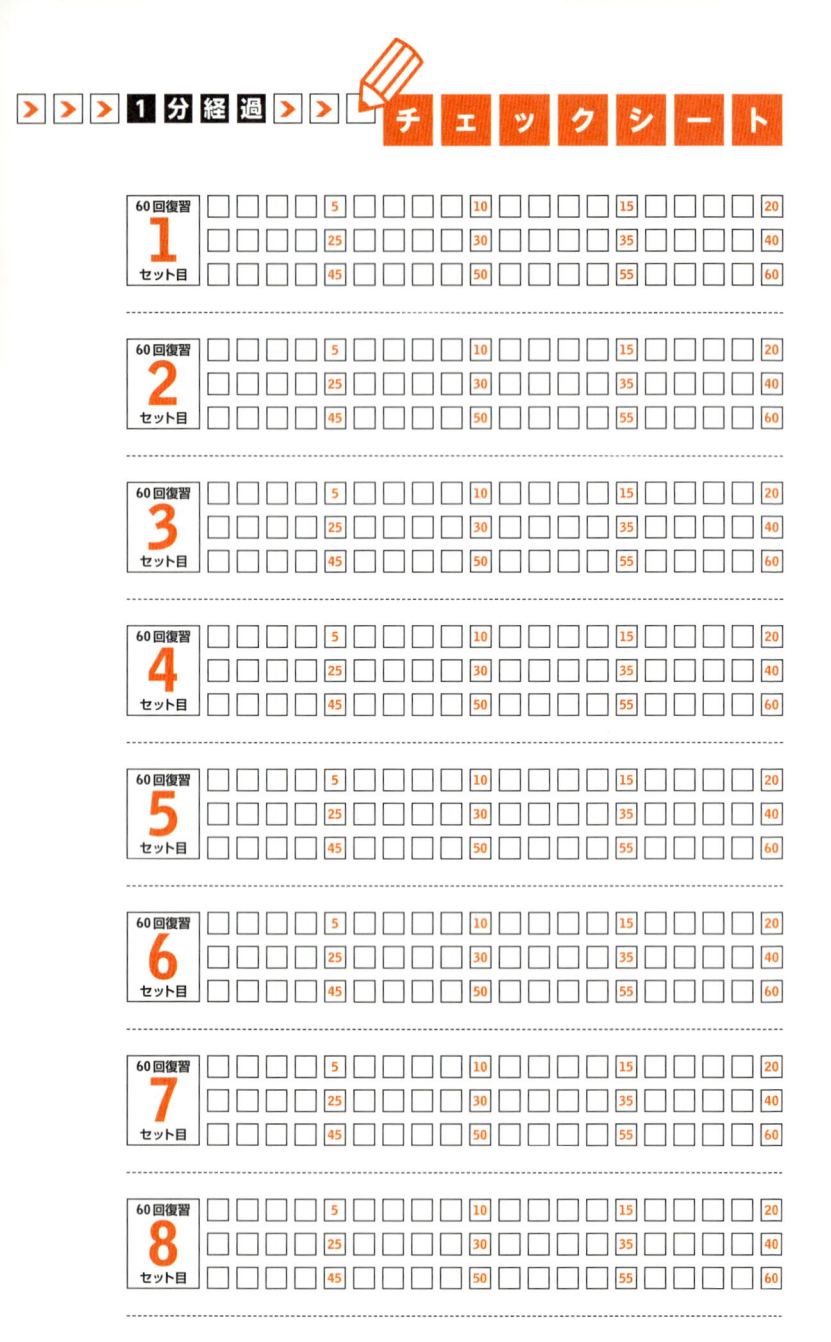

60回復習 1セット目

			5				10				15				20
			25				30				35				40
			45				50				55				60

60回復習 2セット目

			5				10				15				20
			25				30				35				40
			45				50				55				60

60回復習 3セット目

			5				10				15				20
			25				30				35				40
			45				50				55				60

60回復習 4セット目

			5				10				15				20
			25				30				35				40
			45				50				55				60

60回復習 5セット目

			5				10				15				20
			25				30				35				40
			45				50				55				60

60回復習 6セット目

			5				10				15				20
			25				30				35				40
			45				50				55				60

60回復習 7セット目

			5				10				15				20
			25				30				35				40
			45				50				55				60

60回復習 8セット目

			5				10				15				20
			25				30				35				40
			45				50				55				60

1分間英文法 ⑤

One Minute Tips to Master English Grammar 600

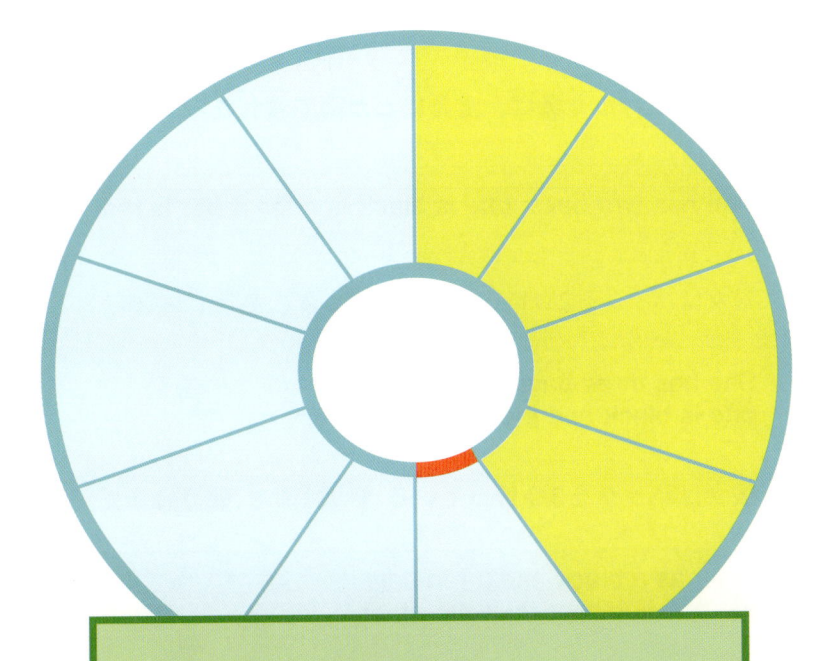

不定代名詞
否定

不定代名詞 ① (one や other などを使った重要語句)

My pen was lost. I have to buy a new one.

私のペンがなくなった。新しいものを買わなければならない。

Those who went by bike were all wet in a shower.

自転車で行った者は、全員にわか雨で濡れた。

She has two bags; one is black and the other is red.

彼女はバッグを2つ持っている、1つは黒で、もう1つは赤だ。

**She has three bags;
one is black and the others are red.**

彼女はバッグを3つ持っている、1つは黒で、残りは赤だ。

**She has a black and a red bag;
the one is bigger than the other.**

彼女は黒いバッグと赤いバッグを持っている。
前者[黒いバッグ]は後者[赤いバッグ]より大きい。

I want to buy this. I don't want to buy the other.

私はこっちが買いたい。向こうのは買いたくない。

one 「〜もの」

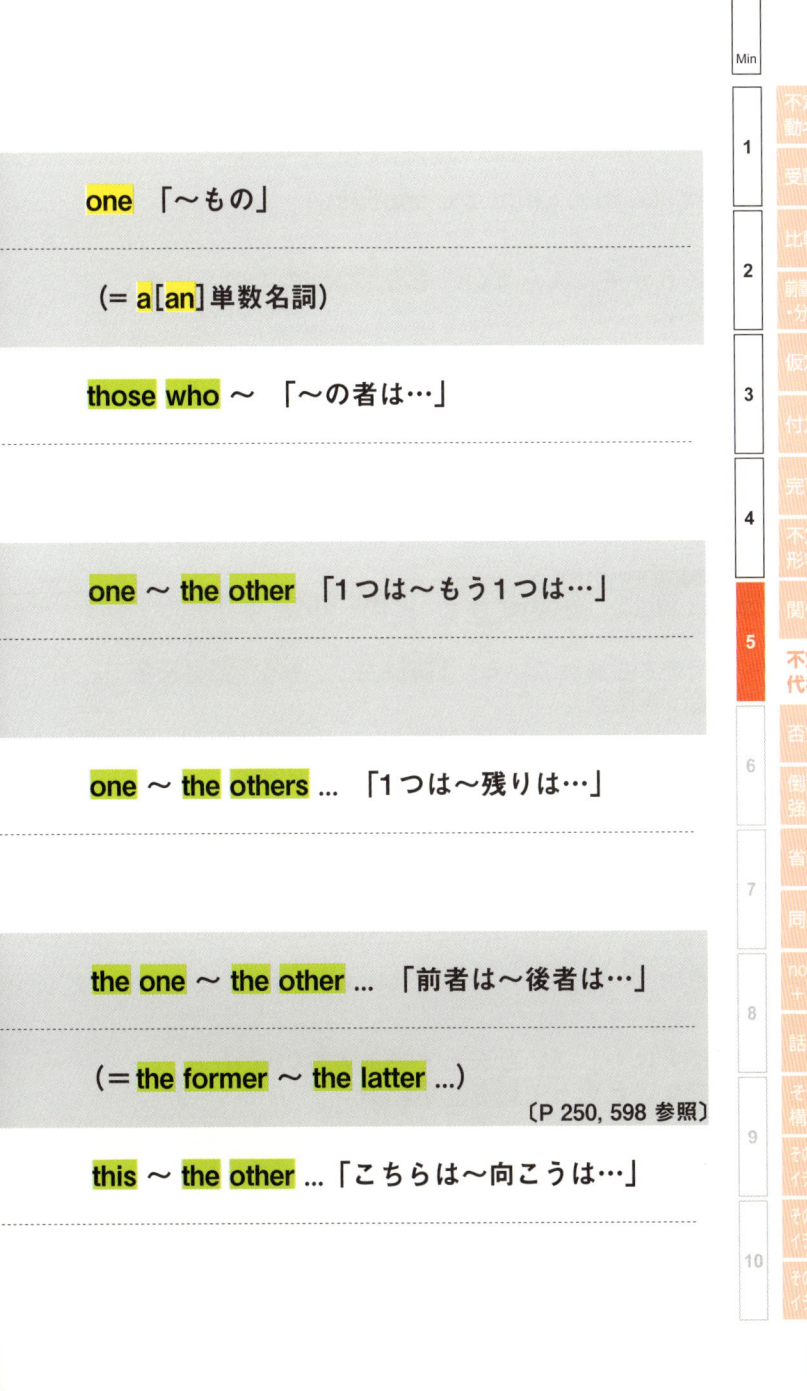

(= a[an]単数名詞)

those who 〜 「〜の者は…」

one 〜 the other ... 「1つは〜もう1つは…」

one 〜 the others ... 「1つは〜残りは…」

the one 〜 the other ... 「前者は〜後者は…」

(= the former 〜 the latter ...)
〔P 250, 598 参照〕

this 〜 the other ... 「こちらは〜向こうは…」

不定代名詞 ② (another や some などを使った重要語句)

247 I don't like this. Show me another.

私はこれが気に入らない。もう1つ別のものを見せてください。

248 To know is one thing, and to teach is another.

知っているということと、教えるということとは別ものだ。

249 He has three dogs;
one is white, another is gray, the other is black.

彼は犬を3匹飼っている。1匹は白で、もう1匹は灰色で、残りの1匹は黒だ。

250 I took some apples and you took another,
but he took the others.

私がいくつかのリンゴを取り、あなたが1つだけ取ったが、残りは彼が取った。

251 Some think dogs are clever, but others do not.

中には犬はかしこいと思っている人もいるし、そうでないと思っている人もいる。

252 The weather was such that we had to stay home.

大変な天気だったので、私たちは家にいなければならなかった。

another 「もう1つ別のもの」

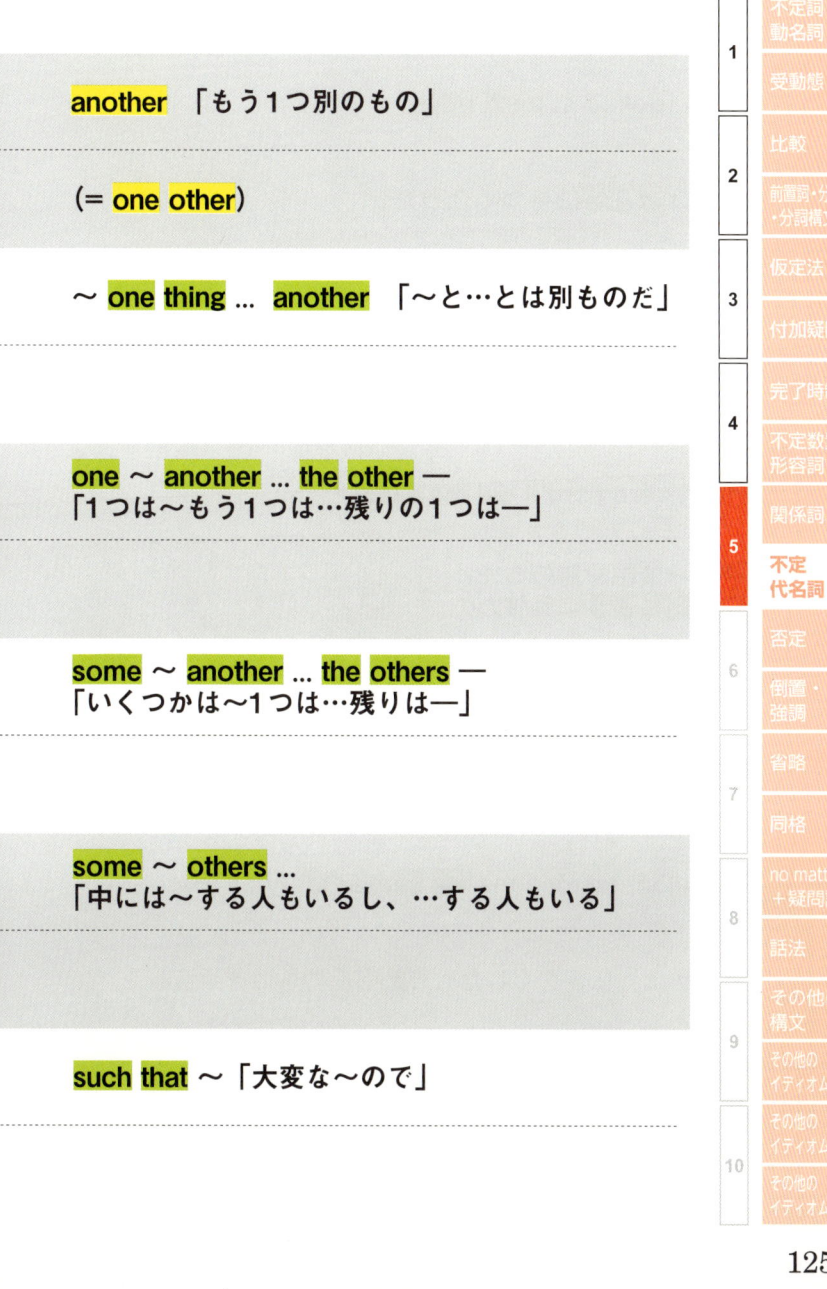

(= **one other**)

~ **one thing** ... **another** 「~と…とは別ものだ」

one ~ **another** ... **the other** ―
「1つは~もう1つは…残りの1つは―」

some ~ **another** ... **the others** ―
「いくつかは~1つは…残りは―」

some ~ **others** ...
「中には~する人もいるし、…する人もいる」

such that ~ 「大変な~ので」

不定代名詞 ③ (不定代名詞を使った慣用表現)

253
They looked at each other.

彼らはお互いに見つめ合った。

254
They knew one another well.

彼らはお互いをよく知っていた。

255
He studied hard; I did the same.

彼は一生懸命勉強した。
私も同じように勉強した。

256
My father gave me the same as I have collected.

父は私に、私が集めているのと同じ種類のものをくれた。

257
My father handed me the same that I had lost.

父は私に、私がなくしたものと同一のものを手渡した。

258
None of them played outside.

彼らのうちだれも外で遊ばなかった。

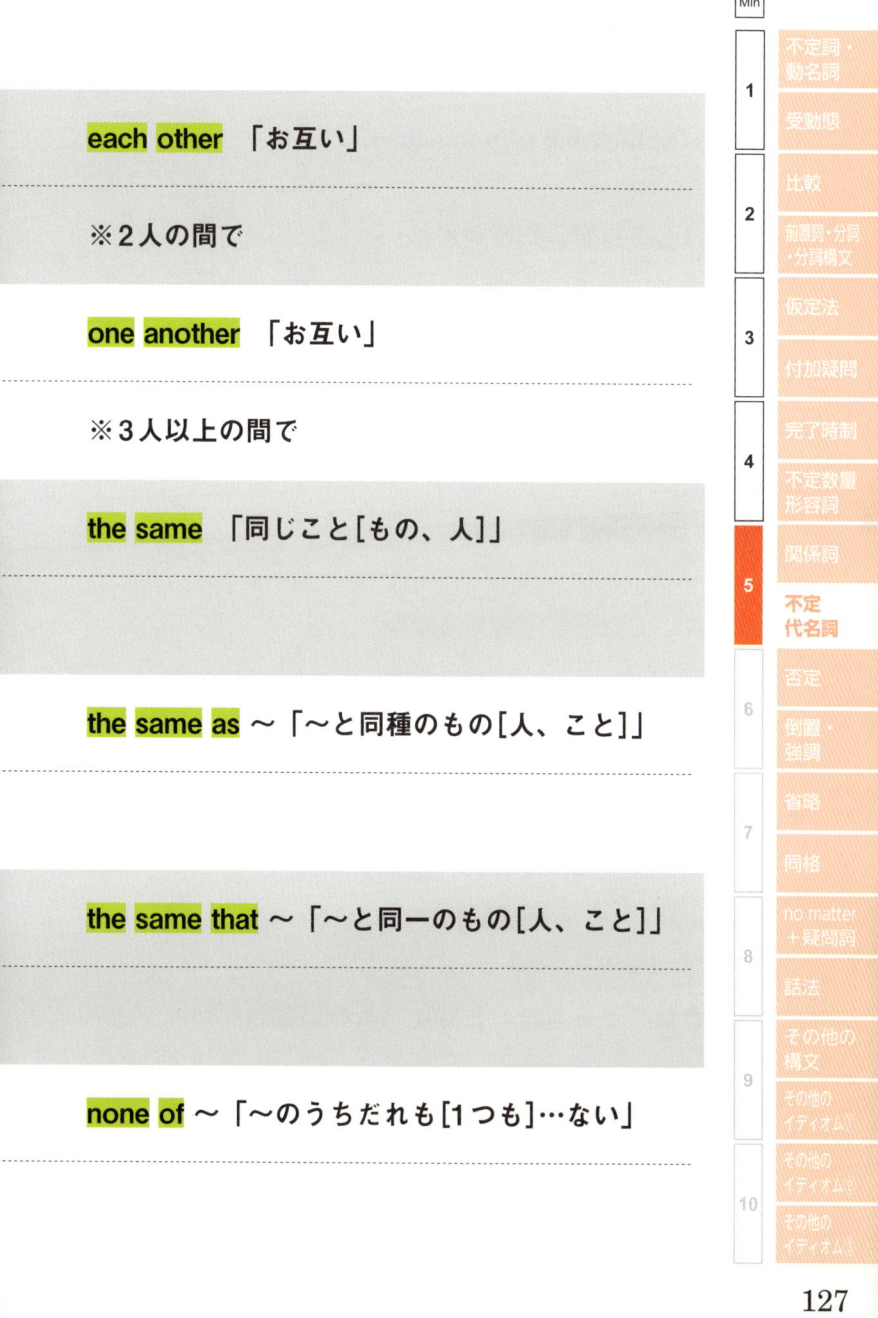

each other 「お互い」

※2人の間で

one another 「お互い」

※3人以上の間で

the same 「同じこと[もの、人]」

the same as ～ 「～と同種のもの[人、こと]」

the same that ～ 「～と同一のもの[人、こと]」

none of ～ 「～のうちだれも[1つも]…ない」

不定代名詞 ④ （合成不定代名詞を使った慣用表現①）

She is something of a musician.

彼女はちょっとした音楽家だ。

I didn't see anything of Tom yesterday.

私は昨日、少しもトムに会わなかった。

He is anything but clever.

彼が賢いだなんてとんでもない。

Nothing but love can solve the problem.

ただ愛情だけがその問題を解決できる。

My happiness is nothing to yours.

私の幸せなどあなたのとは比べものにならない。

I have nothing to do with him.

私は彼と無関係だ。

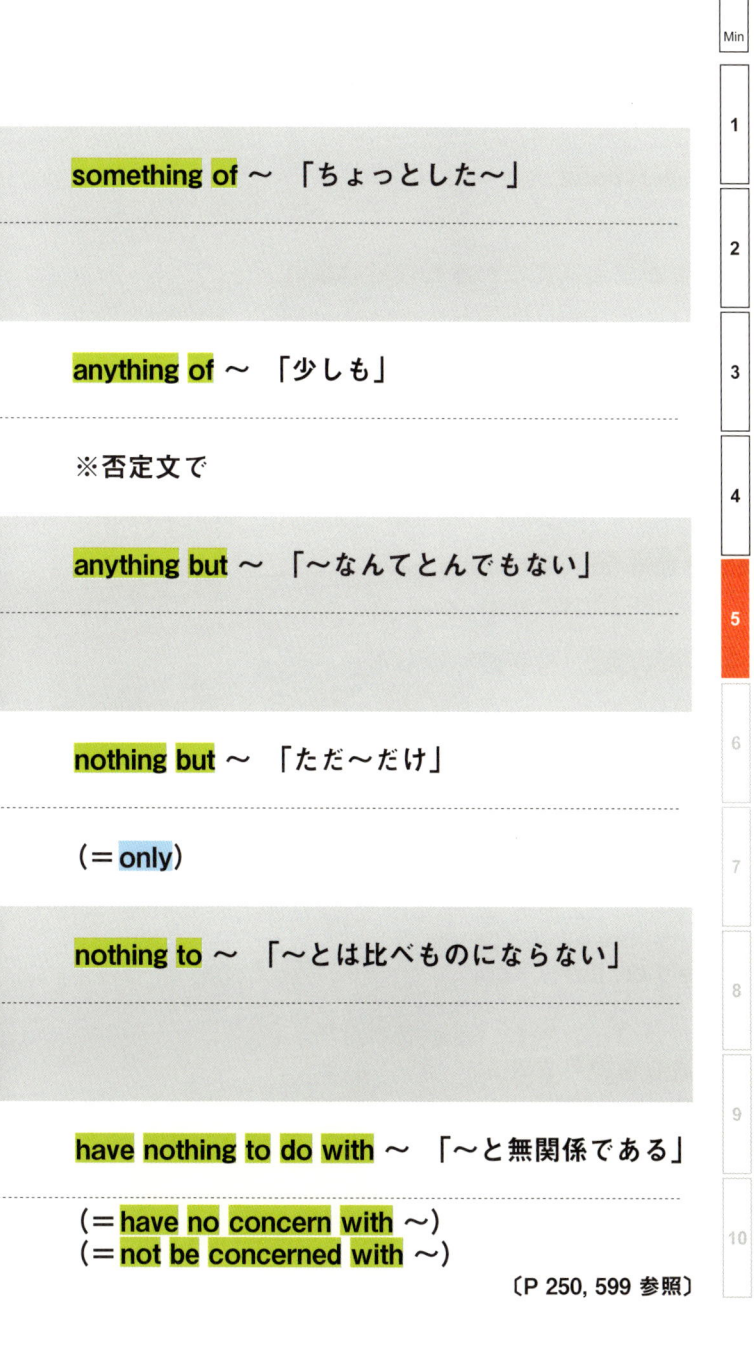

something of ～ 「ちょっとした～」

anything of ～ 「少しも」

※否定文で

anything but ～ 「～なんてとんでもない」

nothing but ～ 「ただ～だけ」

(＝ **only**)

nothing to ～ 「～とは比べものにならない」

have nothing to do with ～ 「～と無関係である」

(＝ have no concern with ～)
(＝ not be concerned with ～)

〔P 250, 599 参照〕

不定代名詞 ⑤（合成不定代名詞を使った慣用表現②、each, both, neither, either）

265
Not everybody can be a politician.

だれもが政治家になれるわけではない。

266
I did not see anybody in the room.

私は部屋でだれも見なかった。

267
Each and all went to the gym.

それぞれみな、体育館へ行った。

268
I do not know both of them.

私は彼らを2人とも知っているわけではない。

269
Will you have beer or wine?
— Neither, thank you.

ビールかワインでもいかがですか？
—どちらもいりません。

270
Will you have beer or wine?
— Either will do.

ビールかワインでもいかがですか？
—どちらでもいいです。

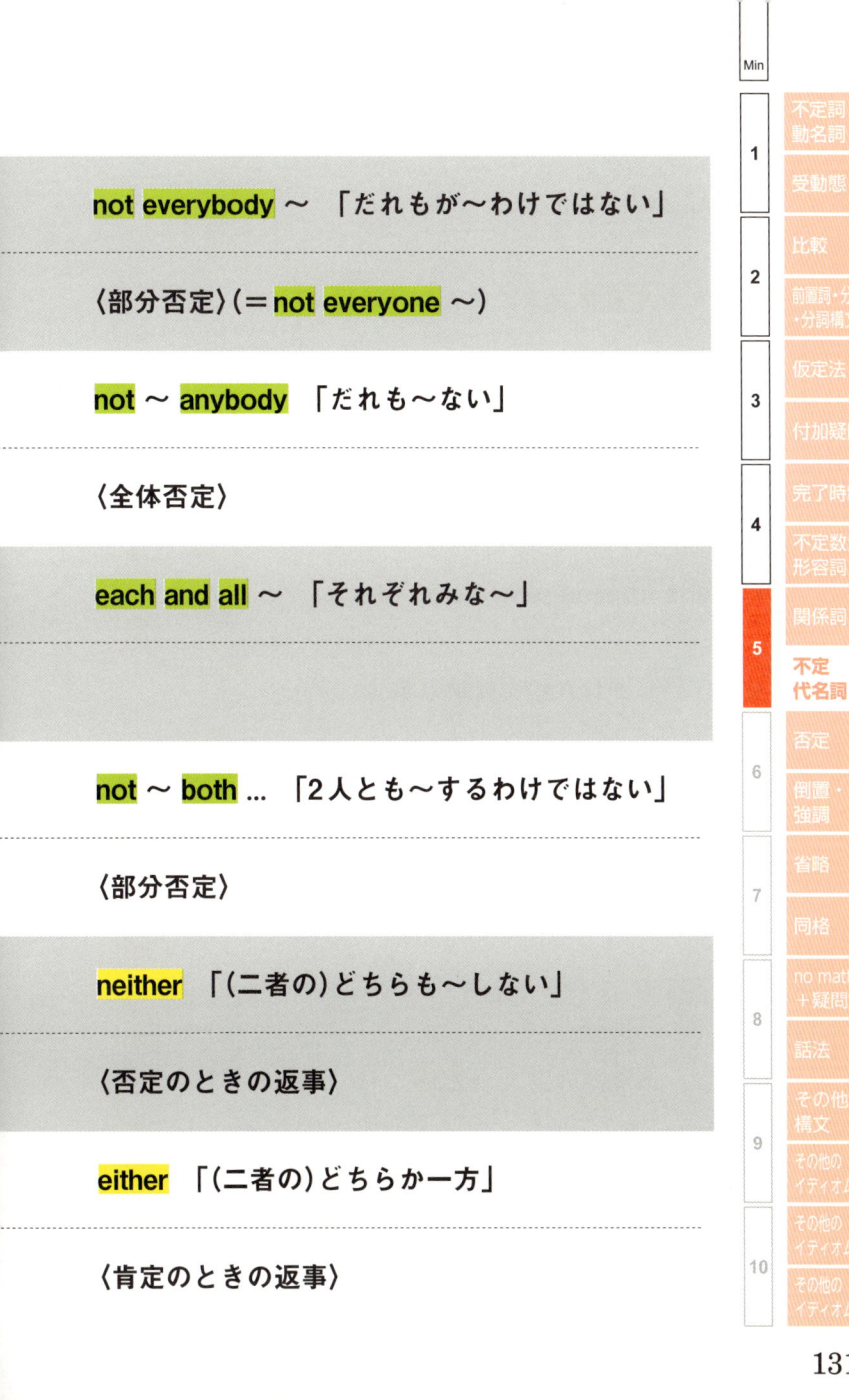

not everybody ~ 「だれもが~わけではない」

〈部分否定〉(= **not everyone ~**)

not ~ anybody 「だれも~ない」

〈全体否定〉

each and all ~ 「それぞれみな~」

not ~ both ... 「2人とも~するわけではない」

〈部分否定〉

neither 「(二者の)どちらも~しない」

〈否定のときの返事〉

either 「(二者の)どちらか一方」

〈肯定のときの返事〉

否 定 ① （注意したい用法①）

271
Not all of us can be friends.

私たちがみんな友達になるわけではない。

272
None of us can be friends.

私たちのだれも友達になれない。

273
There is no man who does not speak to her.

彼女に話しかけない男はいない。

274
She doesn't know both of your friends.

彼女は、あなたの友人を2人とも知っているわけではない。

275
She doesn't know either of your friends.

彼女は、あなたの友人を2人とも知らない。

276
This picture is not valueless.

この絵は価値がないわけではない。

not all 「みんな〜というわけではない」

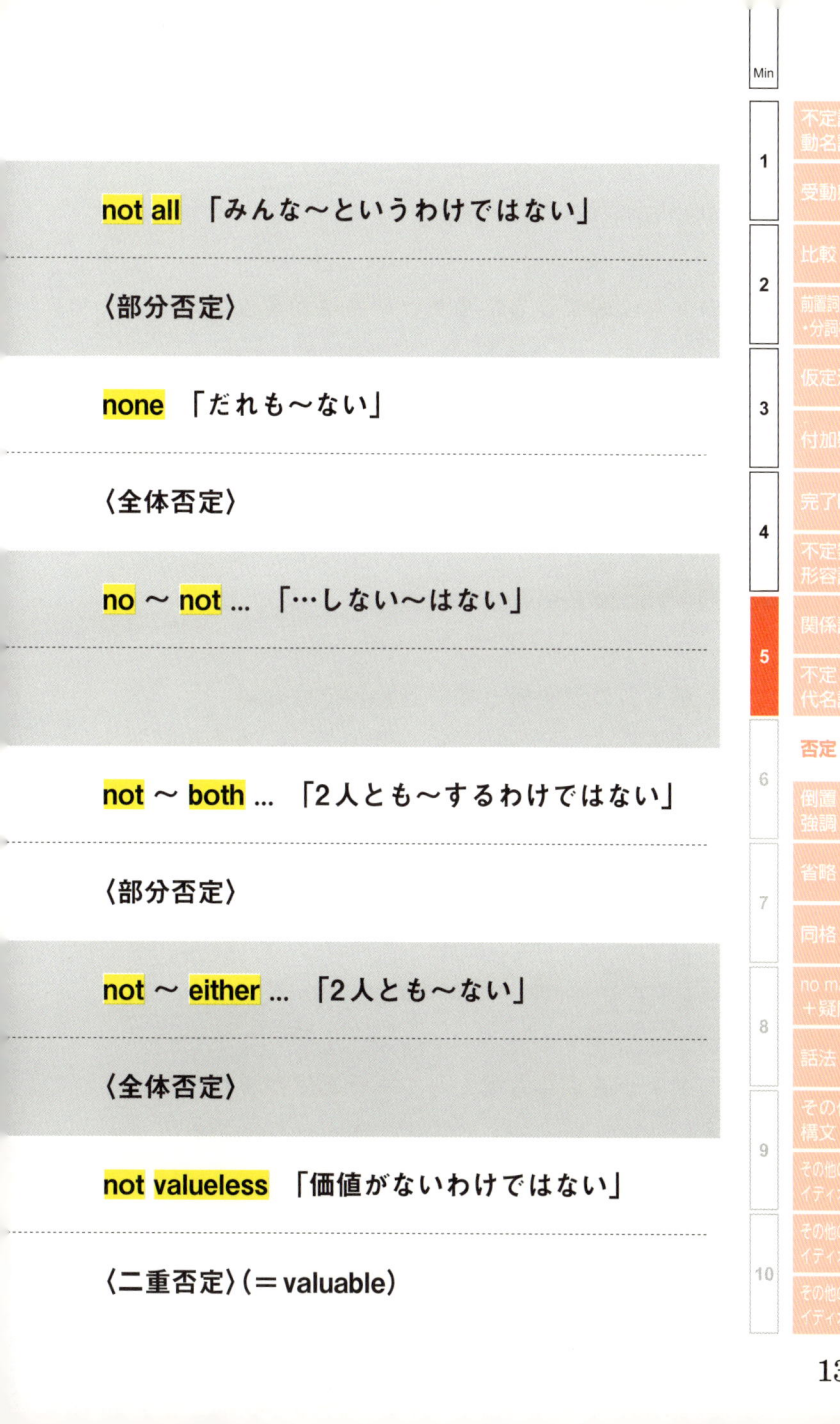

〈部分否定〉

none 「だれも〜ない」

〈全体否定〉

no 〜 **not** ... 「…しない〜はない」

not 〜 **both** ... 「2人とも〜するわけではない」

〈部分否定〉

not 〜 **either** ... 「2人とも〜ない」

〈全体否定〉

not valueless 「価値がないわけではない」

〈二重否定〉(= valuable)

否 定 ② （注意したい用法②）

277
Beautiful girls do not always have nice personalities.

美しい少女は必ずしも性格がいいとはかぎらない。

278
Beautiful girls never have nice personalities.

美しい少女はけっして性格がよくない。

279
Not everybody knows the truth.

だれもがその事実を知っているわけではない。

280
Nobody knows the truth.

だれもその事実を知らない。

281
A great player is not necessarily a great coach.

偉大な選手が必ずしも偉大なコーチとはかぎらない。

282
A great player is not a great coach at all.

偉大な選手は全然偉大なコーチではない。

not always 「必ずしも〜とはかぎらない」

〈部分否定〉

never 「けっして〜ない」

〈全体否定〉

not everybody 〜 「だれもが〜わけではない」

〈部分否定〉(= **not everyone** 〜)

nobody 「だれも〜ない」

〈全体否定〉(= **no one**)

not necessarily 「必ずしも〜とはかぎらない」

〈部分否定〉

not 〜 **at all** 「全然〜ではない」

〈全体否定〉

否 定 ③ (準否定語の表現)

283
I hardly understand French.
...
私はほとんどフランス語を理解しない。

284
There is scarcely any water in this lake.
...
この湖にはほとんど水がない。

285
I am seldom late for school.
...
私は学校にめったに遅刻しない。

286
I am rarely late for school.
...
私は学校にめったに遅刻しない。

287
There was little rain this summer.
...
今年の夏はほとんど雨が降らなかった。

288
I had few opportunities to talk to her.
...
私には彼女に話をする機会がほとんどなかった。

hardly 「ほとんど〜ない」

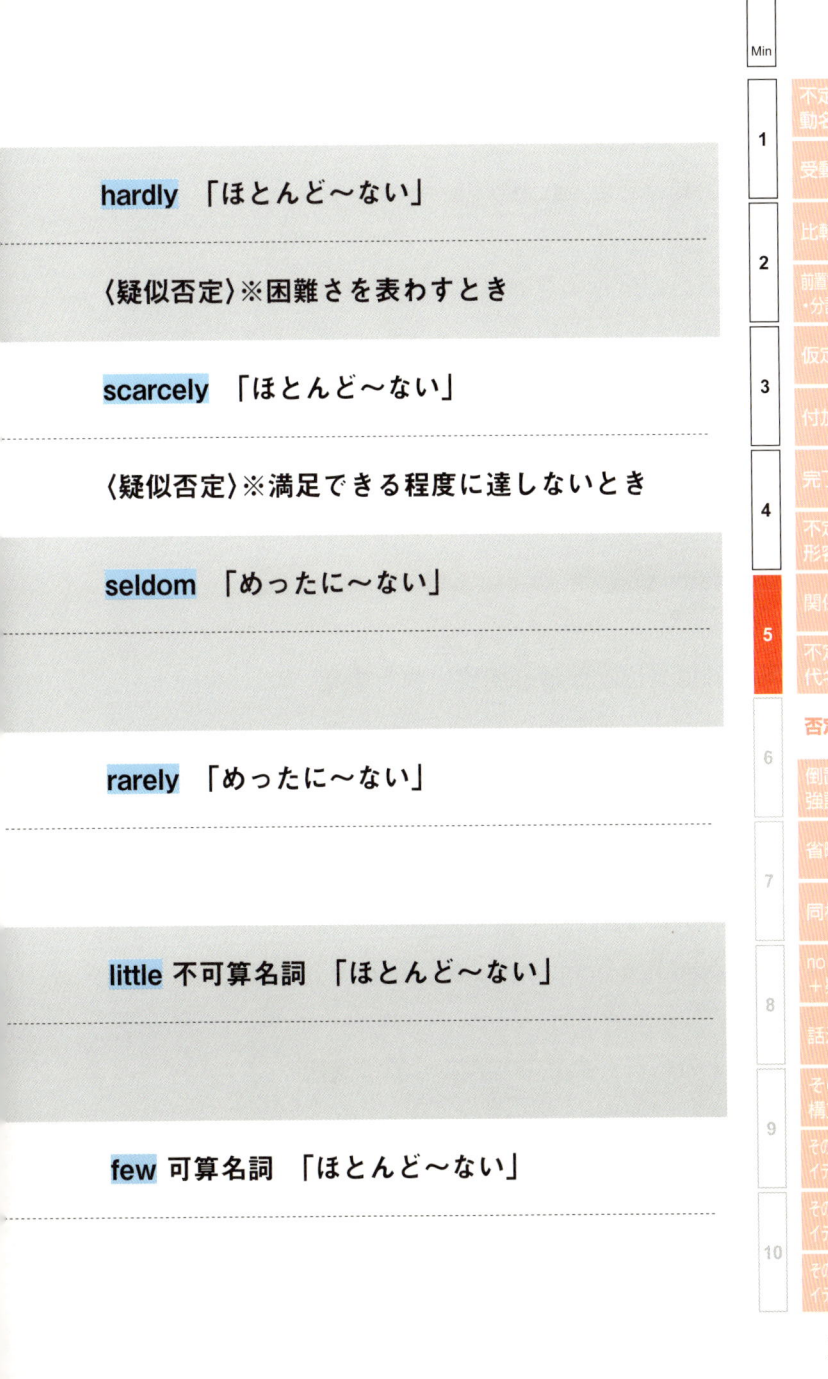

〈疑似否定〉※困難さを表わすとき

scarcely 「ほとんど〜ない」

〈疑似否定〉※満足できる程度に達しないとき

seldom 「めったに〜ない」

rarely 「めったに〜ない」

little 不可算名詞 「ほとんど〜ない」

few 可算名詞 「ほとんど〜ない」

否 定 ④ (否定の慣用表現①)

289 Not until yesterday did I know the news.

私はそのニュースを昨日になってはじめて知った。

290 My sister never goes out without shopping.

私の姉は外出すれば必ず買い物をする。

291 My sister cannot go out without shopping.

私の姉は外出すれば必ず買い物をする。

292 I do not deny that my father is an announcer.

私は、父がアナウンサーであることを否定しない。

293 He could not understand the lecture in the least.

彼はその講義を少しも理解できなかった。

294 She is the last person to tell a lie.

彼女はけっしてうそをつかない人だ。

not until 「〜してはじめて…」

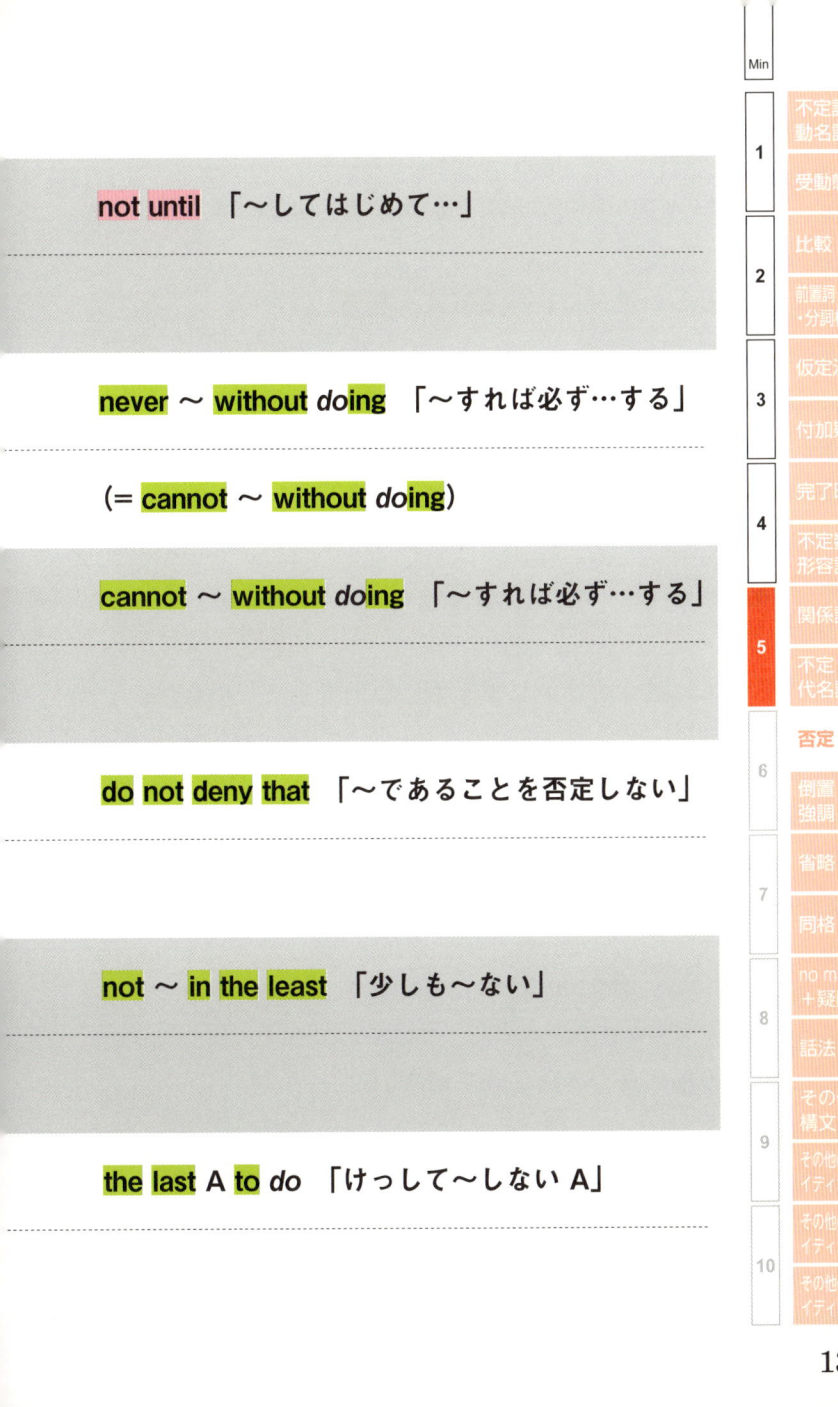

never ~ without *doing* 「〜すれば必ず…する」

(= **cannot ~ without** *doing*)

cannot ~ without *doing* 「〜すれば必ず…する」

do not deny that 「〜であることを否定しない」

not ~ in the least 「少しも〜ない」

the last A to *do* 「けっして〜しないA」

否　定 ⑤（否定の慣用表現②）

295
The new machine is by no means expensive.

その新しい機械はけっして高くない。

296
The new machine is by no manner of means expensive.

その新しい機械はけっして高くない。

297
We have no doubt whatever about her talent.

私たちは彼女の才能にまったく疑いをもっていない。

298
We have no doubt whatsoever about her talent.

私たちは彼女の才能にまったく疑いをもっていない。

299
His theory has yet to be practiced.

彼の理論はまだ実践(じっせん)されていない。

300
His theory is yet to be practiced.

彼の理論はまだ実践されていない。

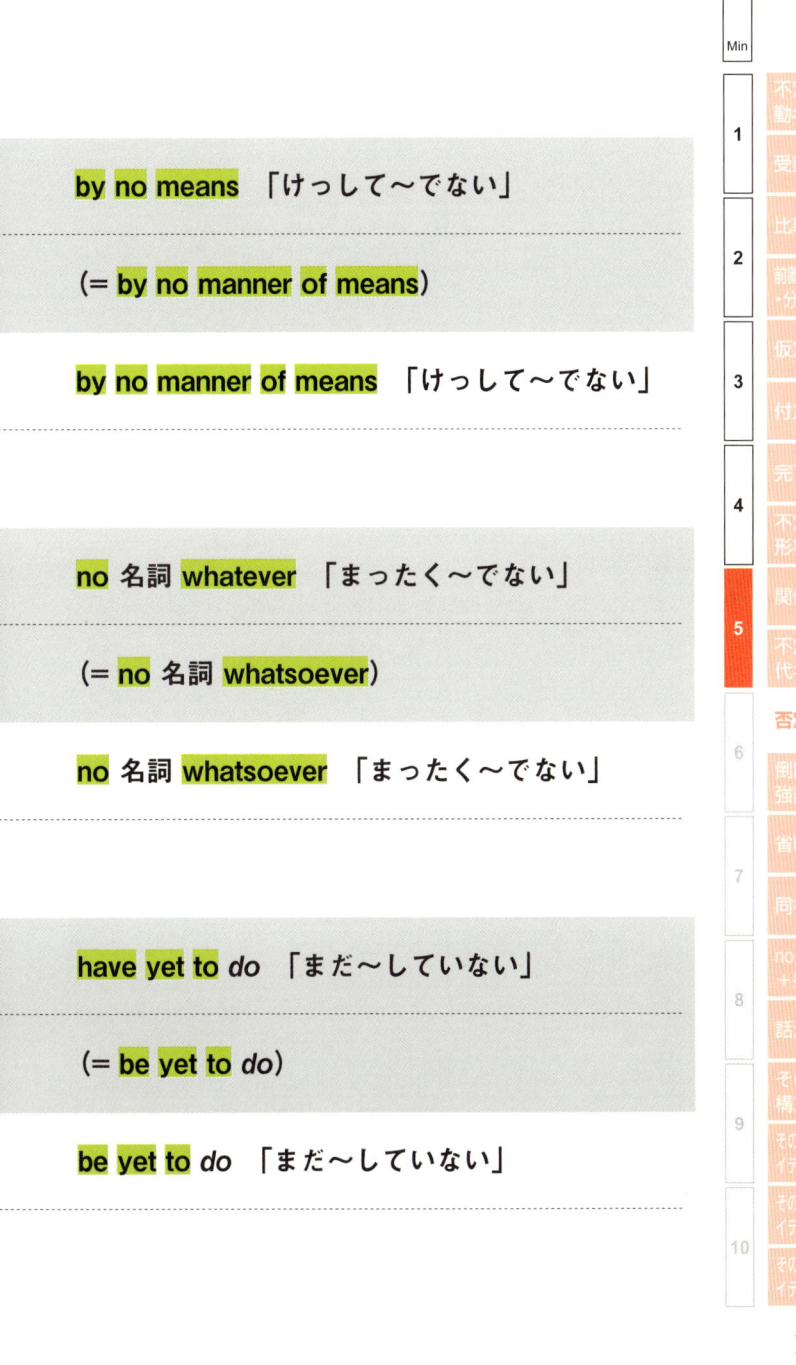

by no means 「けっして〜でない」

(= **by no manner of means**)

by no manner of means 「けっして〜でない」

no 名詞 whatever 「まったく〜でない」

(= **no 名詞 whatsoever**)

no 名詞 whatsoever 「まったく〜でない」

have yet to *do* 「まだ〜していない」

(= **be yet to** *do*)

be yet to *do* 「まだ〜していない」

1分経過 チェックシート

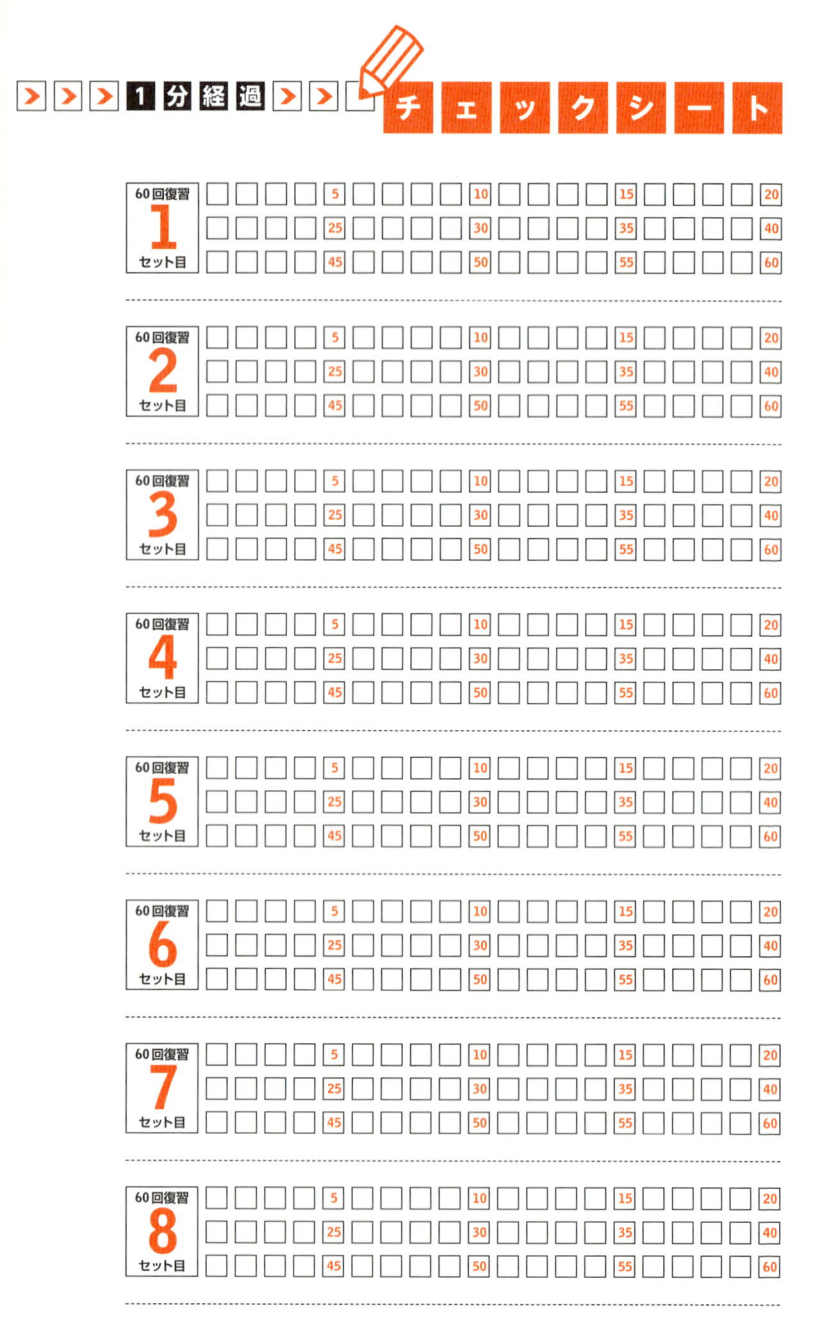

60回復習 1セット目

			5				10				15				20
			25				30				35				40
			45				50				55				60

60回復習 2セット目

			5				10				15				20
			25				30				35				40
			45				50				55				60

60回復習 3セット目

			5				10				15				20
			25				30				35				40
			45				50				55				60

60回復習 4セット目

			5				10				15				20
			25				30				35				40
			45				50				55				60

60回復習 5セット目

			5				10				15				20
			25				30				35				40
			45				50				55				60

60回復習 6セット目

			5				10				15				20
			25				30				35				40
			45				50				55				60

60回復習 7セット目

			5				10				15				20
			25				30				35				40
			45				50				55				60

60回復習 8セット目

			5				10				15				20
			25				30				35				40
			45				50				55				60

1分間英文法
⑥

One Minute Tips to Master English Grammar 600

倒置・強調
省略
同格
no matter ＋ 疑問詞
話法

倒置・強調 ① (注意すべき倒置表現)

301
— I like to play soccer.
— So do I.

―私はサッカーをするのが好きだ。
―私もだ。

302
— I don't like dogs.
— Neither do I.

―僕は犬が好きじゃないんだ。
―私もよ。

303
— They did not go there.
— Nor did we.

―彼らはそこへ行かなかった。
―私たちもだ。

304
Never did I see him yesterday.

私は昨日、彼にまったく会ってないよ。

305
Rarely is she late for school.

めったにないよ、彼女が学校に遅刻するのは。

306
No sooner had he been scolded than he began to cry.

彼は叱られるとすぐに、泣き始めた。

論理エンジン 商品ラインナップ

論理力が誰でも確実に身につく言語プログラム

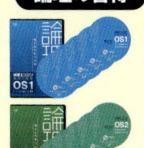

論理の習得

出口汪による50回（各40分）のDVD講義とテキスト5冊！（詳しい解説付き！）

学習の仕方

論理エンジンの効果的な使い方を実践しましょう。

レベルクリア問題

各レベルが終了したなら、レベルクリア問題で理解度を確認しましょう。

誌上講義

出口があなたの家庭教師！

DVD講義で理解したことをもう一度自分の目と頭で理解し直しましょう。

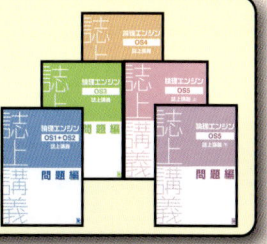

論理エンジンの詳細はこちらへアクセス

URL： http://www.ronri-engine.jp

株式会社ディーズプロ 〒160-0023 東京都新宿区西新宿 6-15-1 TEL:03-6302-3218

講義の前にこれから学習する事をしっかり意識

出口汪が自信をもって提供します!!

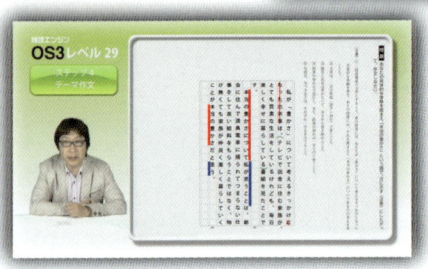

論理エンジン OS1 レベル1

記述問題対策もバッチリ！

分からなかったところ

OS1
一文の論理構造をつかまえるトレーニング

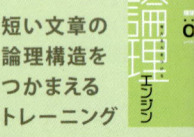

主語と述語、修飾と被修飾、助動詞と助詞など、一つの文でも論理的な関係から成り立っています。論理とは言葉を一定の規則にしたがって使うこと。ここでは言葉の規則と論理の基礎を習得します。

OS2
文と文との論理的関係をつかまえるトレーニング

一つの言葉はその前後の言葉とつながりを持っています。それと同時に一文と一文との間にも論理的な関係があるのです。これらの文脈力を鍛えることにより、あらゆる教科の得点力アップ！

OS3
短い文章の論理構造をつかまえるトレーニング

「筆者の主張」「イコールの関係」「対立関係」「因果関係」など、いよいよ本格的な論理の習小説問題を客観的に解トレーニング、記述問題作文問題のトレーニンもいよいよ本格的。

聞くだけでは分かりにくい部分はイラストでカバー！

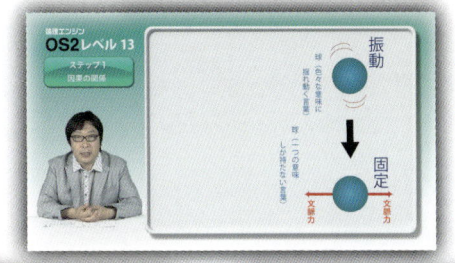

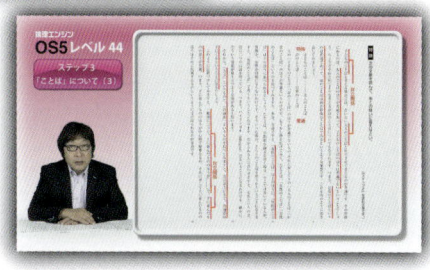

全50回（各40分）のDVD講義

エンジンの OS4 レベル35&36

ップ1 命題をつかむ（1）
ップ2 命題をつかむ（2）
ップ3 文章の論理構造（1）
ップ4 文章の論理構造（2）

ップ1 語の重複をさける
ップ2 主述の不一致を正す（1）
ップ3 主述の不一致を正す（2）
ップ4 助詞を正しく使う
ップ5 用語のミスをなくす

度も聞きましょう！　　　　長文の論理構造が視覚的に確認できます！

OS4

章全体の
理構造を
かまえる
ーニング

OS5

総合問題
による実践
トレーニング

実際の入試問題による実践練習。様々な問題を解くことにより、論理力・文脈力などを血肉化すると同時に、得点力を強化します。また、ものを考える際の核になるストックを蓄積します。

レベルクリア問題

定着度を確認！

各レベルが終了したなら、必ずレベルクリア問題で理解度を確認しましょう。理解が不十分だと判断したなら、再度学習すること。その上でどんどん先へ進みましょう。

と文が集まって、一つ段落を形成し、その段と段落が集まって文体ができあがります。こに至って初めて論理全体像を理解することできます。文章の面白も満喫。

論理力であらゆる教科の成績をアップ！
出口汪の「論理エンジン」

- 「アエラ」「週刊現代」「読売新聞」などマスコミも絶賛
- 出口先生があなたの家庭教師だ
- 「論理エンジンの学習の仕方」が付いてるから安心
- 論理ってこんなに面白くてすごいものだったんだ！
- 苦手な記述問題がすらすら書けるようになった！
- 生涯にわたって活用できる人生の宝物
- 偏差値20～30アップも夢でない

今回、二百五十校以上の小学校・中学校・高校などで奇跡的な成果を上げている「論理エンジン」を初めて個人向けに公開しました。「論理エンジン」とは論理力を鍛える画期的なプログラムで、まさに頭脳OSを飛躍的に強化するものです。私たちは小学校から大学受験へと、コンピューターにたとえるならば、次第に重たいアプリケーションソフトを動かさなければならなくなります。ところが、貧弱な頭脳OSのままなら、重たいソフトを動かそうとすると、コンピューターはフリーズしてしまいます。論理エンジンは日本で唯一の頭脳OSを強化するための、画期的なプログラムなのです。

さらに論理力はすべての教科の土台でもあるのです。国語はもとより英語・数学・理科・社会など、あらゆる科目の成績がアップするだけでなく、記憶力を強化し、文章を論理的に読む力、論理的に考える力、文章を論理的に書く力を養成します。

論理力は中学・高校・大学受験に威力を発揮し、しかも生きるための生涯の強力な武器となるものです。

So av (be動詞) S. 「Sもそうだ」

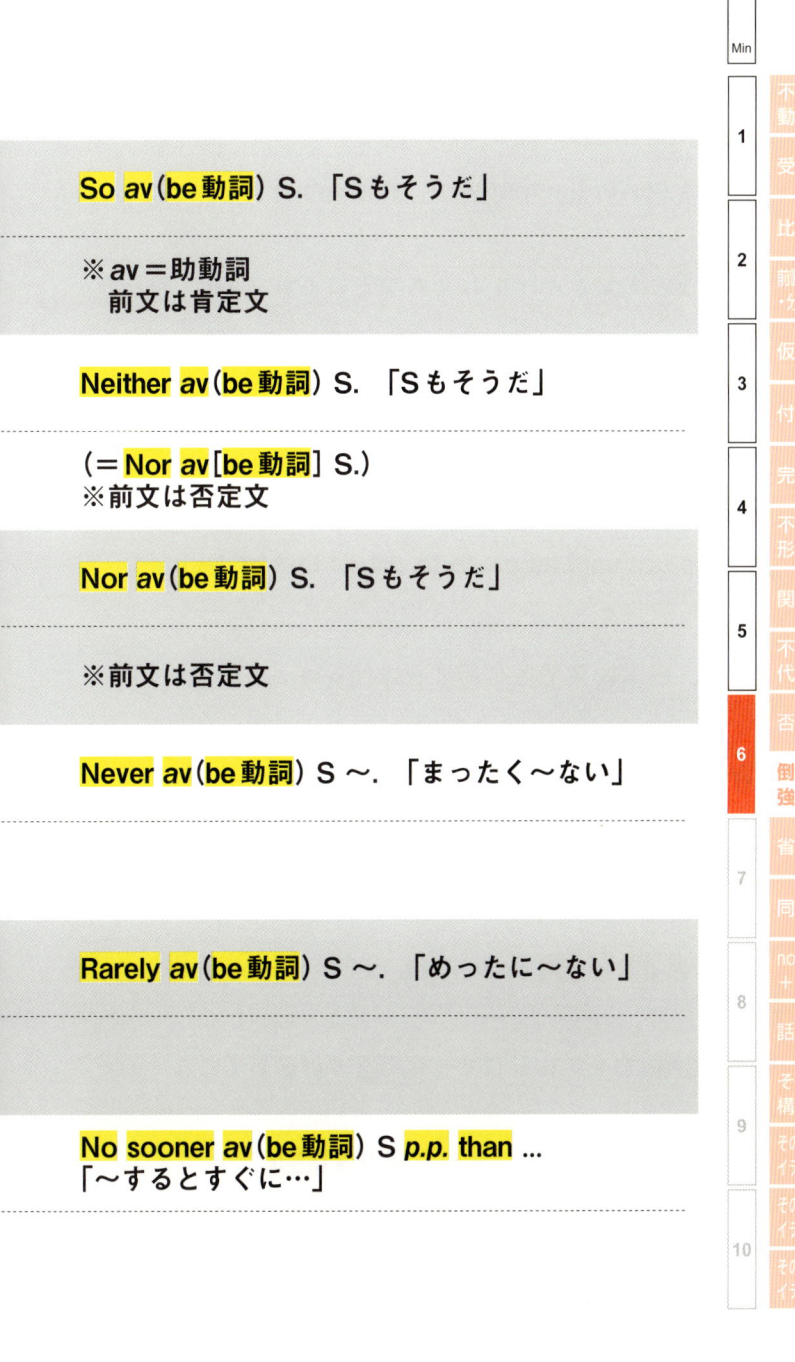

※av＝助動詞
　前文は肯定文

Neither av (be動詞) S. 「Sもそうだ」

(＝ Nor av [be動詞] S.)
※前文は否定文

Nor av (be動詞) S. 「Sもそうだ」

※前文は否定文

Never av (be動詞) S ～. 「まったく～ない」

Rarely av (be動詞) S ～. 「めったに～ない」

No sooner av (be動詞) S *p.p.* than ...
「～するとすぐに…」

倒置・強調 ② （注意すべき強調表現）

307

It was yesterday that your father gave it to you.

あなたのお父さんがそれをあなたにくれたのは、昨日だ。

308

It's because she was loved that everyone helped her.

みんなが彼女を助けたのは、
彼女がみんなに愛されていたからだ。

309

It was not until he came to Japan that he learned Japanese.

彼は、日本に来てはじめて日本語を学んだ。

310

Why on earth doesn't he call me back soon?

一体全体、なぜ彼は私にすぐ電話をかけ直してこないのだ。

311

Why in the world doesn't he call me back soon?

一体全体、なぜ彼は私にすぐ電話をかけ直してこないのだ。

312

She did not have breakfast in the least.

彼女は朝食を少しもとらなかった。

It is ~ that S V. 「S V なのは~だ」

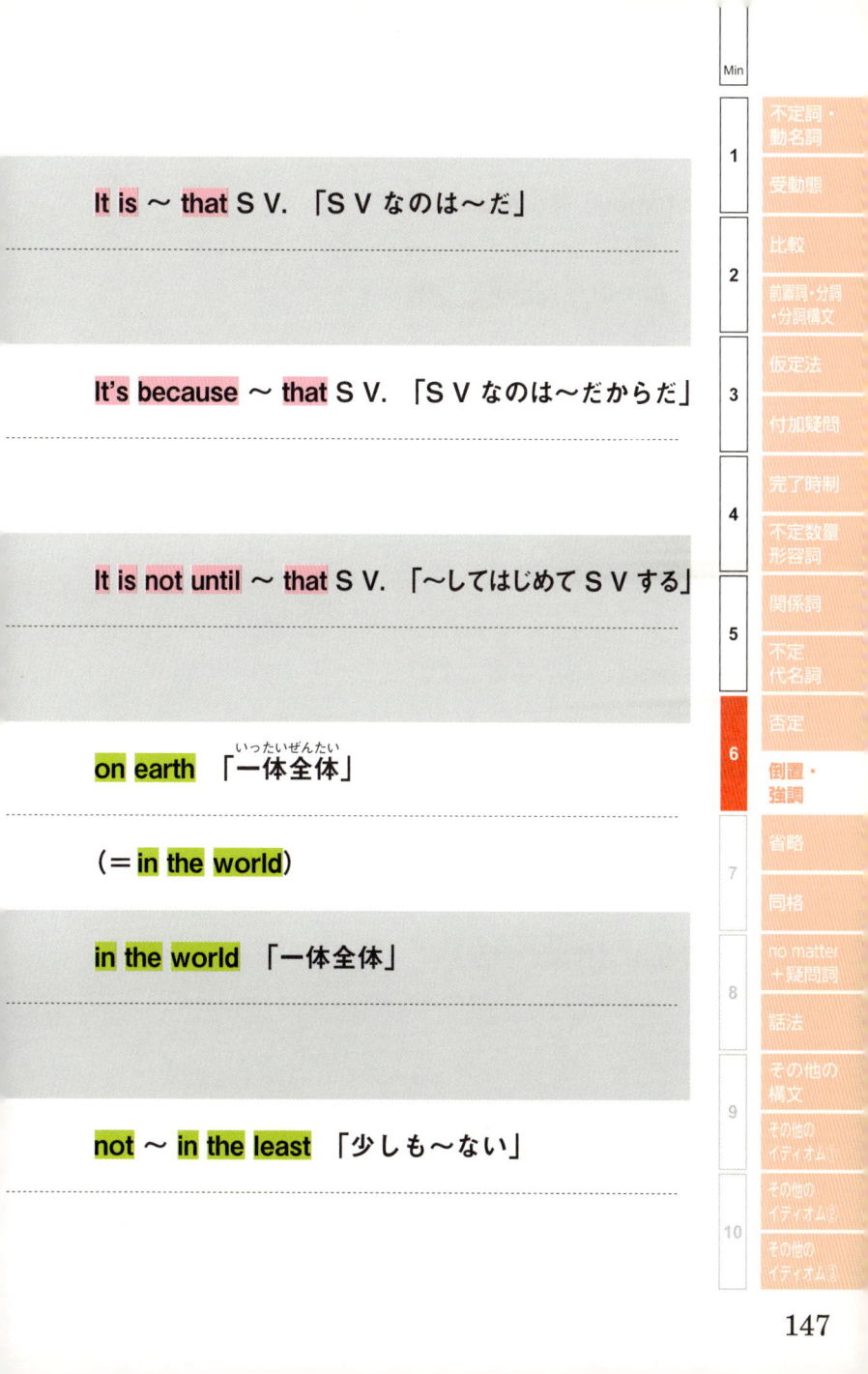

It's because ~ that S V. 「S V なのは~だからだ」

It is not until ~ that S V. 「~してはじめて S V する」

on earth 「一体全体(いったいぜんたい)」

(= in the world)

in the world 「一体全体」

not ~ in the least 「少しも~ない」

省 略 ① （覚えておきたい省略表現）

313
He is famous, **if not** great.

彼は、偉大ではないとしても有名だ。

314
She is, **if anything**, worse today.

彼女の容体（ようだい）は、どちらかと言えば、今日は悪くなっている。

315
Fix mistakes **if any**.

もしあれば、ミスを直して。

316
Closed today.《看板（かんばん）の掲示》

317
No U-turn.《標識（ひょうしき）の掲示》

318
Hands off.《看板の掲示》

if not ~ 「~ではないとしても」

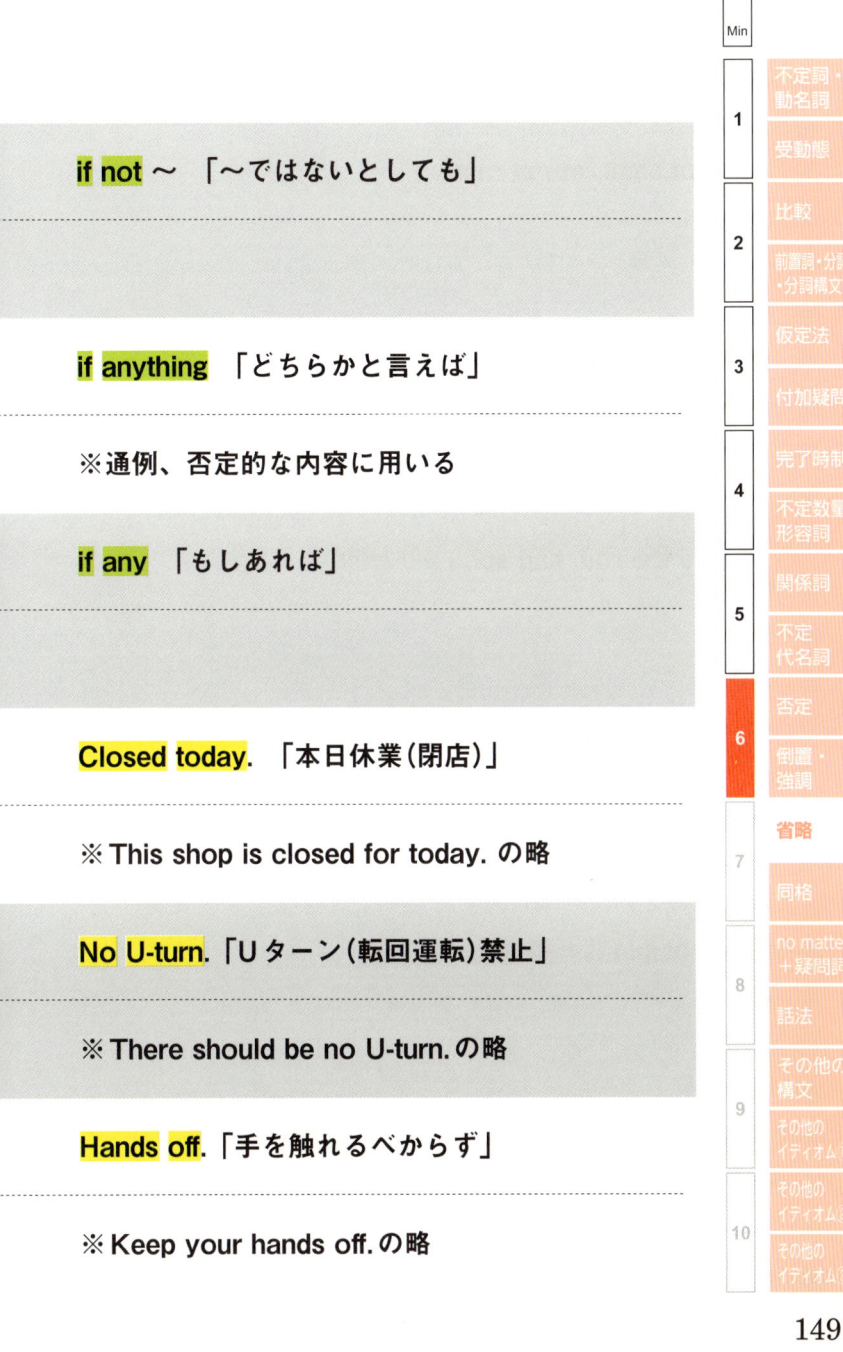

if anything 「どちらかと言えば」

※通例、否定的な内容に用いる

if any 「もしあれば」

Closed today. 「本日休業(閉店)」

※ This shop is closed for today. の略

No U-turn. 「U ターン(転回運転)禁止」

※ There should be no U-turn. の略

Hands off. 「手を触れるべからず」

※ Keep your hands off. の略

省 略 ② (ことわざにおける省略表現)

Out of sight, out of mind.

No pains, no gains.

Spare the rod, and spoil the child.

Better bend than break.

Well begun is half done.

When in Rome, do as the Romans do.

Out of sight, out of mind. 「去る者は日々に疎(うと)し」

※ When one is out of sight, one is out of mind. の略

No pains, no gains. 「まかぬ種は生(は)えぬ」

※ If you take no pains, you will get no gains. の略

Spare the rod, and spoil the child.
「かわいい子には旅をさせよ」

※ Spare the rod, and you will spoil the child. の略

Better bend than break. 「やなぎに雪折(ゆきお)れなし」

※ It is better to bend than to break. の略

Well begun is half done.
「さいさき良ければ、なかば成功」

※ A thing which is well begun is half done. の略

When in Rome, do as the Romans do.
「郷(ごう)に入(い)っては郷(ごう)にしたがえ」

※ When you are in Rome,
you should do as the Romans do. の略

同 格 （覚えておきたい同格表現）

325
I knew **the fact that** he had been there.

彼がずっとそこにいた**という事実**を、私は知っていた。

326
I bought it today, **that is to say**, the fifth of May.

私はそれを今日買った。**すなわち**、5月5日だ。

327
I bought it today, **in other words**, the fifth of May.

私はそれを今日買った。**すなわち**、5月5日だ。

328
I bought it today, **that is**, the fifth of May.

私はそれを今日買った。**すなわち**、5月5日だ。

329
I like sports; **for instance**, baseball and rugby.

私はスポーツが好きだ、**たとえば**、野球とラグビーだ。

330
I like Japanese food; **in particular**, *sushi* and *tempura*.

私は日本食が好きだ、**とくに**、寿司と天ぷらが。

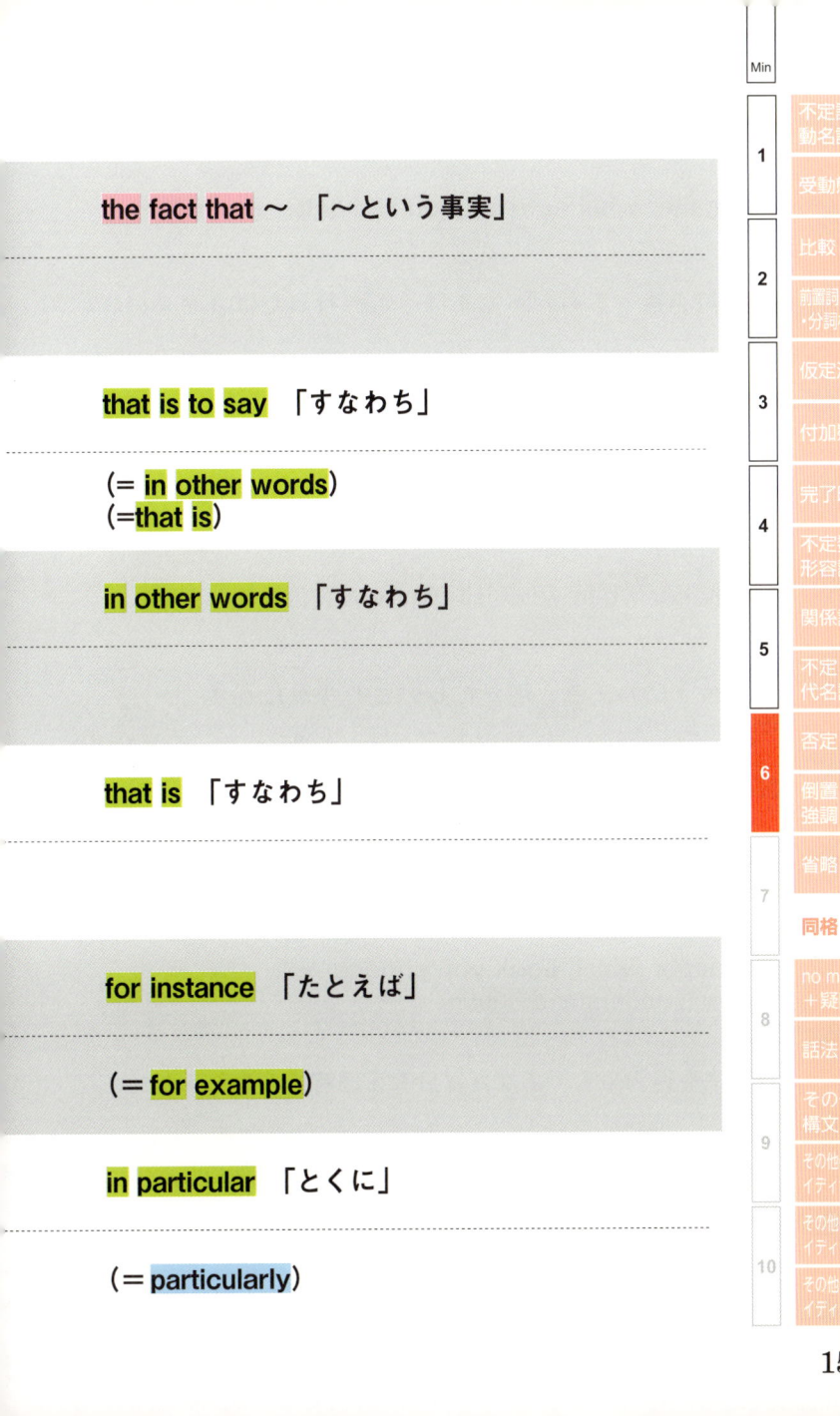

the fact that ～ 「～という事実」

that is to say 「すなわち」

(= in other words)
(= that is)

in other words 「すなわち」

that is 「すなわち」

for instance 「たとえば」

(= for example)

in particular 「とくに」

(= particularly)

no matter ＋疑問詞 (no matter ＋疑問詞の用法)

331
No matter what he says, you had better go there.

彼が何を言っても、あなたはそこへ行ったほうがよい。

332
No matter where she goes, she is well.

どこに行っても、彼女は元気だ。

333
No matter when you visit him, you'll find he's busy.

いつ彼を訪ねても、彼が忙しいとわかるだろう。

334
No matter who comes, do not tell me about it.

だれが来ようとも、私に知らせないでください。

335
No matter which book you choose,
you will understand Japan.

どの本を選んでも、あなたは日本を理解できるだろう。

336
I finish the homework no matter how sleepy I am.

いかに眠くても、私は宿題を終わらせる。

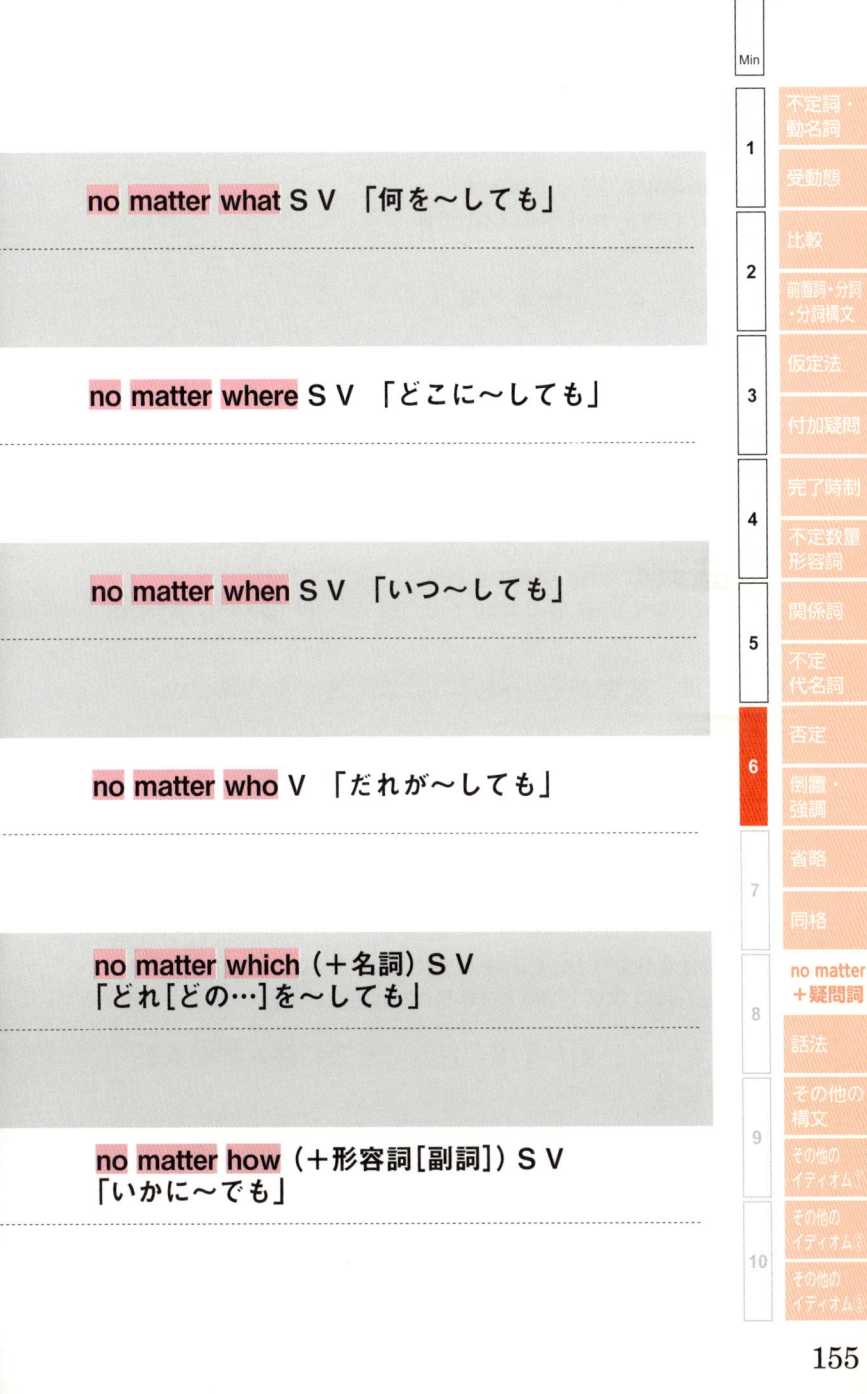

no matter what S V 「何を〜しても」

no matter where S V 「どこに〜しても」

no matter when S V 「いつ〜しても」

no matter who V 「だれが〜しても」

no matter which (＋名詞) S V
「どれ[どの…]を〜しても」

no matter how (＋形容詞[副詞]) S V
「いかに〜でも」

話 法 ① 〈直接話法→間接話法の書き換え〈平叙文〉〉

337
He says,"She comes."
→ He says that she comes.

→ 彼は、彼女が来ると言う。

338
He said,"She stays here today."
→ He said that she stayed there that day.

→ 彼は、彼女がその日そこにいると言った。

339
He said,"She played tennis yesterday."
→ He said that she had played tennis the day before.

→ 彼は、彼女がその前日にテニスをしたと言った。

340
He said, "She will go there tomorrow."
→ He said that she would go there the next day.

→ 彼は、彼女がその次の日にそこへ行くだろうと言った。

341
You said,"You have lived here since last month."
→ You said that I had lived there since the previous month.

→ あなたは、私がその前月からそこに住んでいると言った。

342
She said to me, "You should go to Japan."
→ She advised me to go to Japan.

→ 彼女は私に、日本に行くようにと忠告した。

直接話法：says ― comes
　　　　　（現在）　　（現在）
→ 間接話法：says (that) ― comes
　　　　　　（現在）　　　（現在）

直接話法：said ― stays
　　　　　（過去）　（現在）
→ 間接話法：said (that) ― stayed
　　　　　　（過去）　　　（過去）

here「ここに」→ there「そこに」
today「今日」　→ that day「その日」

直接話法：said ― played
　　　　　（過去）　（過去）
→ 間接話法：said (that) ― had played
　　　　　　（過去）　　　（過去完了）

yesterday「昨日」→ the day before「その前日」
　　　　　　　　　（＝ the previous day）

直接話法：said ― will go
　　　　　（過去）　（未来）
→ 間接話法：said (that) ― would go
　　　　　　（過去）　　　（過去）

tomorrow「明日」→ the next day「その次の日」
　　　　　　　　　（＝ the following day）

直接話法：said ― have lived
　　　　　（過去）　（現在完了）
→ 間接話法：said (that) ― had lived
　　　　　　（過去）　　　（過去完了）

last month「先月」
→ the previous month「その前月」

直接話法：said ～ should …
→ 間接話法：advised A to …

〈忠告の文の間接話法〉

話法 ② (直接話法→間接話法の書き換え〈勧誘・提案・感嘆文・命令文〉)

343
She said, "Let's go to the gym."
→ She suggested that we go to the gym.

→ 彼女は体育館へ行きましょうと言った。

344
She said, "Shall we go shopping tomorrow?"
→ She proposed that we go shopping the next day.

→ 彼女はその次の日に買い物に行こうと提案した。

345
She said, "How noisy your car is !"
→ She complained about how noisy my car was.

→ 彼女は私の車はなんてうるさいのと文句を言った。

346
She said to me, "What a pretty doll this is !"
→ She told me what a pretty doll that was.

→ 彼女は私に、あれはなんてかわいらしい人形でしょうと言った。

347
I said to her, "Call your mother at once."
→ I told her to call her mother at once.

私は彼女に、すぐに彼女のお母さんに電話するように言った。

348
I said to him, "Don't speak Japanese."
→ I told him not to speak Japanese.

私は彼に、日本語を話さないように言った。

直接話法：said ~ Let's ...
間接話法：suggested that S (should) 原形

〈勧誘の文の間接話法〉

直接話法：said ~ Shall we ...
間接話法：proposed that S (should) 原形

〈提案の文の間接話法〉

直接話法：said ~ How ...
間接話法：complained about how ...

〈感嘆文の間接話法〉

直接話法：said ~ What ...
間接話法：told ~ what ...

this 「この」 → that 「あの」
〈感嘆文の間接話法〉

told A to ~ 「A に~するように言った」

〈命令文の間接話法〉

told A not to ~ 「A に~しないように言った」

〈否定命令文の間接話法〉

話 法 ③ (直接話法→間接話法の書き換え〈疑問文〉)

He asked her if she had a car.

彼は彼女に、車を持っているかとたずねた。

I asked you whether you would come back or stay there.

私はあなたに、戻ってくるのかそれともそこにとどまるのかとたずねた。

I asked her what she was reading.

私は彼女に、何を読んでいるのかとたずねた。

You asked me when I would come back.

あなたは私に、いつ戻ってくるのかとたずねた。

She asked us where we had played tennis.

彼女は私たちに、どこでテニスをしたのかとたずねた。

He asked me who that boy was.

彼は私に、あの少年はだれかとたずねた。

ask A if ~ 「Aに~かとたずねる」

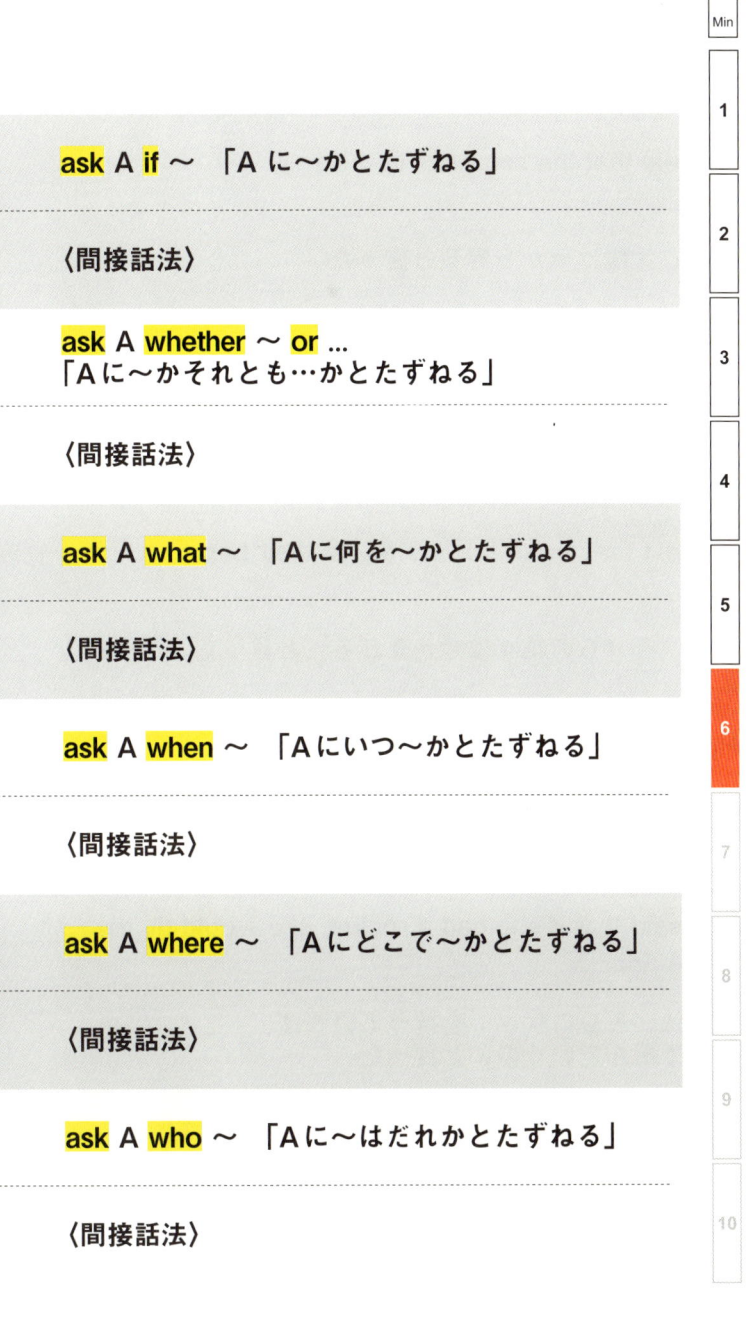

〈間接話法〉

ask A whether ~ or ...
「Aに~かそれとも…かとたずねる」

〈間接話法〉

ask A what ~ 「Aに何を~かとたずねる」

〈間接話法〉

ask A when ~ 「Aにいつ~かとたずねる」

〈間接話法〉

ask A where ~ 「Aにどこで~かとたずねる」

〈間接話法〉

ask A who ~ 「Aに~はだれかとたずねる」

〈間接話法〉

話 法 ④ (間接話法:時の一致の例外)

355
He said that the sun rises in the east.

彼は、太陽は東から昇ると言った。

356
He told me that his work begins at nine.

彼は私に、彼の仕事は9時に始まると言った。

357
He said that those flowers are at their best.

彼は、それらの花々は今が見ごろだと言った。

358
He said that World War Ⅱ ended in 1945.

彼は、第二次世界大戦は1945年に終結したと言った。

359
She said that if she had a rocket, she would fly to the moon.

彼女は、もしロケットを持っていれば、月まで飛んでいくのにと言った。

360
He said that she must be well.

彼は、彼女は元気にちがいないと言った。

(**不変の真理**)

※「不変の真理」は、つねに現在形

(**現在も変わらない常習的、慣行的動作**)

※「現在も変わらない常習的、慣行的動作」は、つねに現在形

(**現在に続く動作、状態**)

※「今が見ごろ」が現在も続いているのなら、現在形

(**歴史上の事実**)

※「歴史上の事実」は、つねに過去形

(**仮定法とその結び**)

※「仮定法現在」以外の仮定法は、「時の一致」にとらわれない

(**現在形と過去形を区別しない助動詞**)

※助動詞 must には過去形がないので、そのままの形で表す

1分経過 チェックシート

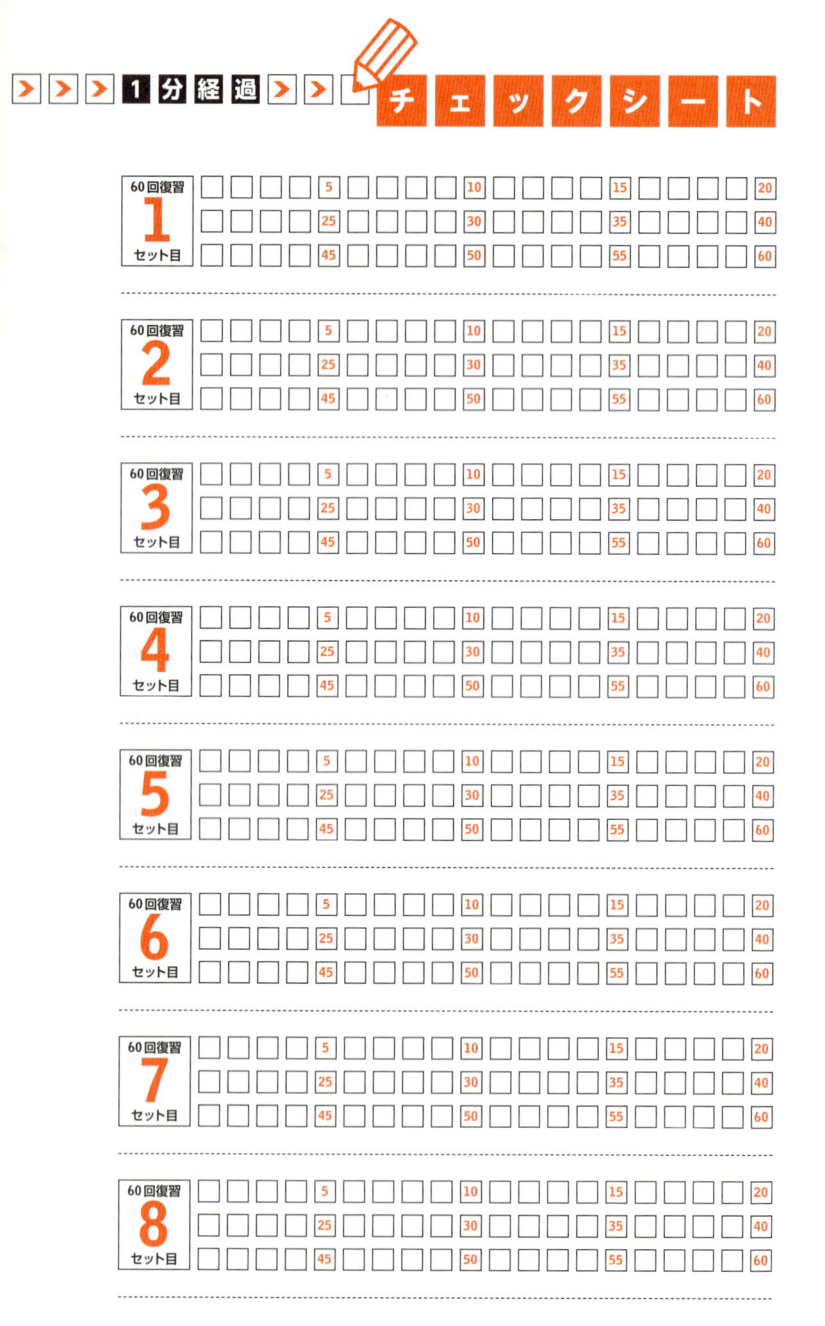

60回復習 1セット目 — 5, 10, 15, 20, 25, 30, 35, 40, 45, 50, 55, 60

60回復習 2セット目 — 5, 10, 15, 20, 25, 30, 35, 40, 45, 50, 55, 60

60回復習 3セット目 — 5, 10, 15, 20, 25, 30, 35, 40, 45, 50, 55, 60

60回復習 4セット目 — 5, 10, 15, 20, 25, 30, 35, 40, 45, 50, 55, 60

60回復習 5セット目 — 5, 10, 15, 20, 25, 30, 35, 40, 45, 50, 55, 60

60回復習 6セット目 — 5, 10, 15, 20, 25, 30, 35, 40, 45, 50, 55, 60

60回復習 7セット目 — 5, 10, 15, 20, 25, 30, 35, 40, 45, 50, 55, 60

60回復習 8セット目 — 5, 10, 15, 20, 25, 30, 35, 40, 45, 50, 55, 60

1分間英文法 ⑦

One Minute Tips to Master English Grammar 600

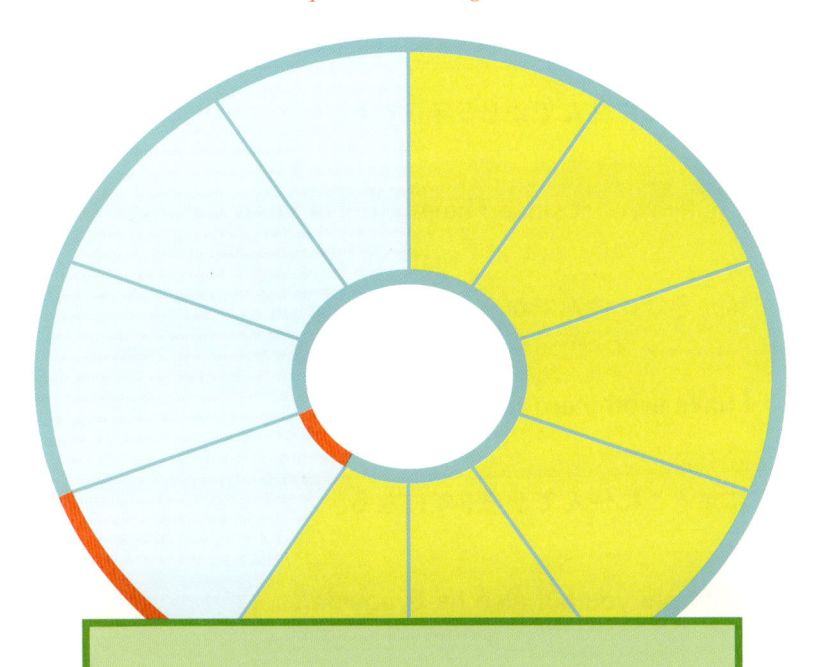

その他の構文

その他の構文 ①

361
Five years have passed since I began to live there.

私がそこに住んでから5年になる。

362
It has been five years since I began to live there.

私がそこに住んでから5年になる。

363
It is five years since I began to live there.

私がそこに住んでから5年になる。

364
I have lived there for five years.

私がそこに住んでから5年になる。

365
Not only you but also he is popular.

あなただけでなく彼もまた人気がある。

366
He as well as you is popular.

あなたと同様に彼も人気がある。

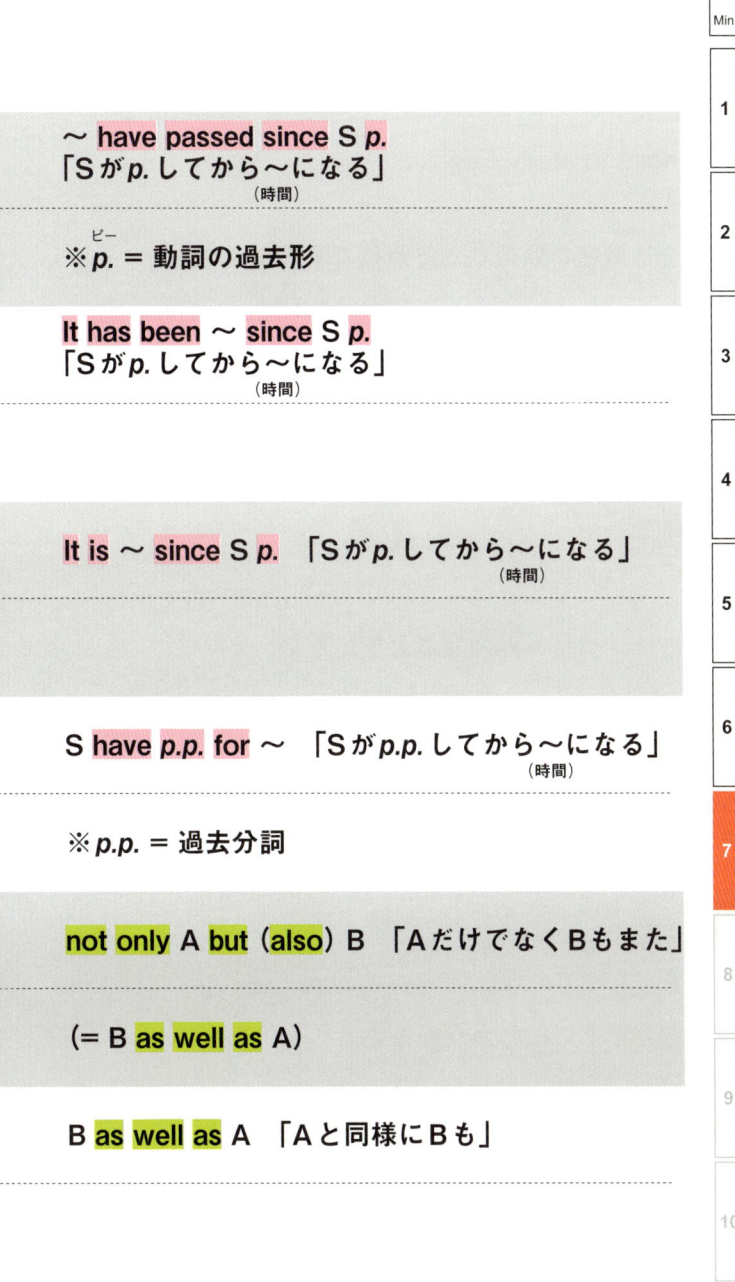

～ have passed since S *p.* 「Sが*p.*してから～になる」
　　　　　　　　　　　（時間）

※*p.*（ピー）= 動詞の過去形

It has been ～ since S *p.* 「Sが*p.*してから～になる」
　　　　　　　　　　　　（時間）

It is ～ since S *p.* 　「Sが*p.*してから～になる」
　　　　　　　　　（時間）

S have *p.p.* for ～ 　「Sが*p.p.*してから～になる」
　　　　　　　　　（時間）

※*p.p.* = 過去分詞

not only A but (also) B 　「AだけでなくBもまた」

(= B as well as A)

B as well as A 　「Aと同様にBも」

その他の構文 ②

367
You have to study English.

あなたは英語を勉強しなければならない。

368
You don't have to study English.

あなたは、英語を勉強する必要はない。

369
You need not study English.

あなたは、英語を勉強する必要はない。

370
You have only to study English.

あなたは英語を勉強しさえすればよい。

371
I dared not go there.

私はあえてそこに行かなかった。

372
I didn't dare to go there.

私はそこに行く勇気がなかった。

have to *do* 「～しなければならない」

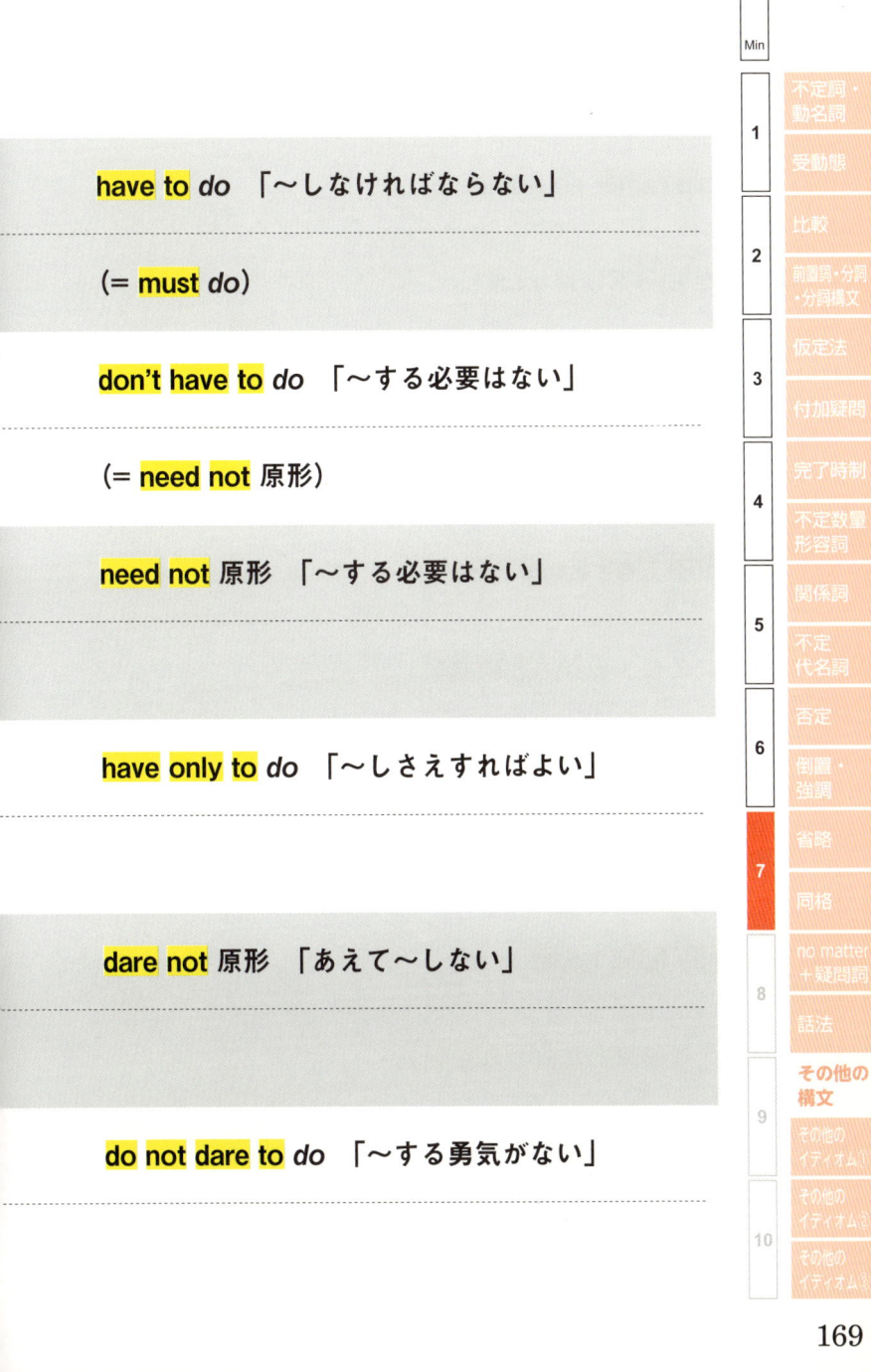

(= **must** *do*)

don't have to *do* 「～する必要はない」

(= **need not** 原形)

need not 原形 「～する必要はない」

have only to *do* 「～しさえすればよい」

dare not 原形 「あえて～しない」

do not dare to *do* 「～する勇気がない」

その他の構文 ③

373
I **would rather** go home.

私は**むしろ**家に帰り**たい**。

374
I **would rather not** go home.

私は**むしろ**家に帰り**たくない**。

375
He **must have come** here.

彼はここに来**たにちがいない**。

376
He **cannot have come** here.

彼はここに来**たはずがない**。

377
He **may have come** here.

彼はここに来**たかもしれない**。

378
He **might have come** here.

彼は**ひょっとして**ここに来**たかもしれない**。

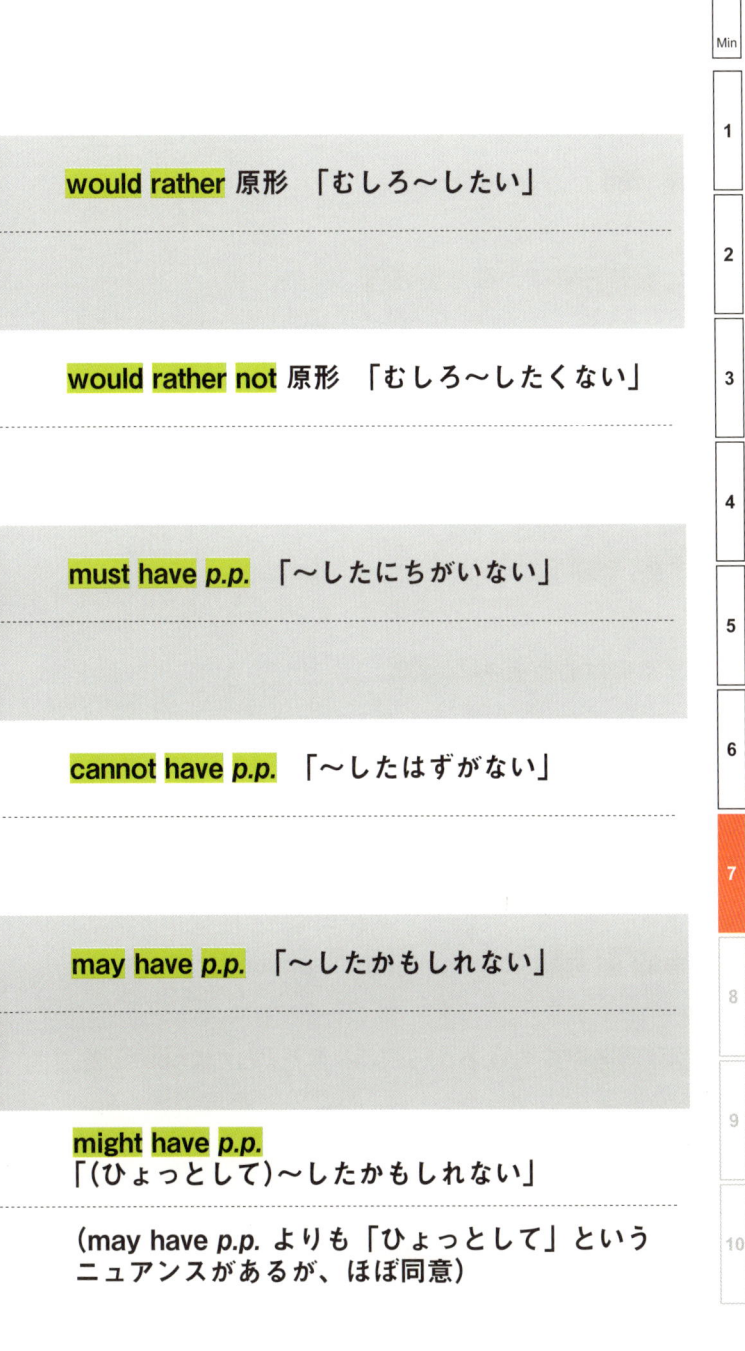

would rather 原形 「むしろ〜したい」

would rather not 原形 「むしろ〜したくない」

must have *p.p.* 「〜したにちがいない」

cannot have *p.p.* 「〜したはずがない」

may have *p.p.* 「〜したかもしれない」

might have *p.p.*
「(ひょっとして)〜したかもしれない」

(may have *p.p.* よりも「ひょっとして」という
ニュアンスがあるが、ほぼ同意)

その他の構文 ④

379
It may well rain tomorrow.

明日はおそらく雨が降るだろう。

380
He may well get angry.

彼が怒るのはもっともだ。

381
He might well get angry.

彼が怒るのはもっともだった。

382
You may as well speak slowly.

あなたはゆっくり話すほうがいいだろう。

383
You may as well ask again as misunderstand it.

それを誤解するくらいなら、あなたはもう一度たずねたほうがマシだ。

384
You might as well send her a letter.

彼女に手紙を出したらいいのに。

may well 原形　「おそらく〜するだろう」

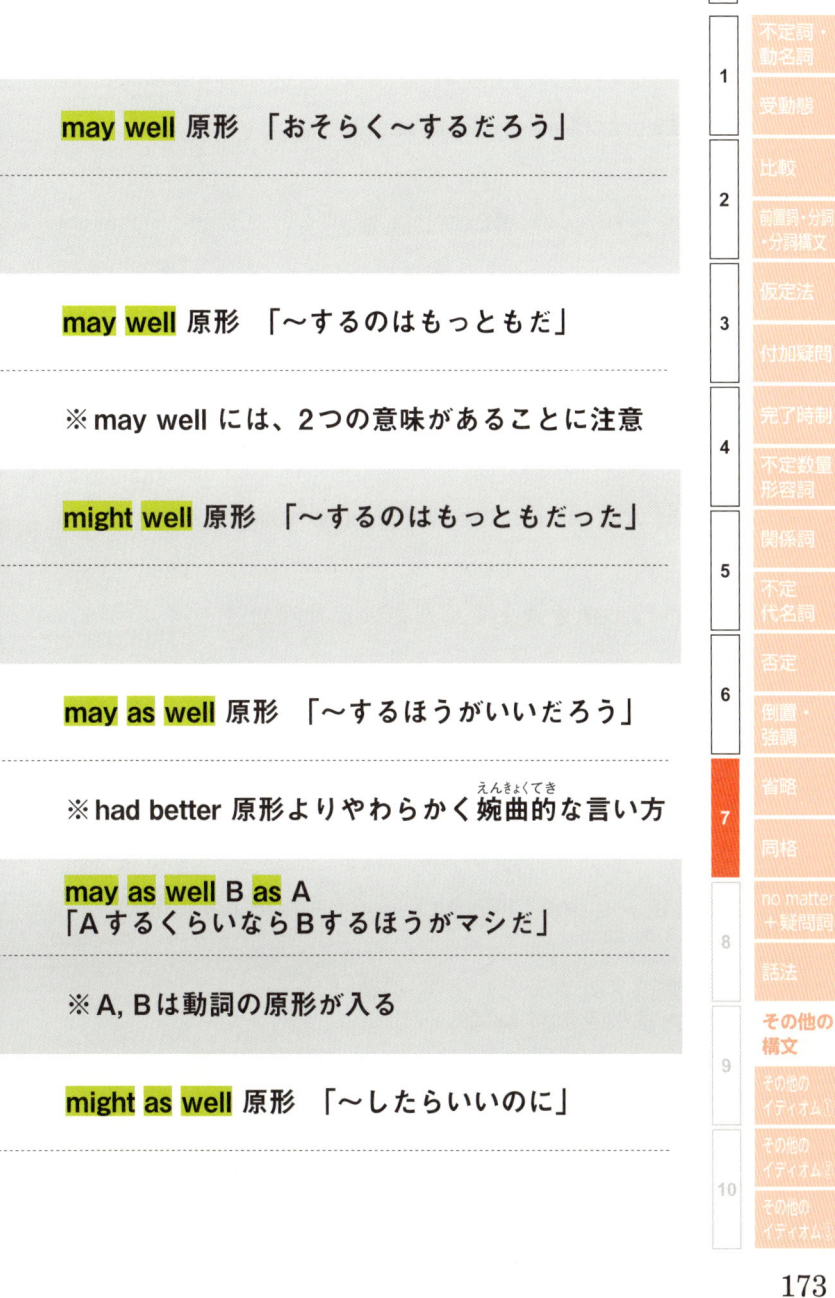

may well 原形　「〜するのはもっともだ」

※ may well には、2つの意味があることに注意

might well 原形　「〜するのはもっともだった」

may as well 原形　「〜するほうがいいだろう」

※ had better 原形よりやわらかく婉曲的（えんきょくてき）な言い方

may as well B **as** A
「AするくらいならBするほうがマシだ」

※ A, Bは動詞の原形が入る

might as well 原形　「〜したらいいのに」

その他の構文 ⑤

Would you like to take a rest?

休みをとり**たいと思いませんか**。

I **would like to** take a rest.

休みをとり**たいものだ**。

Would you tell me the way to the hospital?

病院へ行く道を教え**てくださいませんか**。

Could you ask him about the matter?

そのことについて彼にたずね**てくださいませんか**。

Even if you don't like him, you have to help him.

たとえ彼を好きでない**としても**、
あなたは彼を助けねばならない。

He is, **as it were**, a walking dictionary.

彼は、**言わば**生き字引だ。

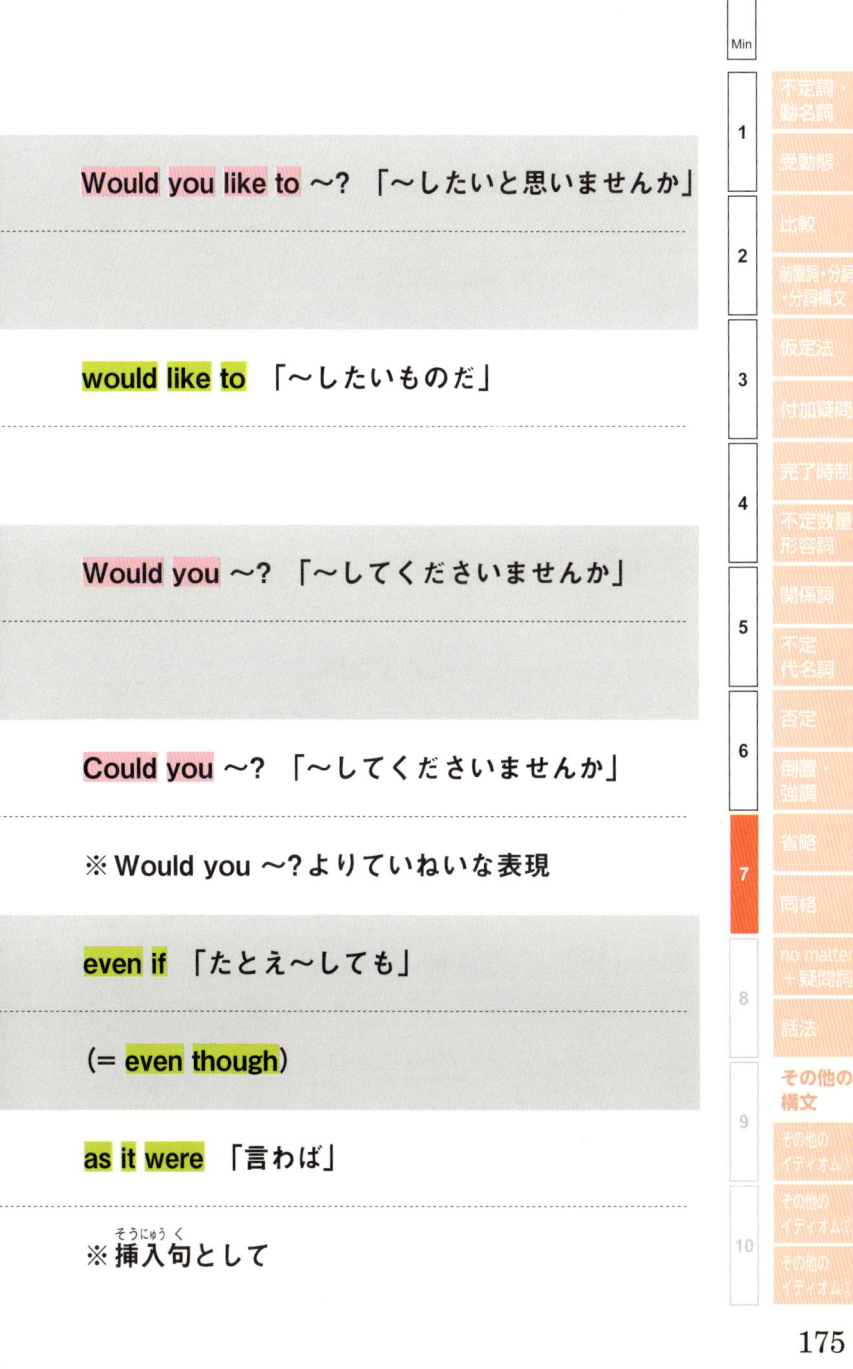

Would you like to ～? 「～したいと思いませんか」

would like to 「～したいものだ」

Would you ～? 「～してくださいませんか」

Could you ～? 「～してくださいませんか」

※ Would you ～?よりていねいな表現

even if 「たとえ～しても」

(= even though)

as it were 「言わば」

※挿入句として

その他の構文 ⑥

391
The party is to be held tomorrow.

パーティーは明日開かれる予定だ。

392
This room is to be cleaned by noon.

この部屋は昼までに掃除されなければならない。

393
The bird is not to be found in Japan.

その鳥は日本で見ることができない。

394
The glass was to be broken.

そのグラスは壊(こわ)れる運命だった。

395
It is difficult for me to learn French.

私にとってフランス語を学ぶことは難しい。

396
It is foolish of him to make the same mistake.

彼にとって同じまちがいをする(おろ)のは愚かなことだ。

be to be *p.p.* 「〜される予定だ」

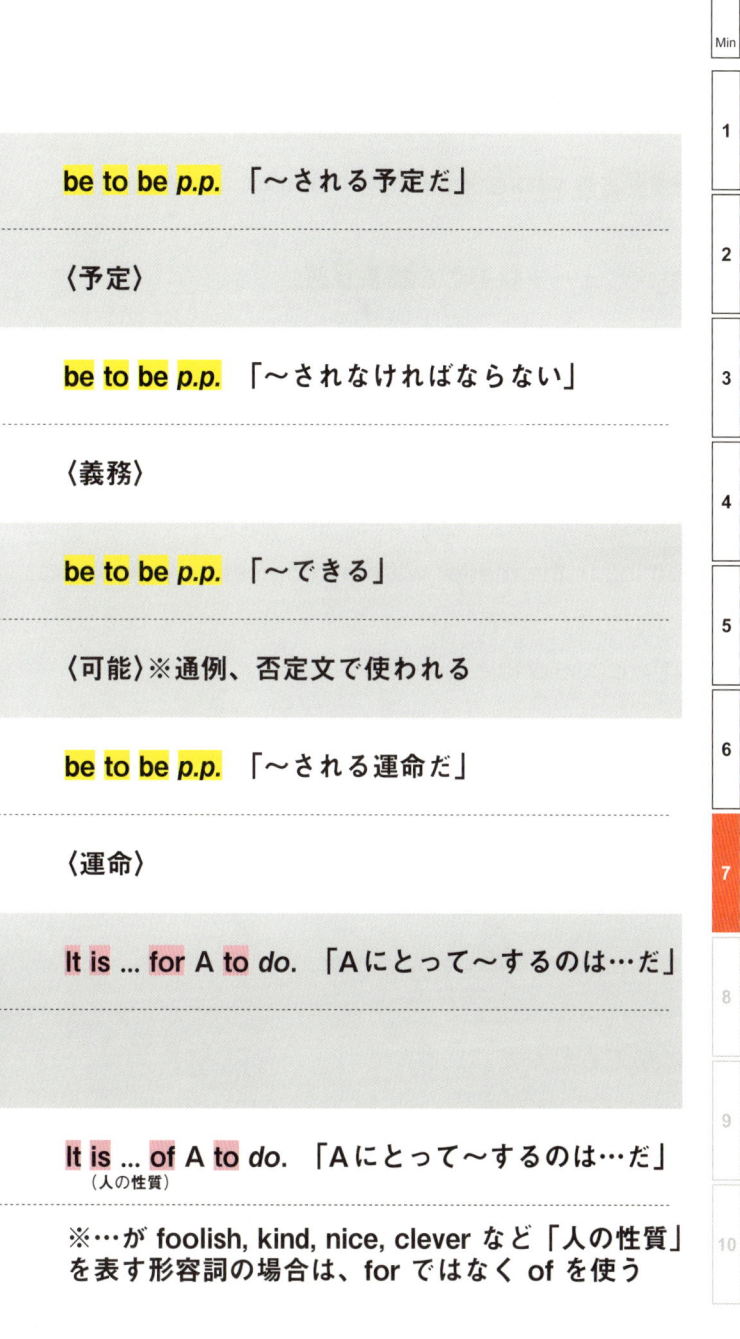

〈予定〉

be to be *p.p.* 「〜されなければならない」

〈義務〉

be to be *p.p.* 「〜できる」

〈可能〉※通例、否定文で使われる

be to be *p.p.* 「〜される運命だ」

〈運命〉

It is ... for A to *do*. 「Aにとって〜するのは…だ」

It is ... of A to *do*. 「Aにとって〜するのは…だ」
（人の性質）

※…が foolish, kind, nice, clever など「人の性質」を表す形容詞の場合は、for ではなく of を使う

その他の構文 ⑦

397
Something is wrong with my computer.

私のコンピュータはどこか調子が悪い。

398
There is something wrong with my computer.

私のコンピュータはどこか調子が悪い。

399
Something is the matter with my computer.

私のコンピュータはどこか調子が悪い。

400
There is no point in coming here.

ここに来てもむだだ。

401
There is no sense in coming here.

ここに来てもむだだ。

402
It is no use coming here.

ここに来てもむだだ。

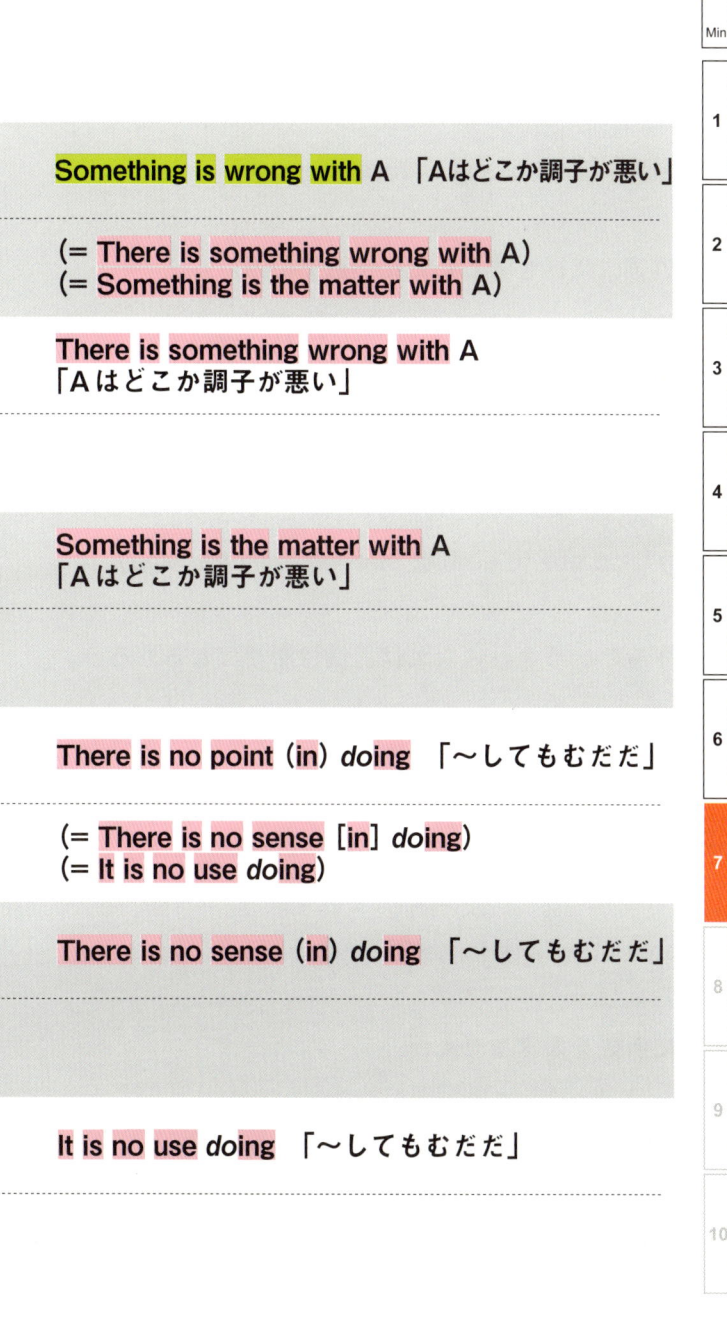

Something is wrong with A 「Aはどこか調子が悪い」

(= There is something wrong with A)
(= Something is the matter with A)

There is something wrong with A
「Aはどこか調子が悪い」

Something is the matter with A
「Aはどこか調子が悪い」

There is no point (in) *doing* 「〜してもむだだ」

(= There is no sense [in] *doing*)
(= It is no use *doing*)

There is no sense (in) *doing* 「〜してもむだだ」

It is no use *doing* 「〜してもむだだ」

その他の構文 ⑧

403
I am used to speaking to foreigners.

私は外国人に話をすることに慣れている。

404
I am accustomed to speaking to foreigners.

私は外国人に話をすることに慣れている。

405
When it comes to getting married, he'll be happy.

結婚するということになれば、彼は幸せになるだろう。

406
What do you say to writing to her?

彼女に手紙を書きませんか。

407
How about writing to her?

彼女に手紙を書きませんか。

408
What about writing to her?

彼女に手紙を書きませんか。

be used to *do*ing 「〜することに慣れている」

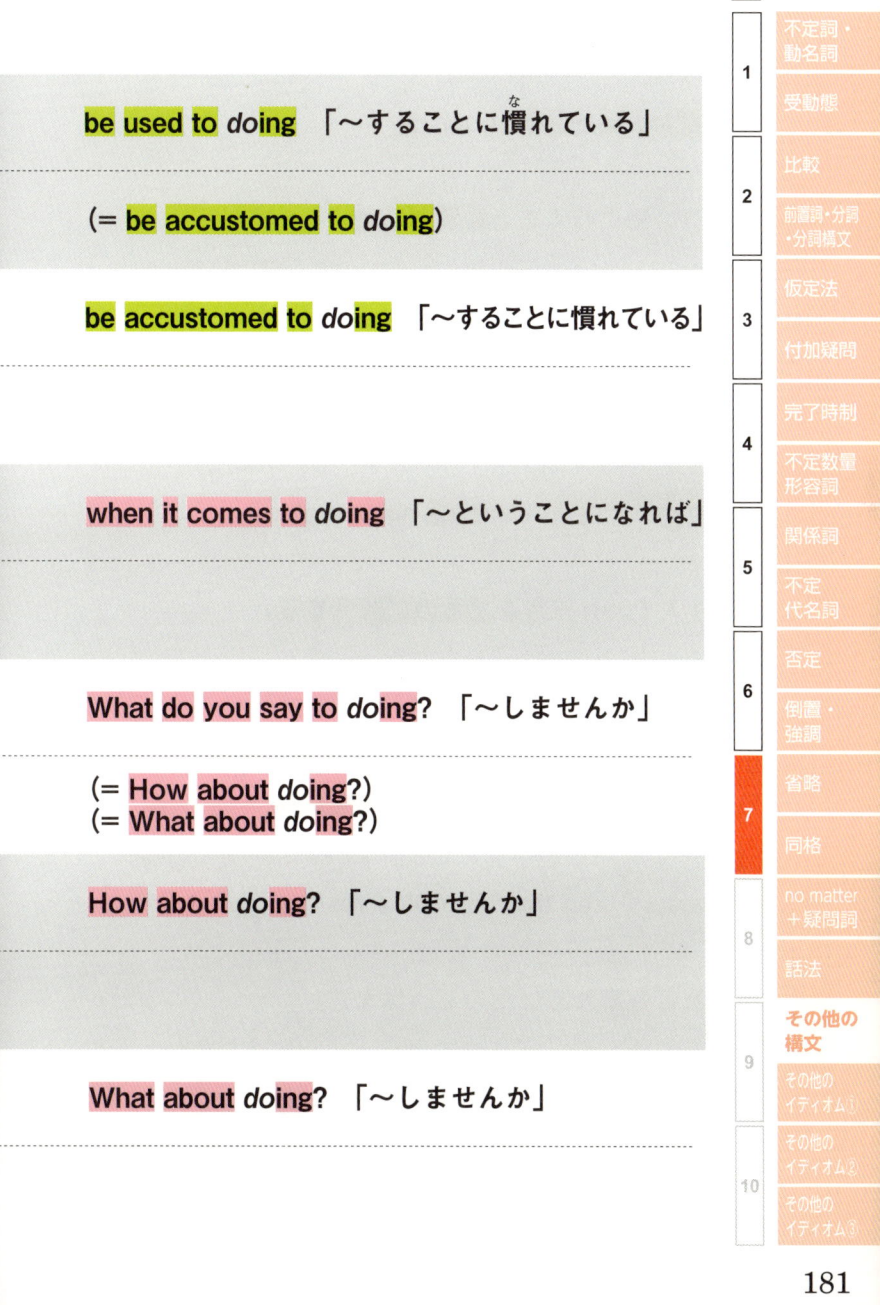

(= **be accustomed to** *do*ing)

be accustomed to *do*ing 「〜することに慣れている」

when it comes to *do*ing 「〜ということになれば」

What do you say to *do*ing? 「〜しませんか」

(= **How about** *do*ing?)
(= **What about** *do*ing?)

How about *do*ing? 「〜しませんか」

What about *do*ing? 「〜しませんか」

その他の構文 ⑨

409
I objected to going shopping.

私は買い物に行くことに反対した。

410
It won't be long before we get married.

私たちはまもなく結婚するだろう。

411
I have difficulty in traveling abroad alone.

私は1人で海外旅行をするのに苦労する。

412
I have trouble in traveling abroad alone.

私は1人で海外旅行をするのに苦労する。

413
He was so tired that he took a rest.

彼はとても疲れていたので、休んだ。

414
It was such a sunny day that we went on a picnic.

とてもいい天気だったので、私たちはピクニックに出かけた。

object to *doing* 「～するのに反対する」

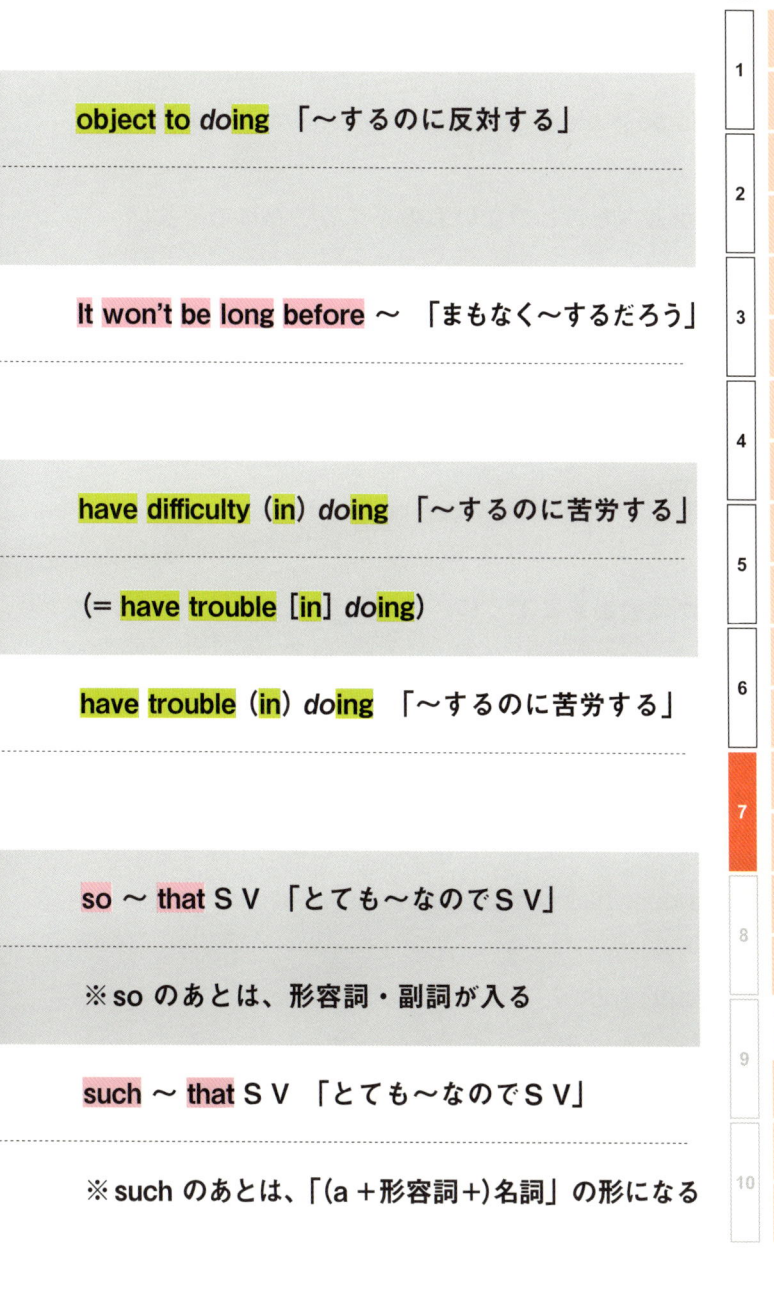

It won't be long before ～ 「まもなく～するだろう」

have difficulty (**in**) *doing* 「～するのに苦労する」

(= **have trouble** [**in**] *doing*)

have trouble (**in**) *doing* 「～するのに苦労する」

so ～ **that** S V 「とても～なのでS V」

※ so のあとは、形容詞・副詞が入る

such ～ **that** S V 「とても～なのでS V」

※ such のあとは、「(a +形容詞+)名詞」の形になる

その他の構文 ⑩

It is impossible to cook what we haven't eaten.

自分が食べたことのないものを作ることは**できない**。

No one can cook what he hasn't eaten.

自分が食べたことのないものを作ることは**できない**。

Hardly had she sung when he went out.

彼女が歌い出す**とすぐに**、彼が出ていった。

Scarcely had she **sung when** he went out.

彼女が歌い出す**とすぐに**、彼が出ていった。

No sooner had she **sung than** he went out.

彼女が歌い出す**とすぐに**、彼が出ていった。

As soon as she sang, he went out.

彼女が歌い出す**とすぐに**、彼が出ていった。

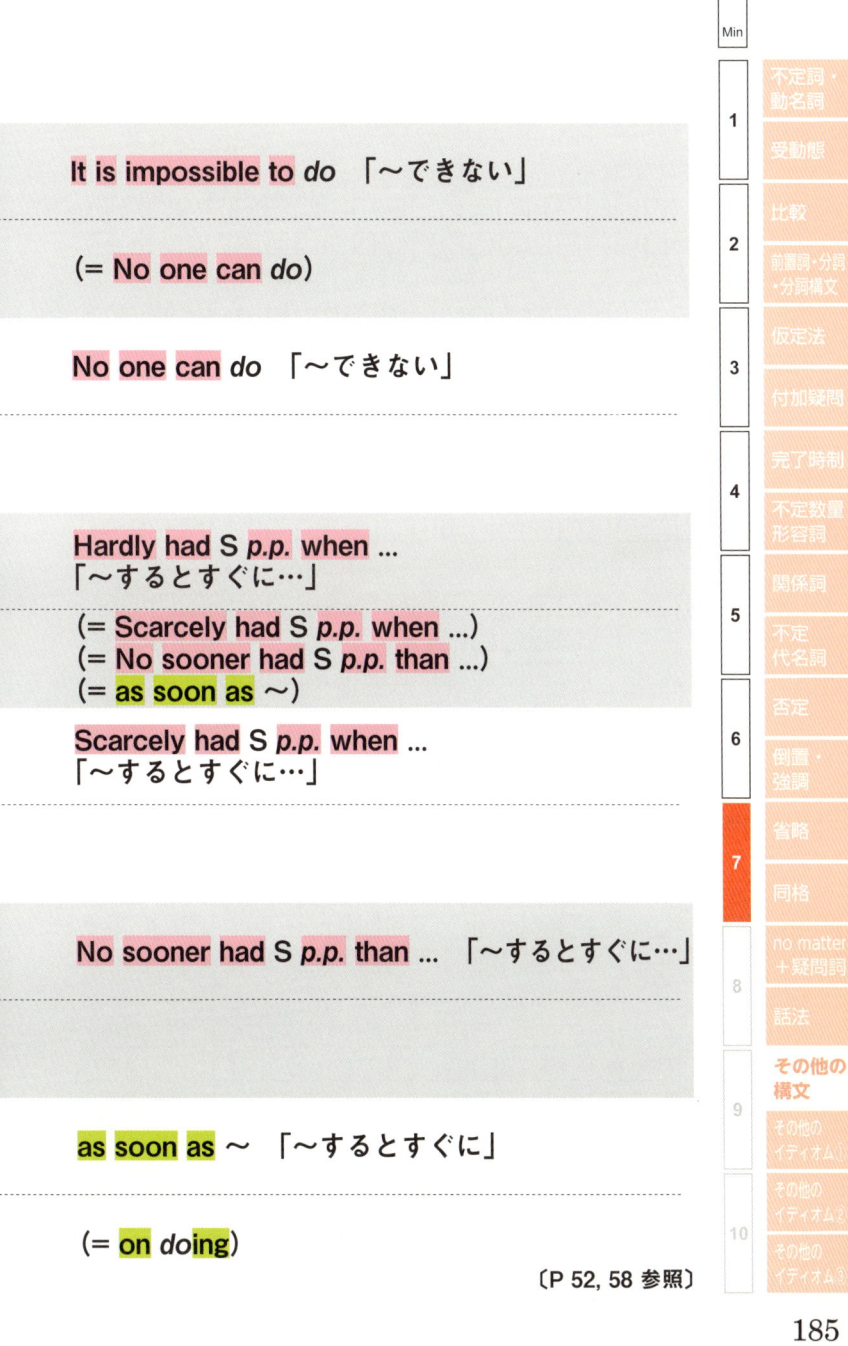

It is impossible to *do* 「〜できない」

(= No one can *do*)

No one can *do* 「〜できない」

Hardly had S *p.p.* when ...
「〜するとすぐに…」

(= Scarcely had S *p.p.* when ...)
(= No sooner had S *p.p.* than ...)
(= as soon as 〜)

Scarcely had S *p.p.* when ...
「〜するとすぐに…」

No sooner had S *p.p.* than ... 「〜するとすぐに…」

as soon as 〜 「〜するとすぐに」

(= on *do*ing)

〔P 52, 58 参照〕

185

1 分経過 チェックシート

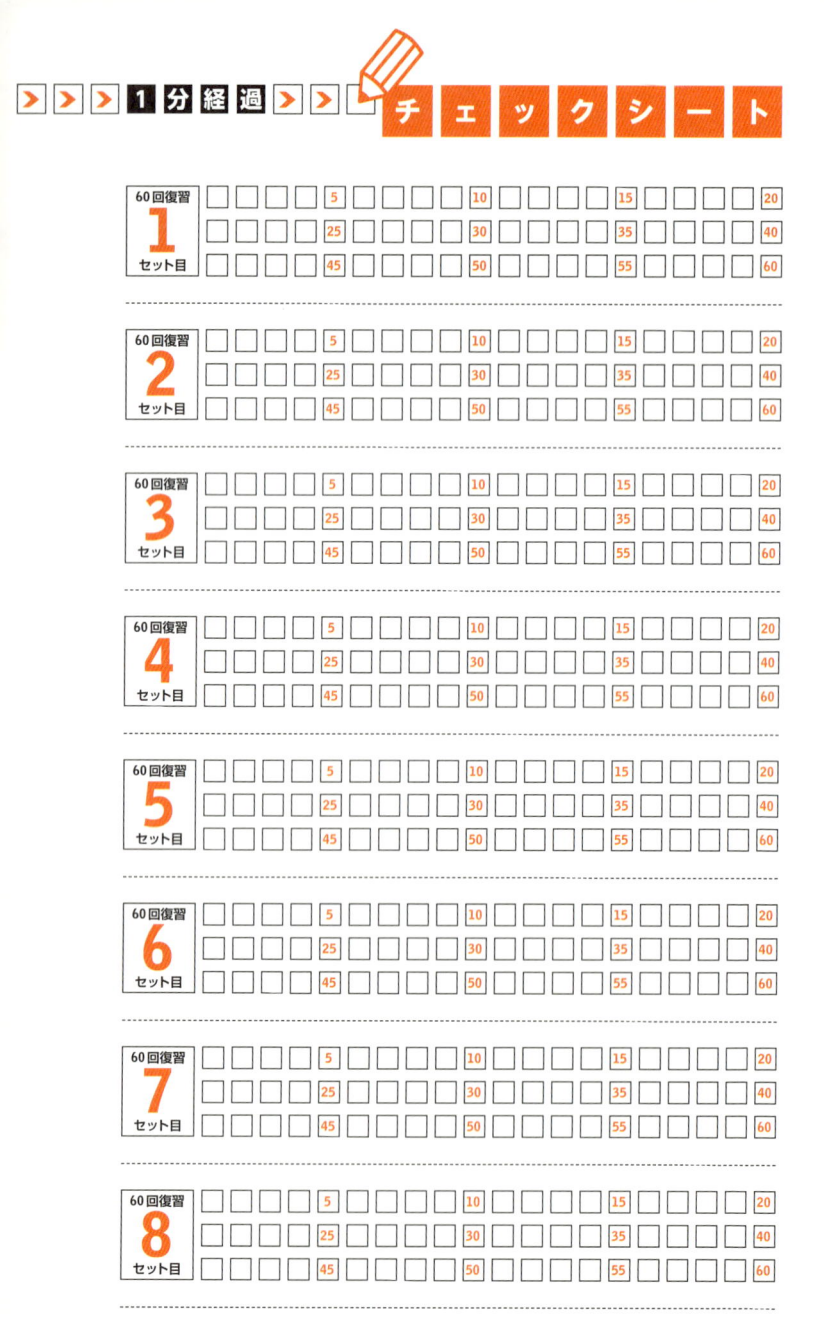

1セット目 (60回復習)

			5					10					15					20
			25					30					35					40
			45					50					55					60

2セット目 (60回復習)

			5					10					15					20
			25					30					35					40
			45					50					55					60

3セット目 (60回復習)

			5					10					15					20
			25					30					35					40
			45					50					55					60

4セット目 (60回復習)

			5					10					15					20
			25					30					35					40
			45					50					55					60

5セット目 (60回復習)

			5					10					15					20
			25					30					35					40
			45					50					55					60

6セット目 (60回復習)

			5					10					15					20
			25					30					35					40
			45					50					55					60

7セット目 (60回復習)

			5					10					15					20
			25					30					35					40
			45					50					55					60

8セット目 (60回復習)

			5					10					15					20
			25					30					35					40
			45					50					55					60

1分間英文法
⑧

One Minute Tips to Master English Grammar 600

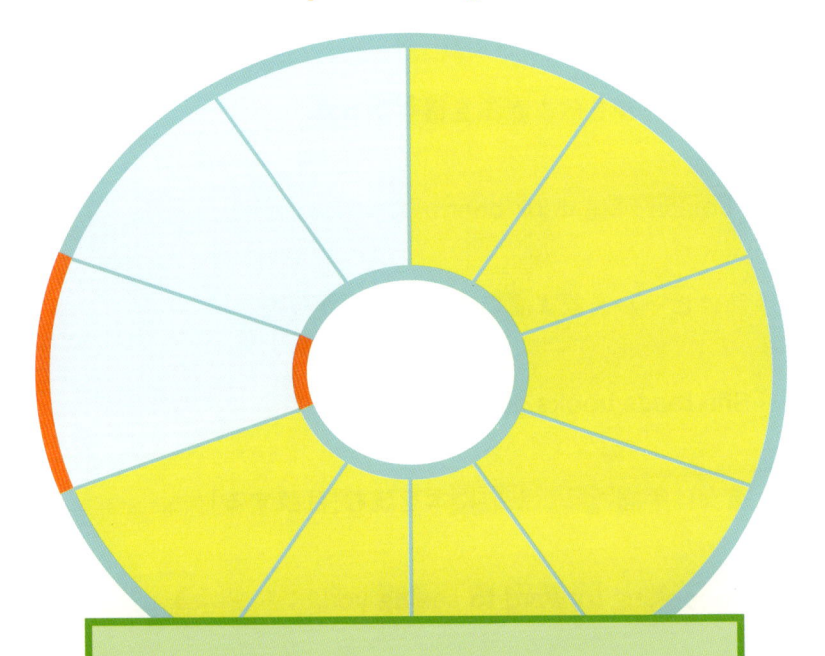

その他のイディオム①

その他のイディオム ①－1

421 You **cannot** study **too** hard.

あなたは**いくら**熱心に勉強**してもしすぎることはない**。

422 I **couldn't help but** drink beer.

私はビールを飲ま**ざるを得なかった**。

423 I **couldn't but** drink beer.

私はビールを飲ま**ずにはいられなかった**。

424 She reads books **at random**.

彼女は**手当たりしだいに**本を読む[乱読（らんどく）する]。

425 I'm **looking forward to** seeing you.

私は、あなたにお会い**するのを楽しみに待っている**。

426 Our school festival will **take place** in November.

私たちの学園祭は、11月に**催（もよお）される**。

cannot _do_ too 形容詞（副詞）
「いくら〜してもしすぎることはない」

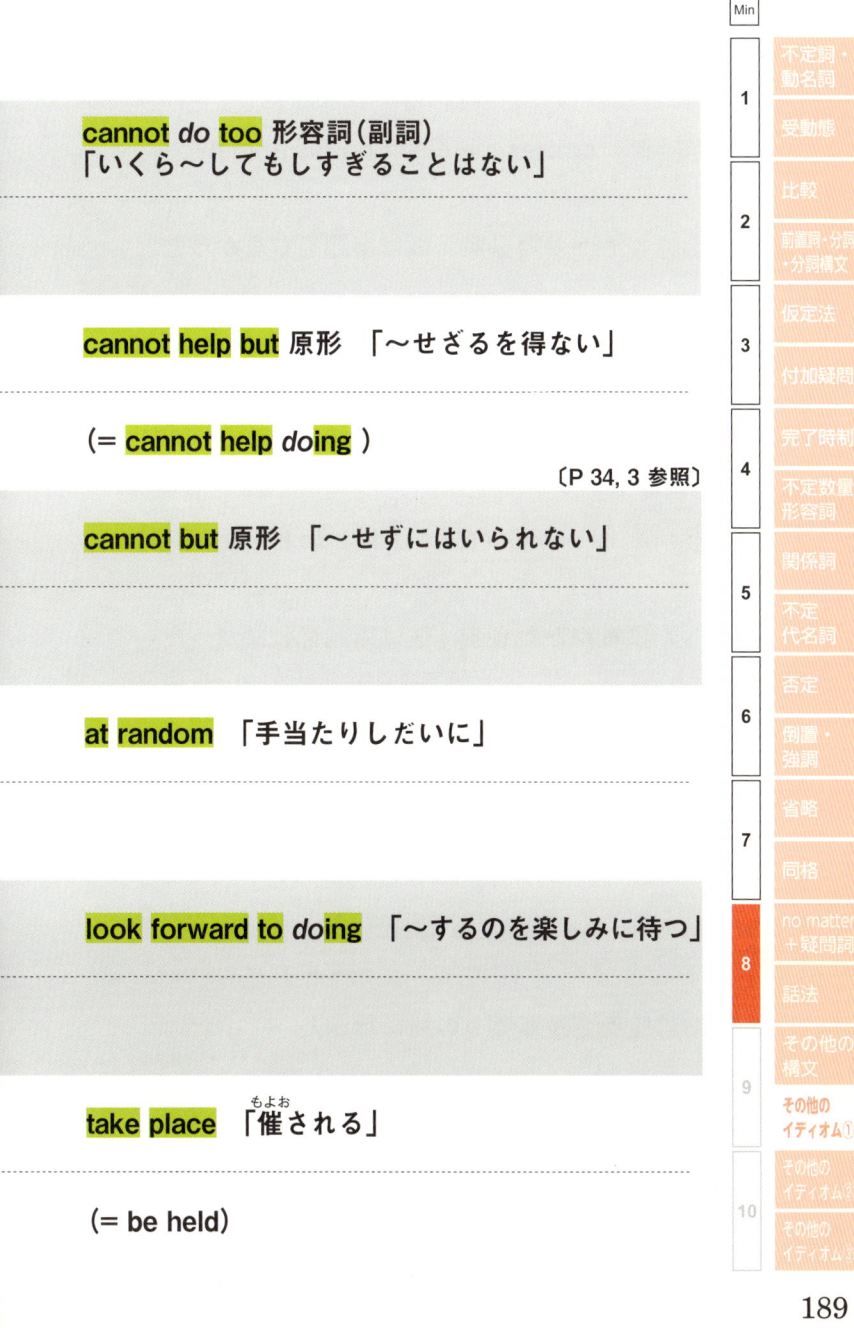

cannot help but 原形　「〜せざるを得ない」

(= **cannot help** _doing_)

〔P 34, 3 参照〕

cannot but 原形　「〜せずにはいられない」

at random　「手当たりしだいに」

look forward to _doing_　「〜するのを楽しみに待つ」

take place　「催される」

(= be held)

その他のイディオム ①—2

427
For all his promises, he didn't do his homework.

約束したにもかかわらず、彼は宿題をしなかった。

428
With all his promises, he didn't do his homework.

約束したにもかかわらず、彼は宿題をしなかった。

429
In spite of his promises, he didn't do his homework.

約束したにもかかわらず、彼は宿題をしなかった。

430
I'm in favor of their marriage.

私は、彼らの結婚に賛成する。

431
We went to the island in search of a treasure.

私たちは宝をさがしてその島に行った。

432
We had a party in honor of him.

私たちは彼に敬意(けいい)を表(ひょう)してパーティーを開いた。

for all A 「Aにもかかわらず」

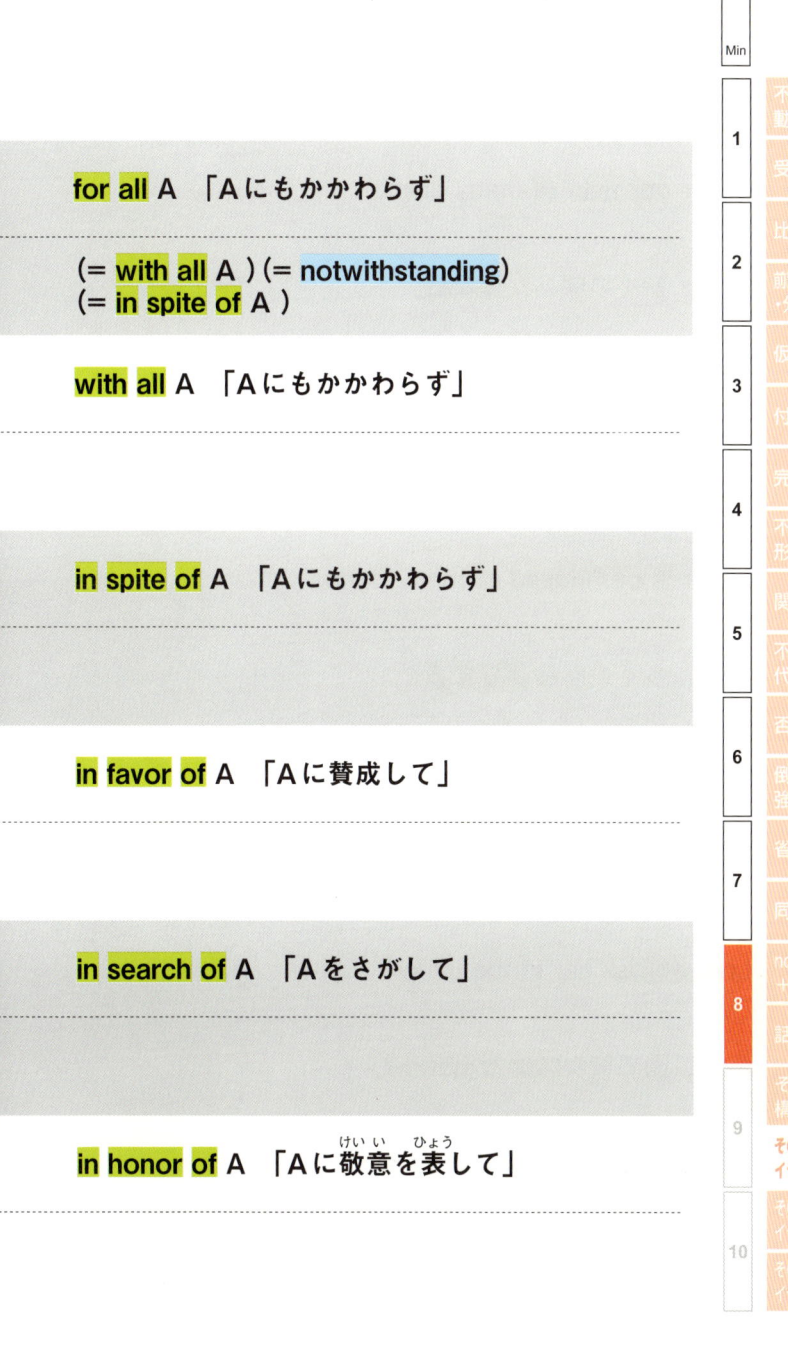

(= **with all** A)(= **notwithstanding**)
(= **in spite of** A)

with all A 「Aにもかかわらず」

in spite of A 「Aにもかかわらず」

in favor of A 「Aに賛成して」

in search of A 「Aをさがして」

in honor of A 「Aに敬意(けいい)を表(ひょう)して」

その他のイディオム ①―3

433
A car **consists of** many parts.

車は、多くの部品**からなる**。

434
A car **is made up of** many parts.

車は、多くの部品**からなる**。

435
A car **is composed of** many parts.

車は、多くの部品**からなる**。

436
I **ran into** her in the park.

私は公園で彼女**に偶然出会った**。

437
I **ran across** her in the park.

私は公園で彼女**に偶然出会った**。

438
I **came across** her in the park.

私は公園で彼女**に偶然出会った**。

consist of A 「Aからなる」

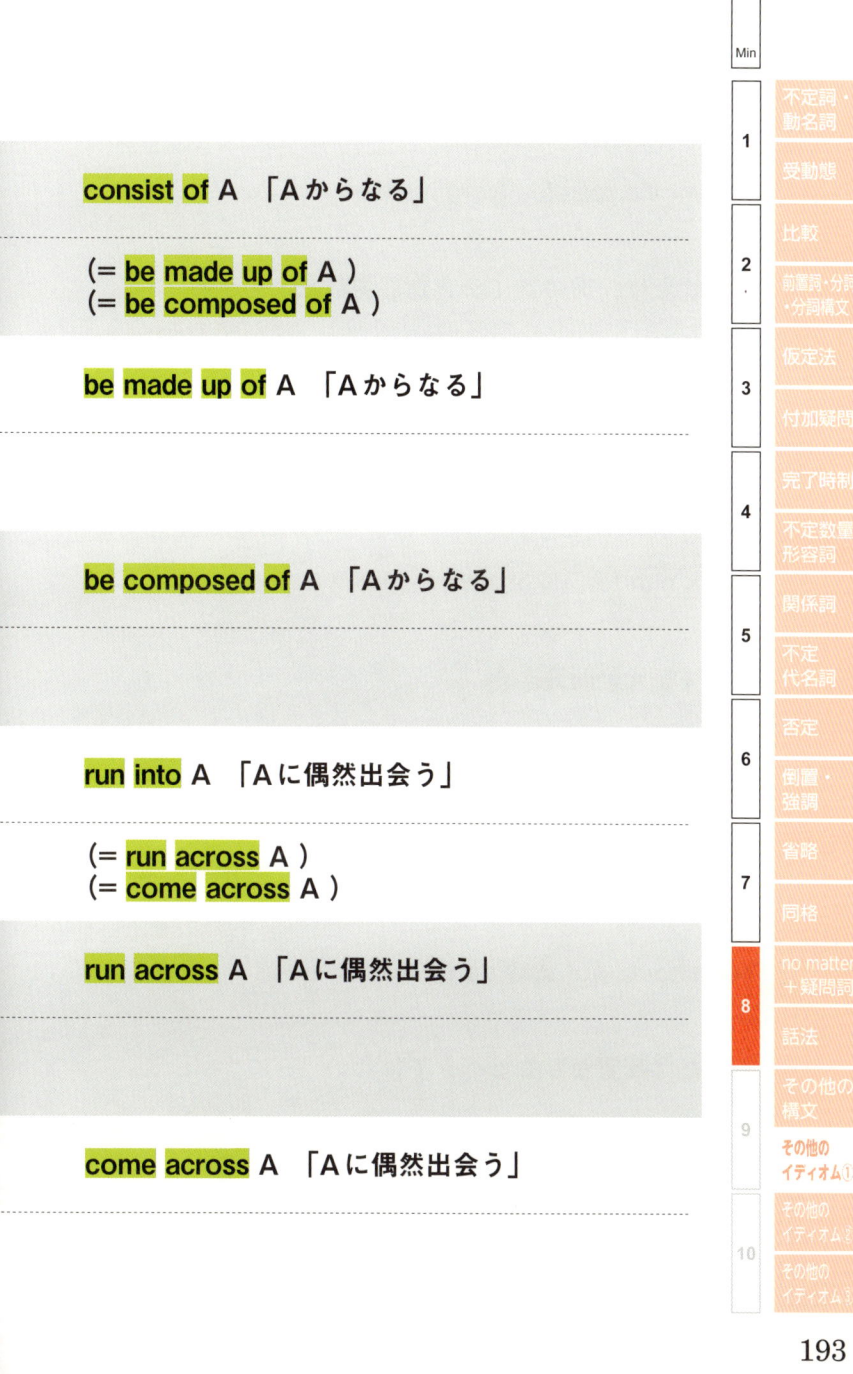

(= **be made up of** A)
(= **be composed of** A)

be made up of A 「Aからなる」

be composed of A 「Aからなる」

run into A 「Aに偶然出会う」

(= **run across** A)
(= **come across** A)

run across A 「Aに偶然出会う」

come across A 「Aに偶然出会う」

その他のイディオム ①—4

439
The movie resulted from his idea.

その映画は、彼のアイデアから生じた。

440
His idea resulted in the movie.

彼のアイデアは映画になった。

441
I took him for his brother.

私は彼を兄と間違えた。

442
I mistook him for his brother.

私は彼を兄と間違えた。

443
You should not stay up till late.

あなたは夜更かしするべきではない。

444
You should not sit up till late.

あなたは夜更かしするべきではない。

A result from B 「Aは(結果として)Bから生じる」

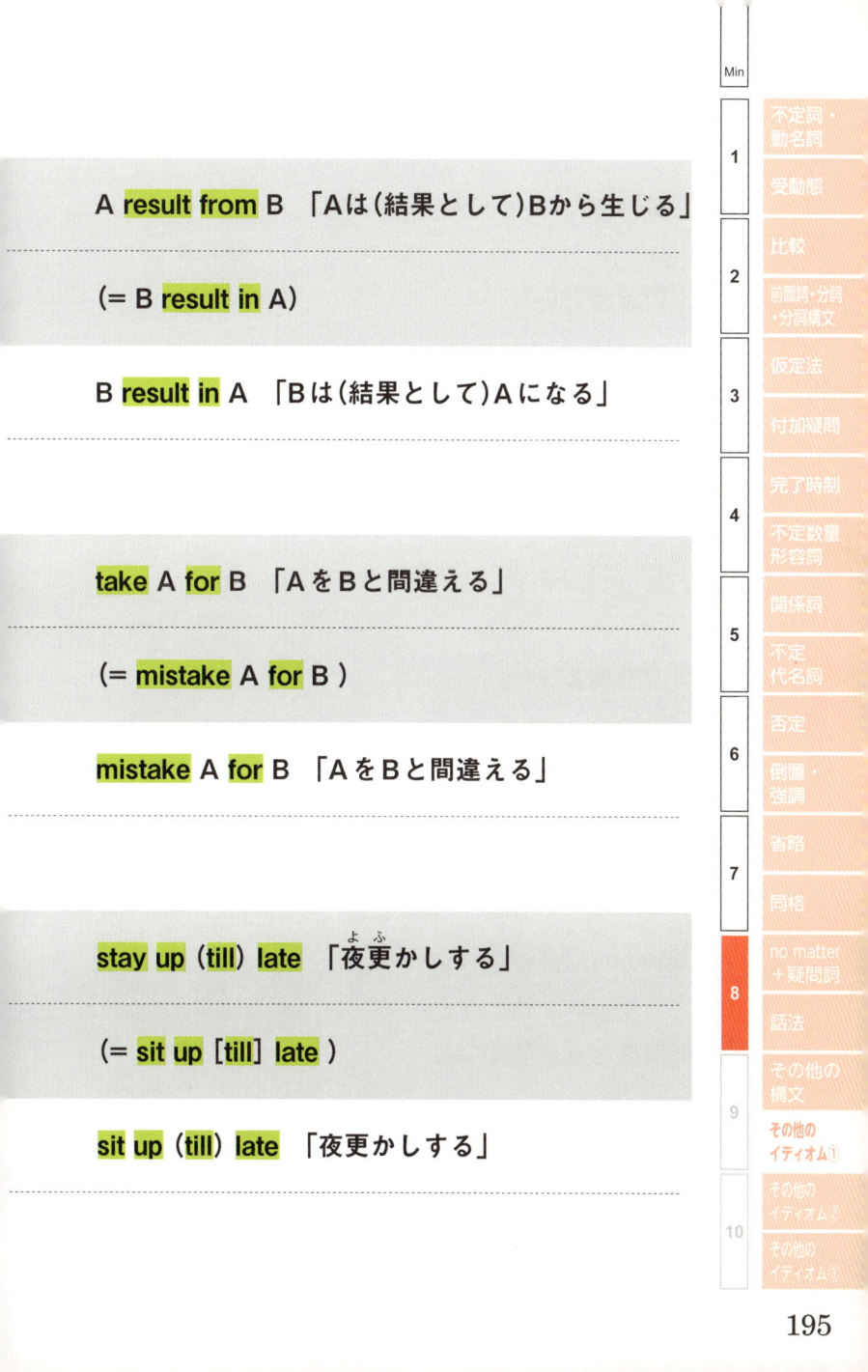

(= B result in A)

B result in A 「Bは(結果として)Aになる」

take A for B 「AをBと間違える」

(= mistake A for B)

mistake A for B 「AをBと間違える」

stay up (till) late 「夜更かしする」

(= sit up [till] late)

sit up (till) late 「夜更かしする」

その他のイディオム ①―5

445
I **took care of** my mother.

私は母の世話をした。

446
I **look**ed **after** my mother.

私は母の世話をした。

447
I **saw to** my mother.

私は母の世話をした。

448
I **excused** him **for** being late.

私は、遅刻のことで彼を赦した。

449
I **provided** him **with** an apple.

私は彼にリンゴを与えた。

450
I **provided** an apple **for** him.

私は彼にリンゴを与えた。

take care of A 「Aの世話をする」

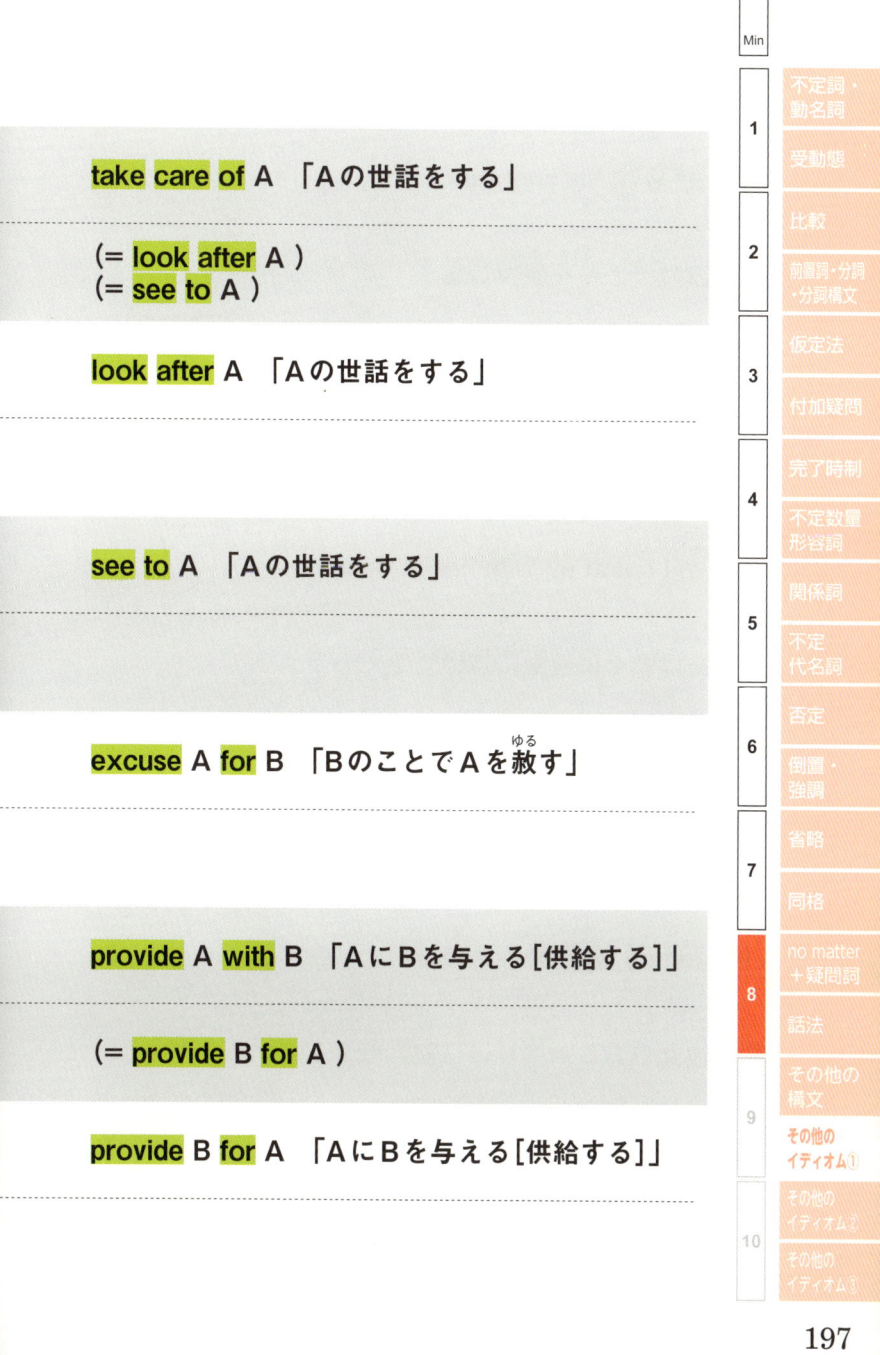

(= **look after** A)
(= **see to** A)

look after A 「Aの世話をする」

see to A 「Aの世話をする」

excuse A **for** B 「BのことでAを赦(ゆる)す」

provide A **with** B 「AにBを与える[供給する]」

(= **provide** B **for** A)

provide B **for** A 「AにBを与える[供給する]」

その他のイディオム ①−6

451
I put up with his snoring.

私は彼のイビキを我慢した。

452
She kept up with him.

彼女は、彼に遅れずについていった。

453
You will catch up with her at once.

あなたはすぐに彼女に追いつくだろう。

454
You will come up with her at once.

あなたはすぐに彼女に追いつくだろう。

455
I am fed up with her chatter.

私は彼女のおしゃべりには飽き飽きしている。

456
I am tired of her chatter.

私は彼女のおしゃべりには飽き飽きしている。

put up with 「我慢する」

(= stand)
(= endure)

keep up with 「遅れずについていく」

catch up with 「追いつく」

(= come up with)

come up with 「追いつく」

be fed up with 「飽き飽きしている」

(= be tired of)

be tired of 「飽き飽きしている」

その他のイディオム ①—7

457
I am sick of her chatter.

私は彼女のおしゃべりにはうんざりしている。

458
The world longs for peace.

世界は平和を切望(せつぼう)している。

459
The world is eager for peace.

世界は平和を切望している。

460
The world is anxious for peace.

世界は平和を切望している。

461
I thanked him for his kindness.

私は親切にしてくれたことで彼に感謝した。

462
I obliged to him for his kindness.

私は親切にしてくれたことで彼に感謝した。

be sick of 「うんざりしている」

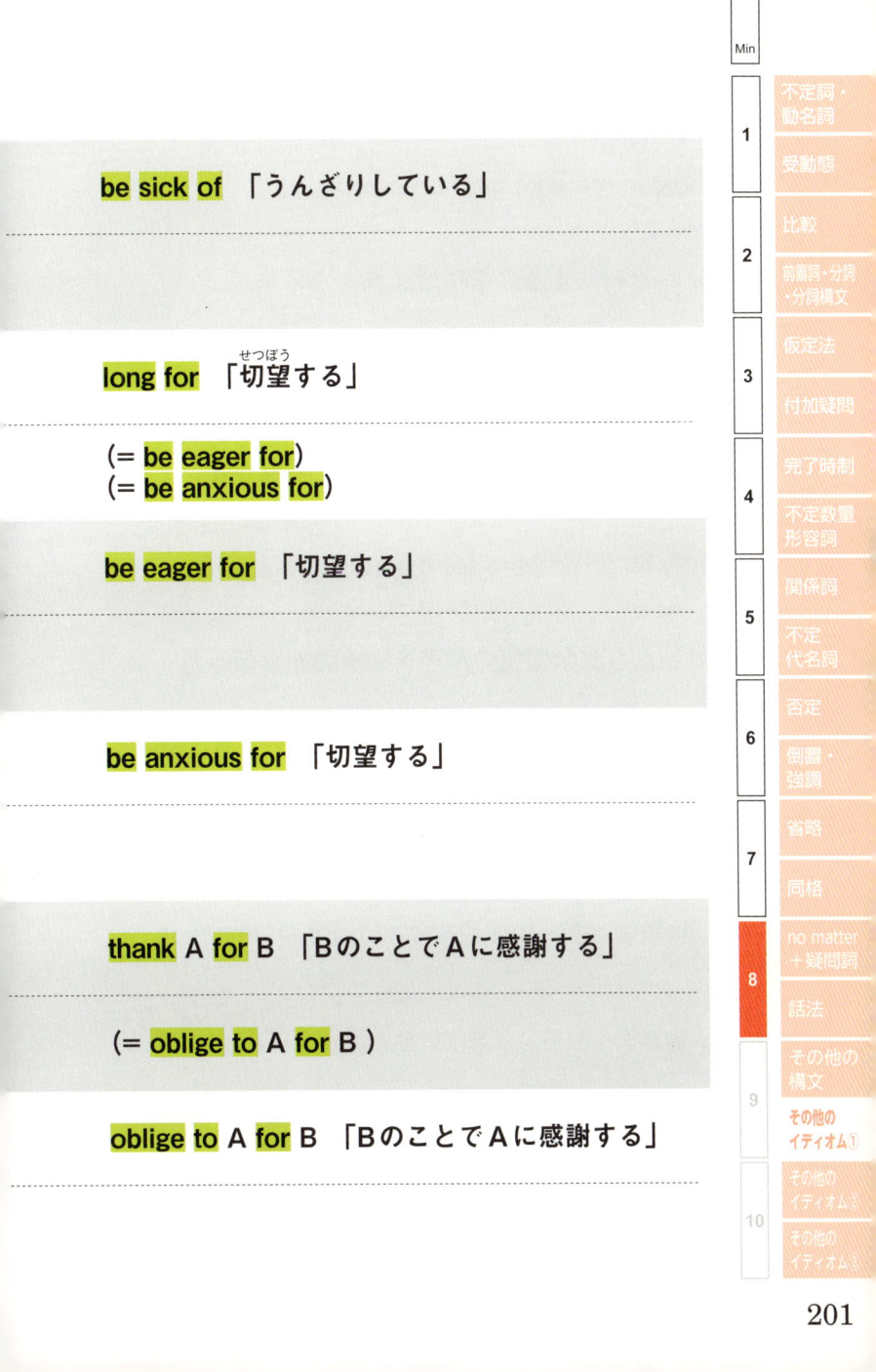

long for 「切望する」

(= be eager for)
(= be anxious for)

be eager for 「切望する」

be anxious for 「切望する」

thank A for B 「BのことでAに感謝する」

(= oblige to A for B)

oblige to A for B 「BのことでAに感謝する」

その他のイディオム ①—8

463
She helped me with my homework.

彼女は私が宿題するのを手伝った。

464
He helped us to prepare for the school festival.

彼は私たちが学園祭の準備をするのを手伝った。

465
She helped us prepare for the school festival.

彼女は私たちが学園祭の準備をするのを手伝った。

466
I can tell a real diamond from an imitation diamond.

私は本物のダイヤモンドを模造品と区別することができる。

467
I can distinguish a real diamond from an imitation diamond.

私は本物のダイヤモンドを模造品と区別することができる。

468
He went abroad without so much as seeing you.

彼はあなたに会いさえしないで外国へ行った。

help A with B　「AがBするのを手伝う」

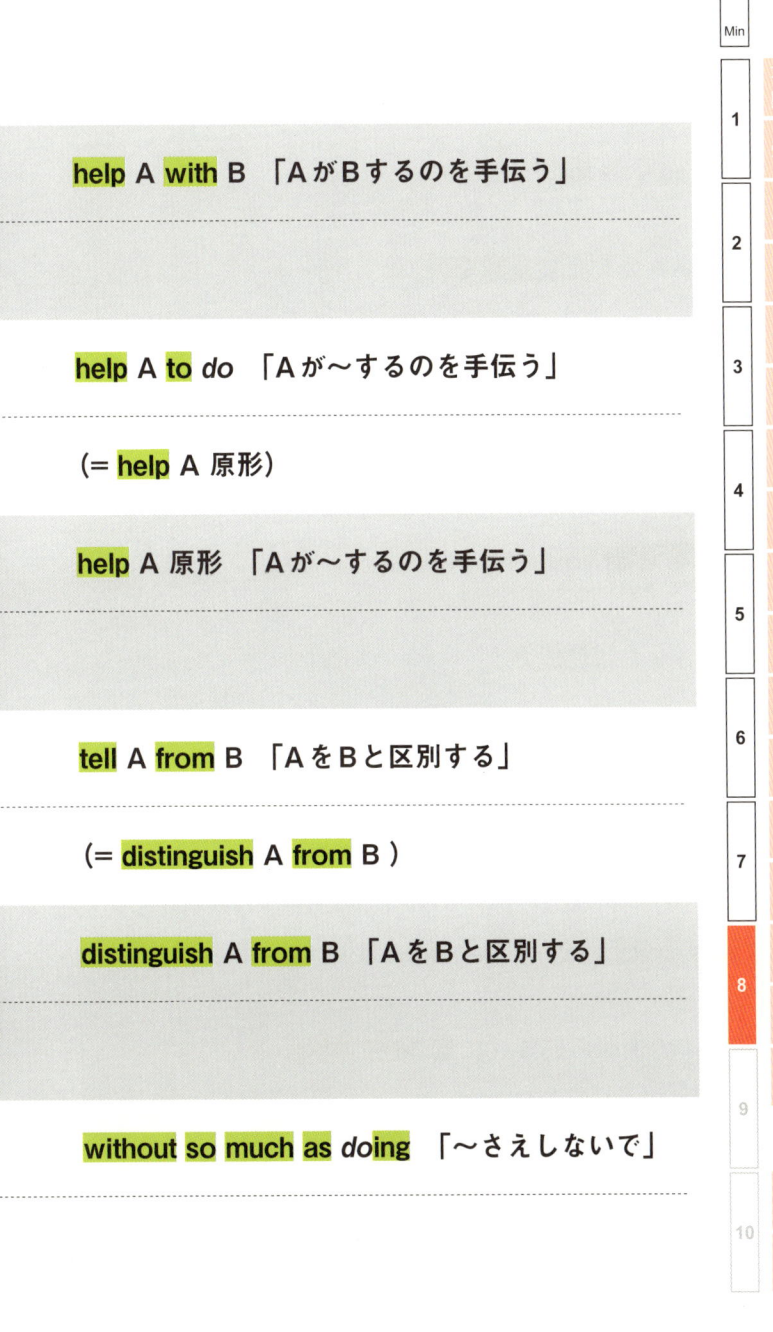

help A **to** *do*　「Aが〜するのを手伝う」

(= **help** A 原形)

help A 原形　「Aが〜するのを手伝う」

tell A **from** B　「AをBと区別する」

(= **distinguish** A **from** B)

distinguish A **from** B　「AをBと区別する」

without so much as *doing*　「〜さえしないで」

その他のイディオム ①－9

469
I **ask**ed you **for** the truth.

私はあなた**に**真実**を求めた**。

470
I **ask**ed a new question **of** you.

私はあなた**に**新たな疑問**をたずねた**。

471
I **agree with** you.

私はあなた**に賛成**だ。

472
I **agree to** your proposal.

私はあなたの提案**に賛成**だ。

473
I **was conscious of** the necessity of the machine.

私はその機械の必要性に**気づいていた**。

474
I **was aware of** the necessity of the machine.

私はその機械の必要性に**気づいていた**。

ask A for B 「AにBを求める」

ask B of A 「AにBをたずねる」

agree with 人 「人(の意見)に賛成する」

agree to コト 「コトに賛成する」

be conscious of 「気づいている」

(≒ **be aware of**)

be aware of 「気づいている」

その他のイディオム ①—10

475
You **took advantage of** the opportunity.

あなたはその機会を**利用した**。

476
You **made use of** the opportunity.
[juːs]

あなたはその機会を**利用した**。

477
You **availed yourself of** the opportunity.

あなたはその機会を**利用した**。

478
Children **tend to** admire TV characters.

子どもはテレビの登場人物を賞賛<ruby>しがちである</ruby>。

479
Children **are apt to** admire TV characters.

子どもはテレビの登場人物を賞賛**しがちである**。

480
Children **are liable to** admire TV characters.

子どもはテレビの登場人物を賞賛**しがちである**。

take advantage of 「利用する」

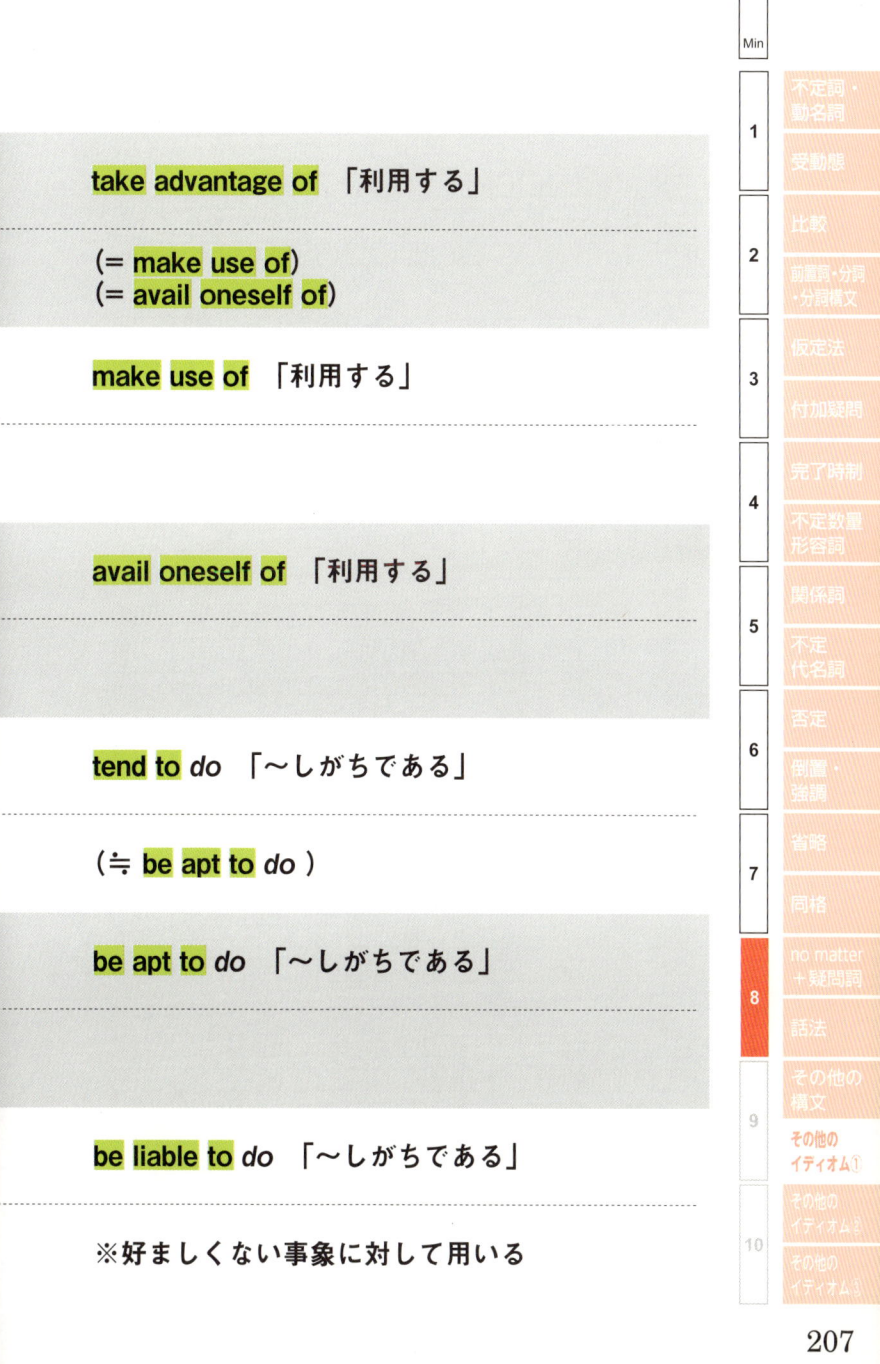

(= make use of)
(= avail oneself of)

make use of 「利用する」

avail oneself of 「利用する」

tend to *do* 「〜しがちである」

(≒ be apt to *do*)

be apt to *do* 「〜しがちである」

be liable to *do* 「〜しがちである」

※好ましくない事象に対して用いる

1分経過 チェックシート

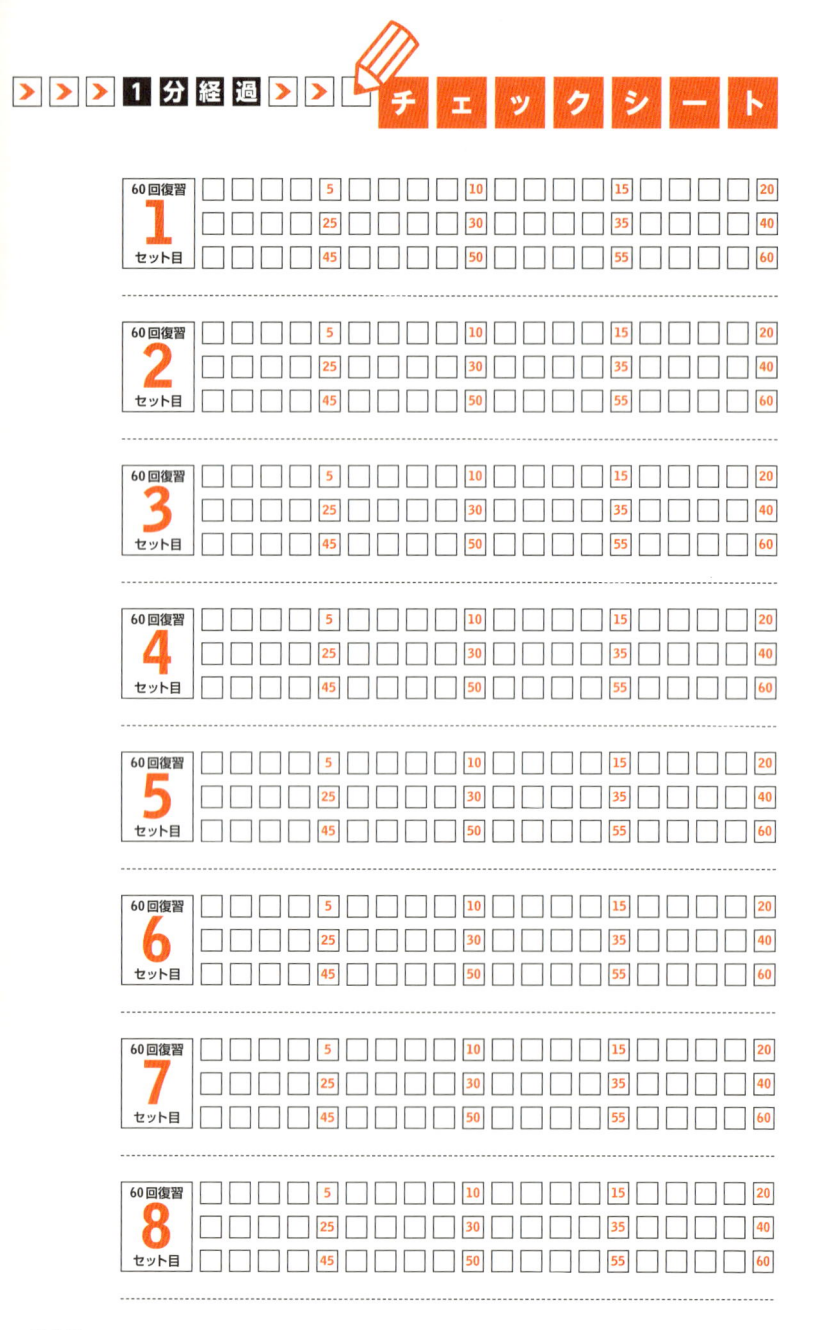

1セット目 60回復習
			5					10					15					20
			25					30					35					40
			45					50					55					60

2セット目 60回復習
			5					10					15					20
			25					30					35					40
			45					50					55					60

3セット目 60回復習
			5					10					15					20
			25					30					35					40
			45					50					55					60

4セット目 60回復習
			5					10					15					20
			25					30					35					40
			45					50					55					60

5セット目 60回復習
			5					10					15					20
			25					30					35					40
			45					50					55					60

6セット目 60回復習
			5					10					15					20
			25					30					35					40
			45					50					55					60

7セット目 60回復習
			5					10					15					20
			25					30					35					40
			45					50					55					60

8セット目 60回復習
			5					10					15					20
			25					30					35					40
			45					50					55					60

1分間英文法 ⑨

One Minute Tips to Master English Grammar 600

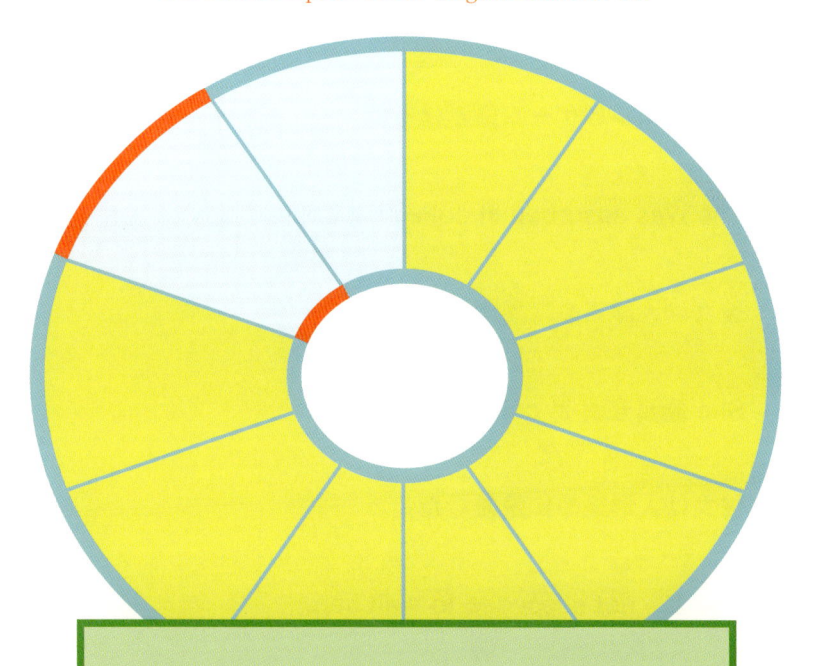

その他のイディオム②

その他のイディオム ②—1

481
She **devoted her time to** the research.

彼女はその研究**に時間をささげた**。

482
She **devoted herself to** video games.

彼女はテレビゲーム**にふけった**。

483
She **was absorbed in** collecting dolls.

彼女は人形集め**に没頭(ぼっとう)した**。

484
She **was lost in** collecting dolls.

彼女は人形集め**に没頭した**。

485
You **are not supposed to** wait here.

ここで待っ**てはいけないことになっている**。

486
You **are not allowed to** wait here.

ここで待つ**ことは許されていません**。

devote one's time to A 「Aに時間をささげる」

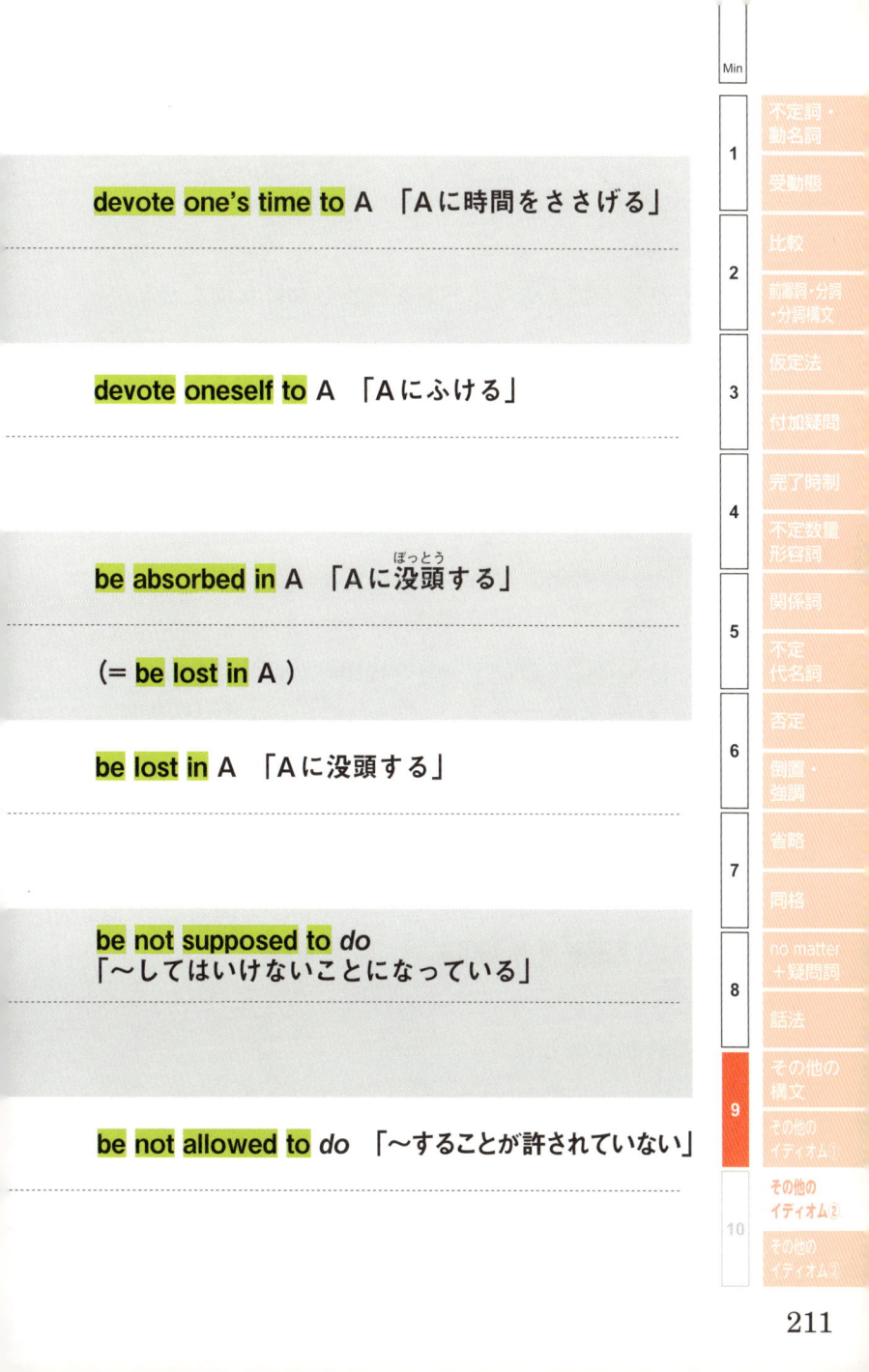

devote oneself to A 「Aにふける」

be absorbed in A 「Aに没頭(ぼっとう)する」

(= be lost in A)

be lost in A 「Aに没頭する」

be not supposed to *do*
「〜してはいけないことになっている」

be not allowed to *do* 「〜することが許されていない」

その他のイディオム ②−2

487 You have to hand in the report right now.
あなたはすぐにそのレポートを提出しなければならない。

488 You have to hand in the report right away.
あなたはすぐにそのレポートを提出しなければならない。

489 You have to hand in the report at once.
あなたはすぐにそのレポートを提出しなければならない。

490 I see him now and then.
私はときどき彼と会う。

491 I see him once in a while.
私はときどき彼と会う。

492 I see him from time to time.
私はときどき彼と会う。

right now 「すぐに」

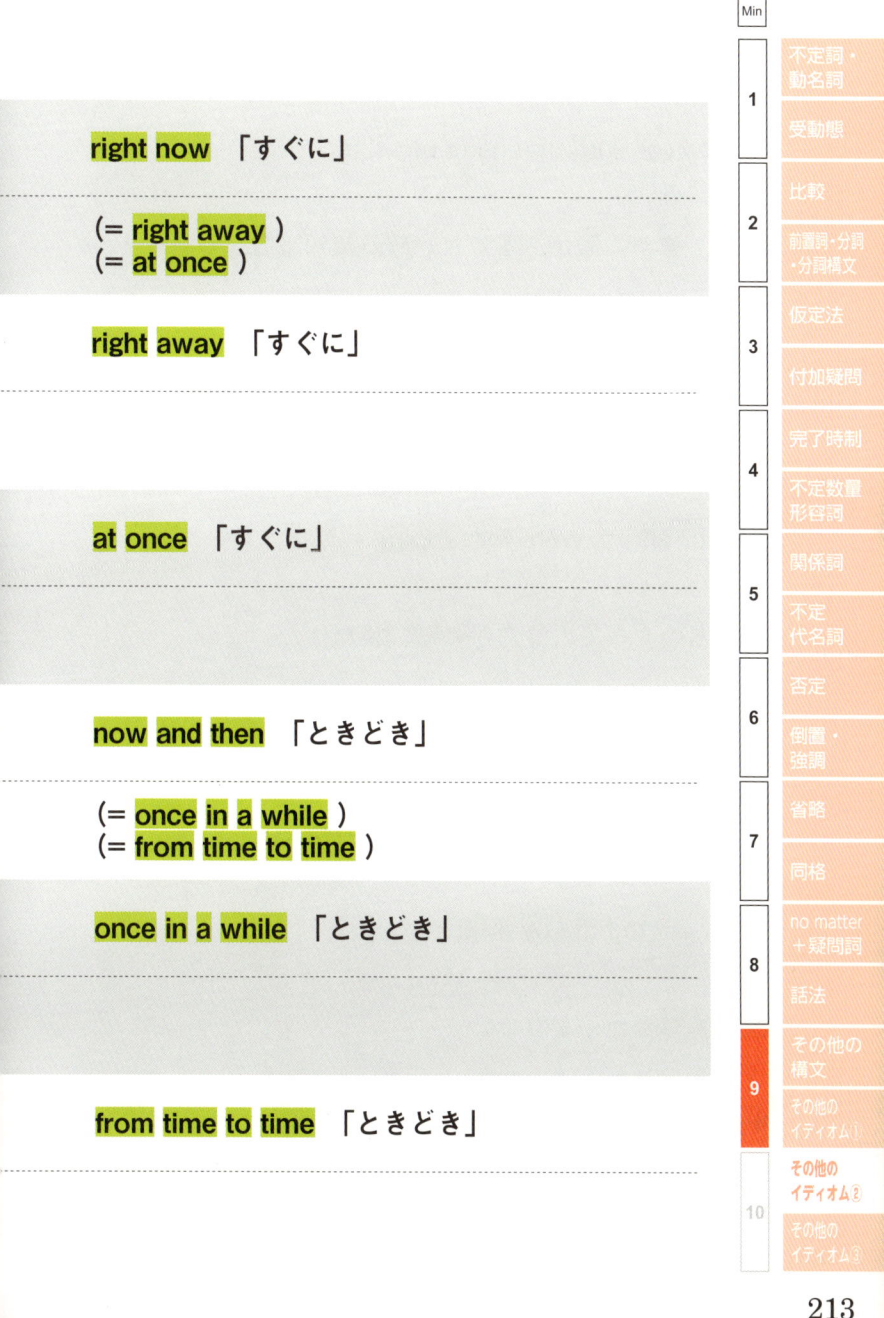

(= right away)
(= at once)

right away 「すぐに」

at once 「すぐに」

now and then 「ときどき」

(= once in a while)
(= from time to time)

once in a while 「ときどき」

from time to time 「ときどき」

その他のイディオム ②—3

493
I know for sure that he is popular.

私は、彼が人気があることを確かに知っている。

494
I know for certain that he is popular.

私は、彼が人気があることを確かに知っている。

495
All our efforts were for nothing.

私たちのすべての努力がむだに終わった。

496
All our efforts were in vain.

私たちのすべての努力がむだに終わった。

497
It got warm little by little.

少しずつ暖かくなった。

498
It got warm by degrees.

少しずつ暖かくなった。

for sure 「確かに」

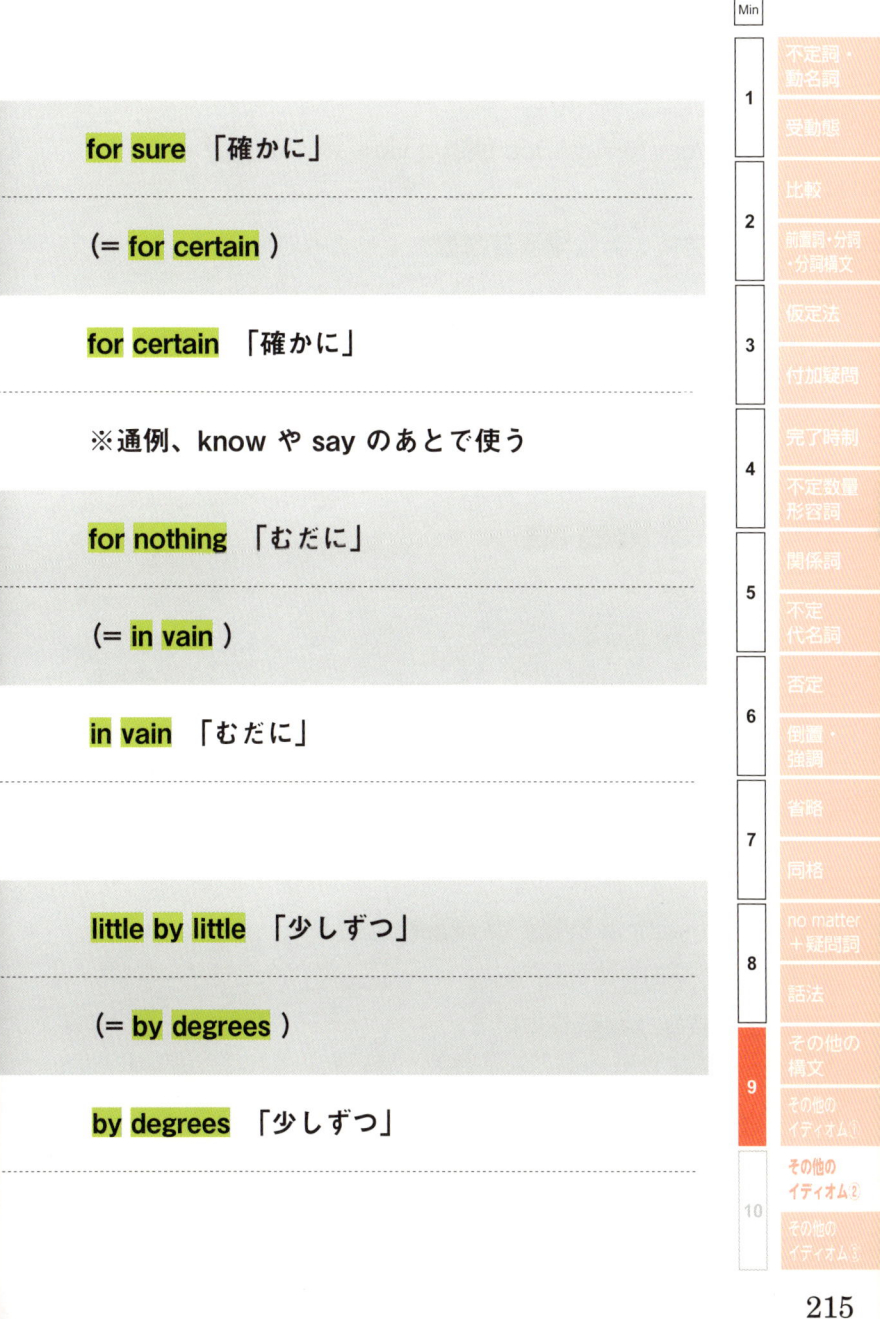

(= **for certain**)

for certain 「確かに」

※通例、know や say のあとで使う

for nothing 「むだに」

(= **in vain**)

in vain 「むだに」

little by little 「少しずつ」

(= **by degrees**)

by degrees 「少しずつ」

その他のイディオム ②—4

499
He went to America with a view to studying art.

彼は芸術を勉強する目的でアメリカへ行った。

500
He went to America for the purpose of studying art.

彼は芸術を勉強する目的でアメリカへ行った。

501
The war broke out.

戦争が起こった。

502
The machine broke down.

その機械は故障した。

503
The machine is out of order.

その機械は故障している。

504
The machine is in order.

その機械は順調だ。

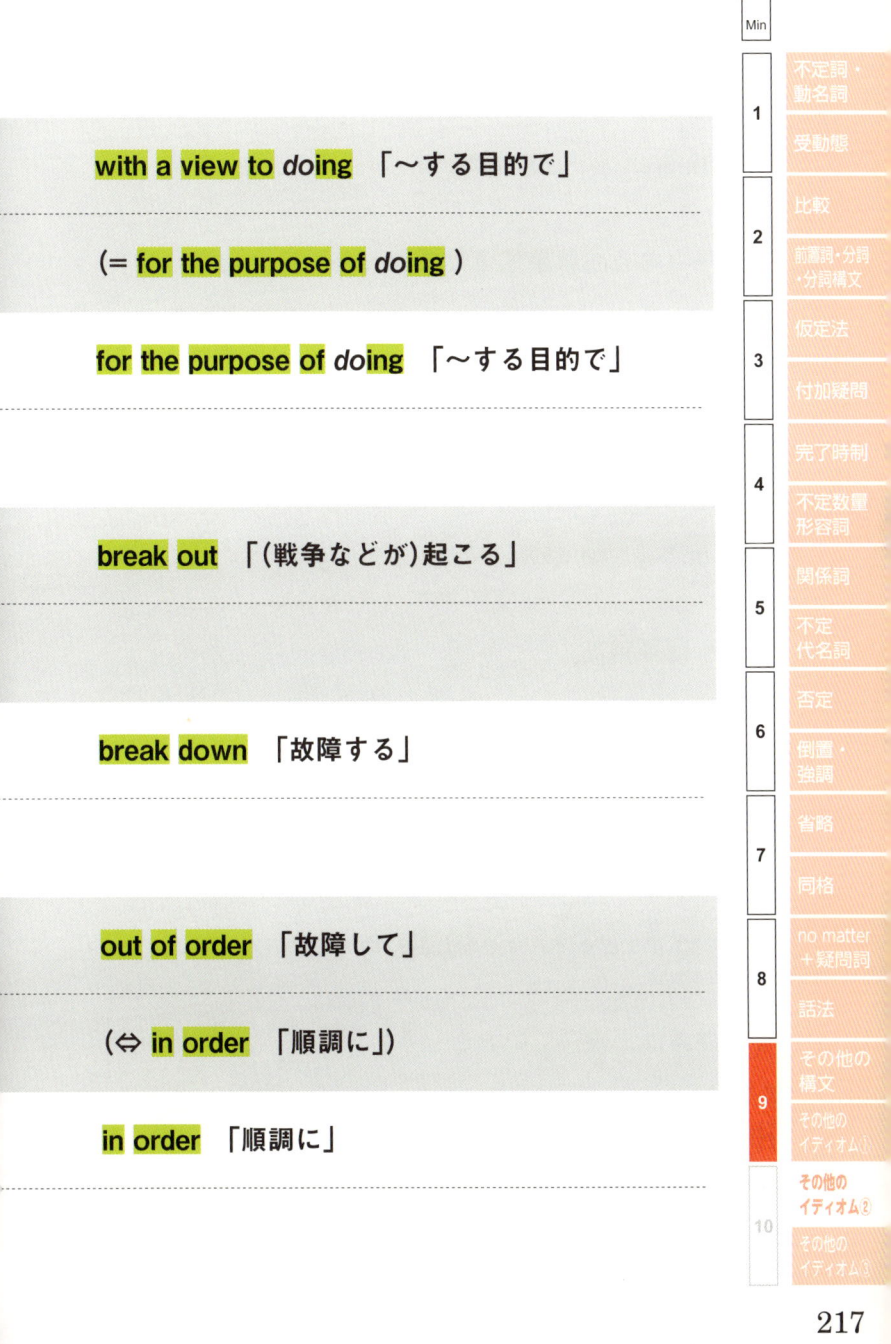

with a view to *doing* 「〜する目的で」

(= **for the purpose of** *doing*)

for the purpose of *doing* 「〜する目的で」

break out 「(戦争などが)起こる」

break down 「故障する」

out of order 「故障して」

(⇔ **in order** 「順調に」)

in order 「順調に」

その他のイディオム ②—5

505
My children are **out of hand**.

私の子どもたちは**手に負えない**。

506
My car is **out of date**.

私の車は**時代遅れ**だ。

507
My car is **up to date**.

私の車は**最新**だ。

508
His lessons are, **as a rule**, interesting.

彼の授業は、**たいてい**おもしろい。

509
His lessons are, **on the whole**, interesting.

彼の授業は、**たいてい**おもしろい。

510
His lessons are, **by and large**, interesting.

彼の授業は、**たいてい**おもしろい。

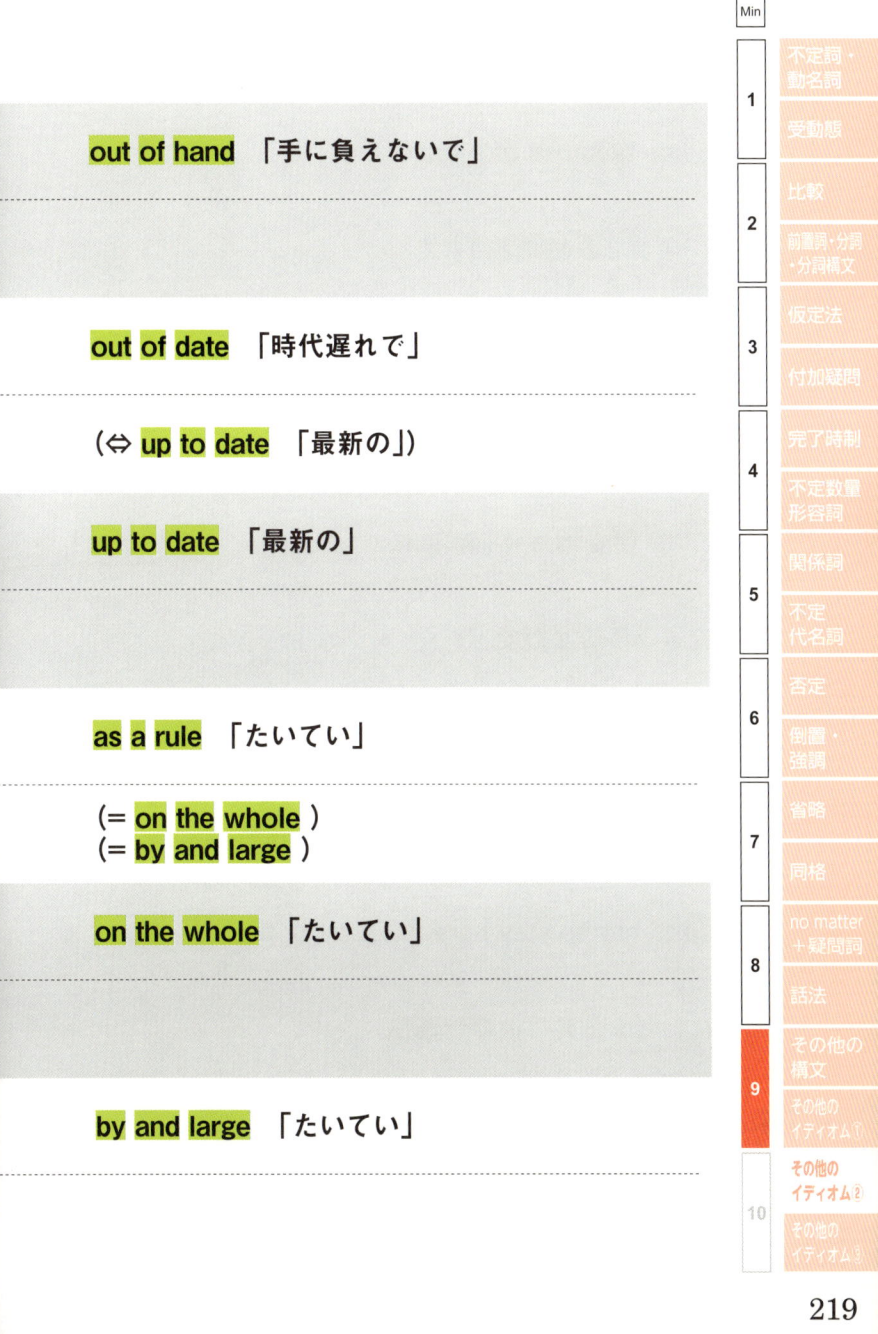

out of hand 「手に負えないで」

out of date 「時代遅れで」

(⇔ **up to date** 「最新の」)

up to date 「最新の」

as a rule 「たいてい」

(= **on the whole**)
(= **by and large**)

on the whole 「たいてい」

by and large 「たいてい」

その他のイディオム ②—6

I was late because of a traffic jam.

私は交通渋滞のせいで遅れた。

I was late owing to a traffic jam.

私は交通渋滞のせいで遅れた。

I was late due to a traffic jam.

私は交通渋滞のせいで遅れた。

I was late on account of a traffic jam.

私は交通渋滞のせいで遅れた。

It is up to him to stay here.

ここにとどまるのは彼の責任だ。

He was up to something bad.

彼は何か悪いことをたくらんでいた。

because of A 「Aのせいで」

(= **owing to** A)
(= **due to** A)
(= **on account of** A)

owing to A 「Aのせいで」

due to A 「Aのせいで」

on account of A 「Aのせいで」

be up to 人 「人の責任で」

be up to コト 「コトをたくらんで」

その他のイディオム ②—7

517
I didn't know what to do.

私は何をするべきかわからなかった。

518
I didn't know when to start.

私はいつ出発するべきかわからなかった。

519
I didn't know where to go.

私はどこへ行くべきかわからなかった。

520
I didn't know how to use it.

私はそれをいかに使うべきかわからなかった。

521
I didn't know whom to help.

私はだれを助けるべきかわからなかった。

522
I didn't know which way to go.

私はどちらの道を行くべきかわからなかった。

what to *do* 「何を〜するべきか」

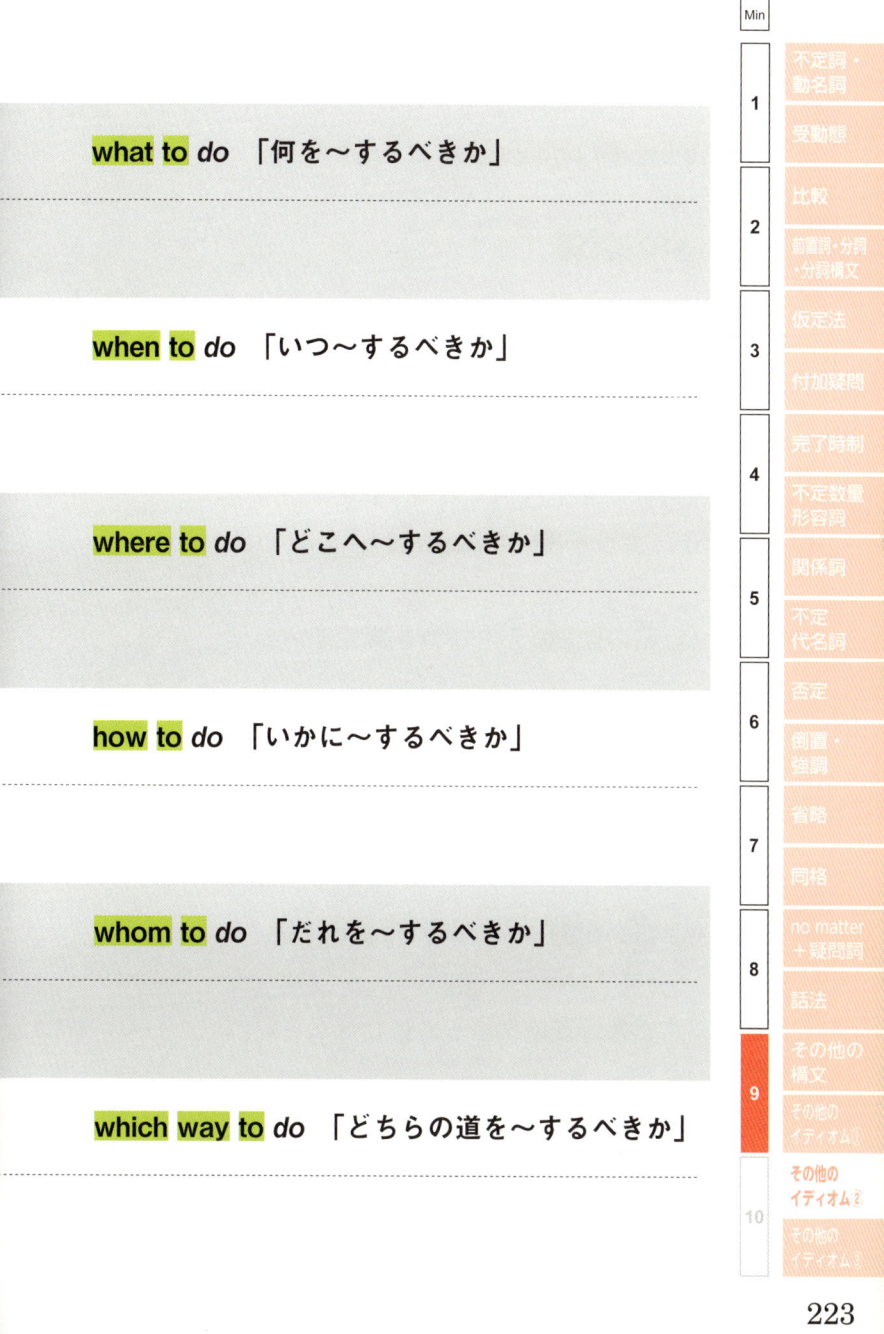

when to *do* 「いつ〜するべきか」

where to *do* 「どこへ〜するべきか」

how to *do* 「いかに〜するべきか」

whom to *do* 「だれを〜するべきか」

which way to *do* 「どちらの道を〜するべきか」

その他のイディオム ②−8

I make myself understood in English.

私の英語は通じる。

I can make myself heard all over the hall.

私は講堂(こうどう)中に自分の声を届かせることができる。

You have twice the number of pencils that I have.

あなたは私の2倍のえんぴつを持っている。

This pencil is twice the length of that one.

このえんぴつはあのえんぴつの2倍の長さだ。

Play the piano as smoothly as possible.

ピアノをできるだけなめらかにひきなさい。

Play the piano as smoothly as you can.

ピアノをできるだけなめらかにひきなさい。

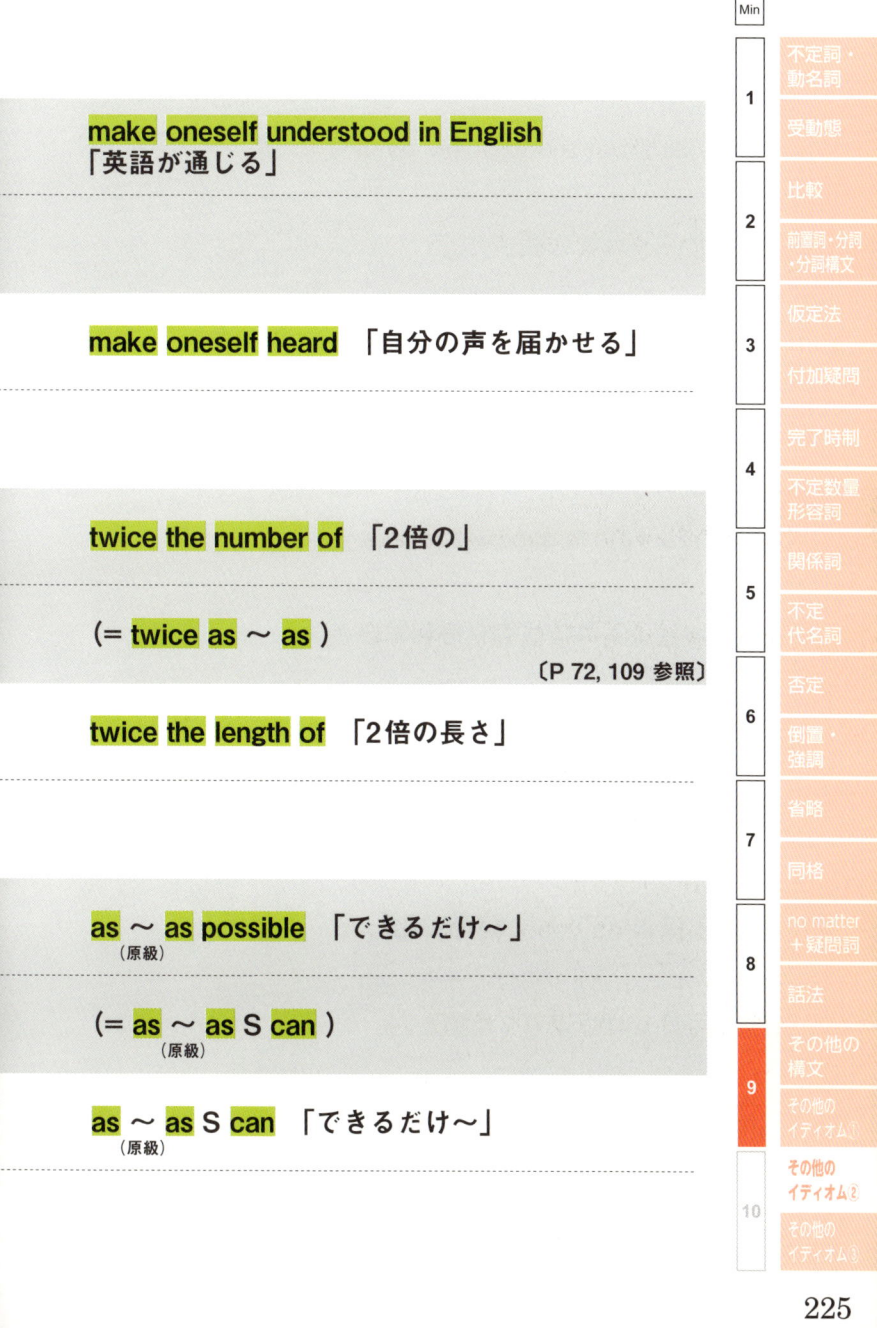

make oneself understood in English
「英語が通じる」

make oneself heard 「自分の声を届かせる」

twice the number of 「2倍の」

(= **twice** **as** ～ **as**)
〔P 72, 109 参照〕

twice the length of 「2倍の長さ」

as ～ **as possible** 「できるだけ～」
　（原級）

(= **as** ～ **as** S **can**)
　　（原級）

as ～ **as** S **can** 「できるだけ～」
　（原級）

その他のイディオム ②-9

529
He is as great a composer as ever lived.

彼は古来(こらい)まれな作曲家だ。

530
I know better than to buy something like this.

私はこんなものを買うほど愚(おろ)かではない。

531
This machine is superior to that one.

この機械はあの機械より優れている。

532
That machine is inferior to this one.

あの機械はこの機械より劣(おと)っている。

533
Taro is three years senior to Jiro.

タロウはジロウより3歳年上だ。

534
Jiro is three years junior to Taro.

ジロウはタロウより3歳年下だ。

as ～ as ever lived （原級）　「古来まれな」

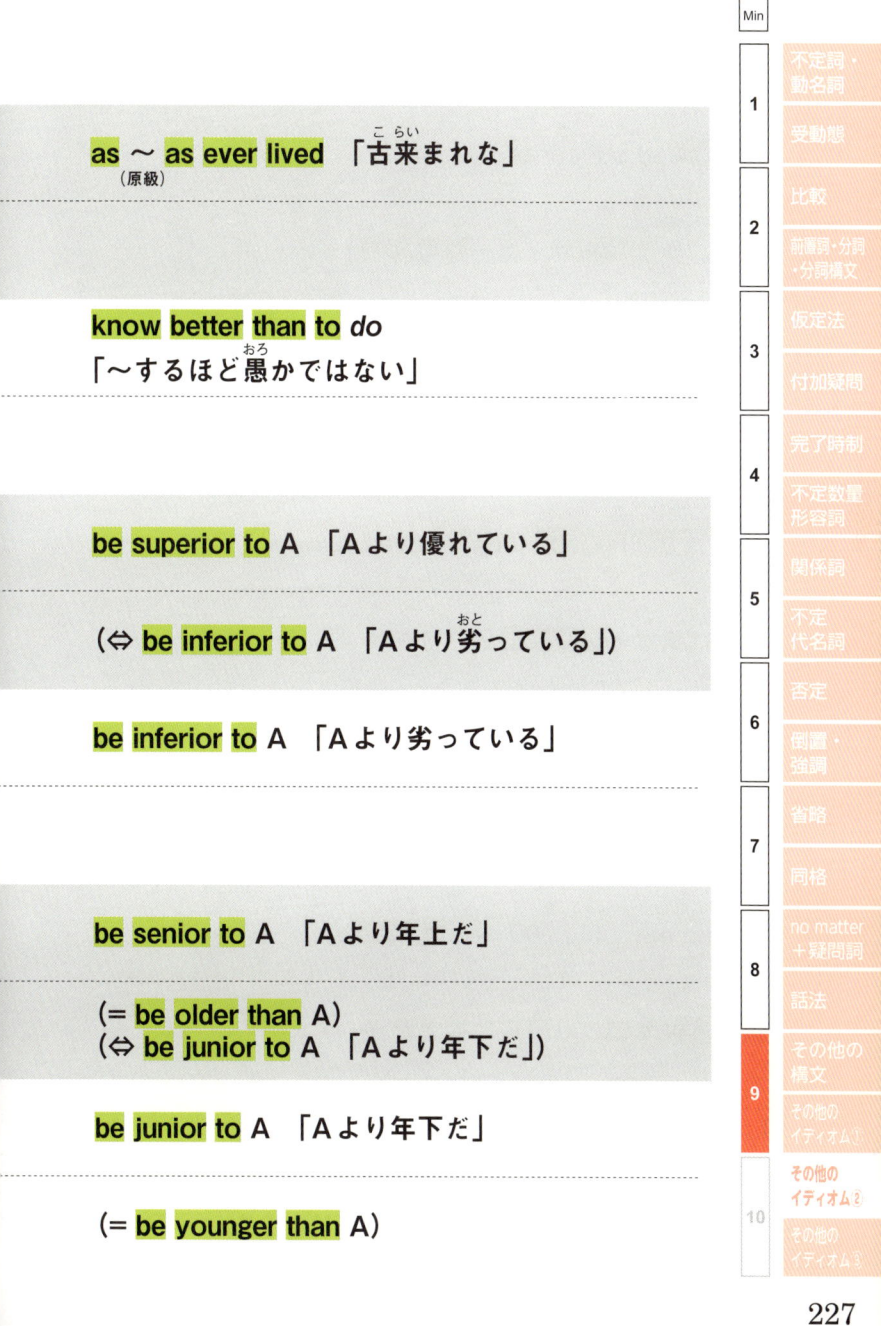

know better than to *do*
「～するほど愚かではない」

be superior to A　「Aより優れている」

(⇔ be inferior to A　「Aより劣っている」)

be inferior to A　「Aより劣っている」

be senior to A　「Aより年上だ」

(= be older than A)
(⇔ be junior to A　「Aより年下だ」)

be junior to A　「Aより年下だ」

(= be younger than A)

その他のイディオム ②—10

535
I preferred soccer to baseball.

私は野球よりもサッカーを好んだ。

536
I liked soccer better than baseball.

私は野球よりもサッカーを好んだ。

537
This is the second longest river in Japan.

これは日本で2番目に長い川だ。

538
The boy was the last runner but one.

その少年は最後から2番目のランナーだった。

539
I could pay only 500 yen at most.

私はせいぜい500円しか払えなかった。

540
I must pay 500 yen at least.

私は少なくとも500円を払わなければならない。

prefer B **to** A 「AよりもBを好む」

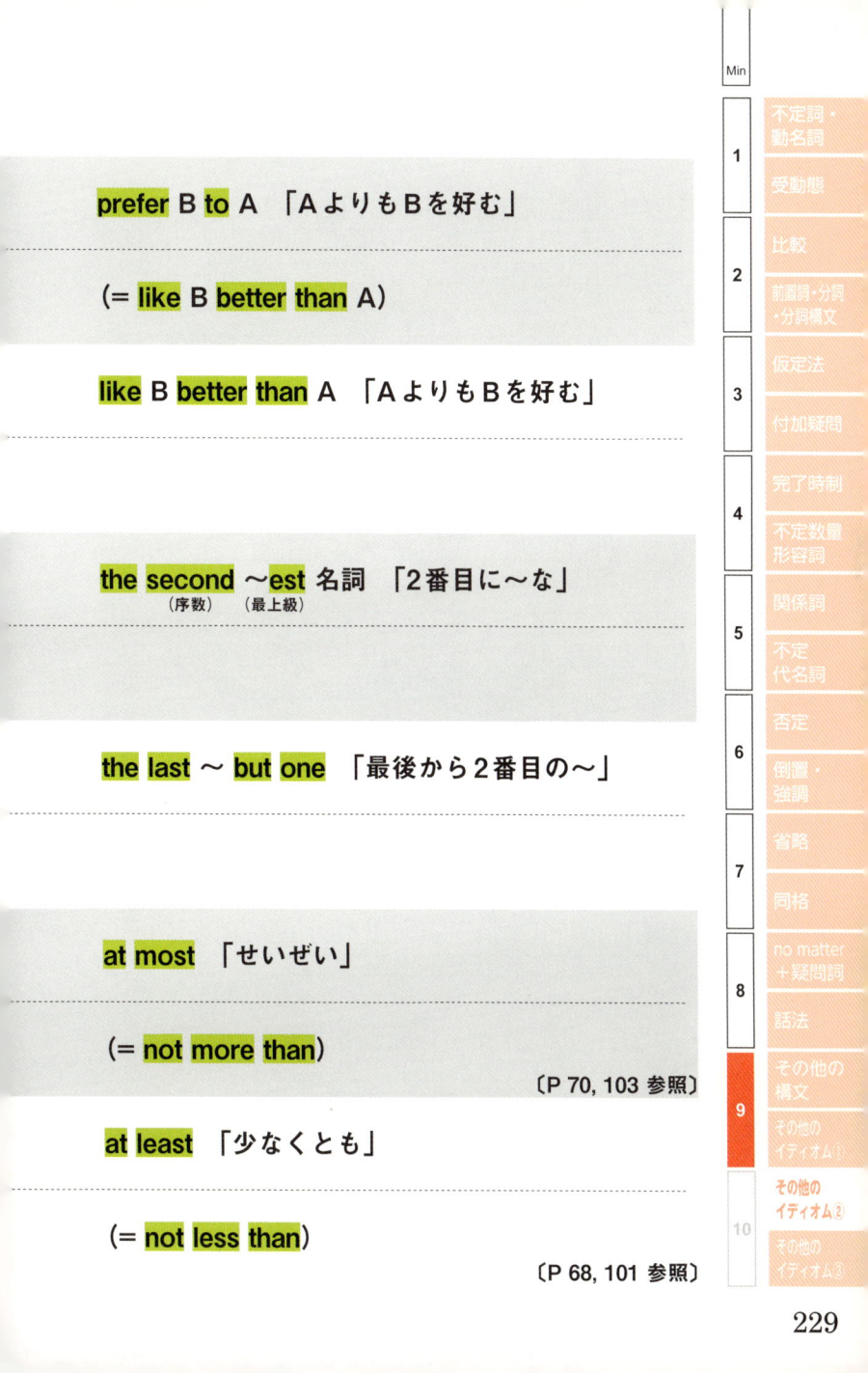

(= **like** B **better than** A)

like B **better than** A 「AよりもBを好む」

the second ～**est** 名詞 「2番目に～な」
　（序数）　（最上級）

the last ～ **but one** 「最後から2番目の～」

at most 「せいぜい」

(= **not more than**)

〔P 70, 103 参照〕

at least 「少なくとも」

(= **not less than**)

〔P 68, 101 参照〕

>>> 1分経過 >> チェックシート

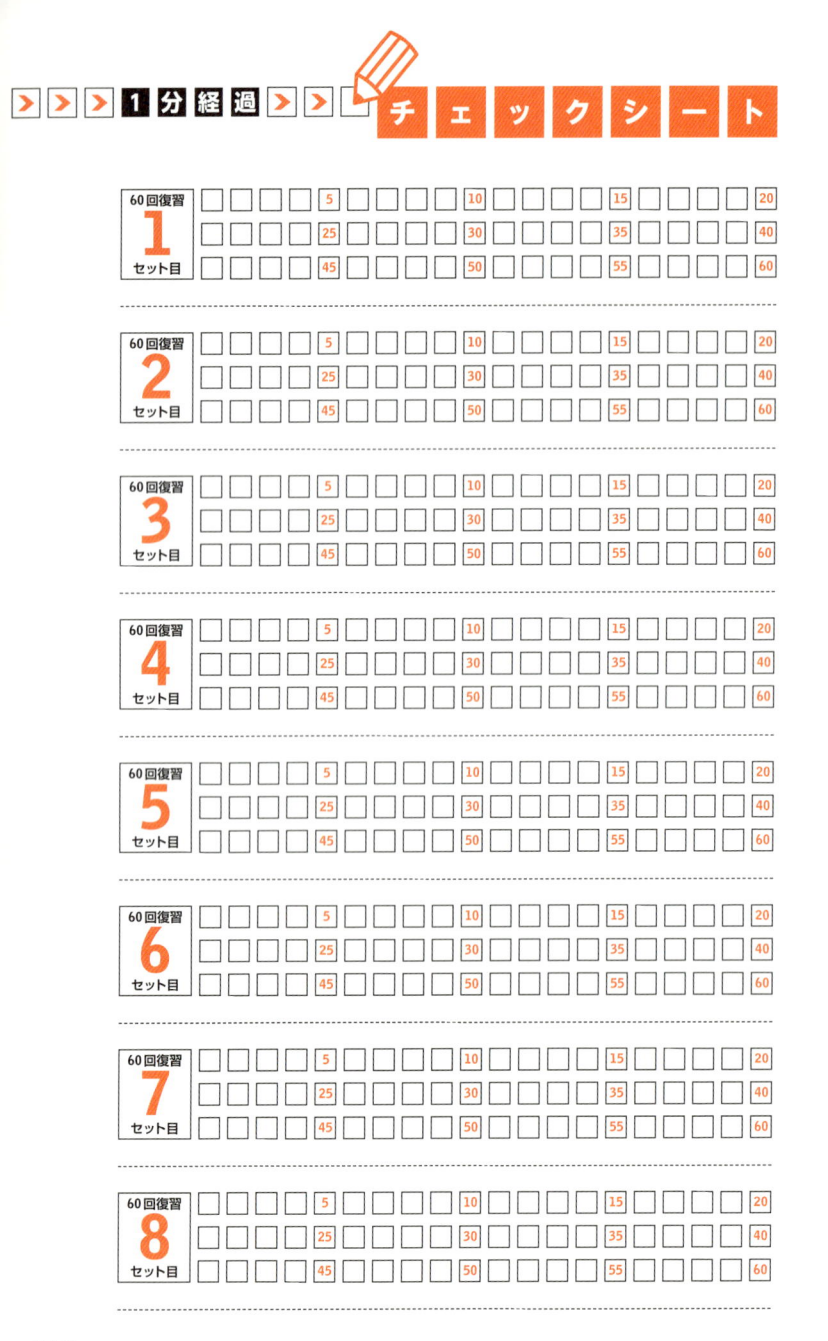

60回復習 1セット目
5 10 15 20
25 30 35 40
45 50 55 60

60回復習 2セット目
5 10 15 20
25 30 35 40
45 50 55 60

60回復習 3セット目
5 10 15 20
25 30 35 40
45 50 55 60

60回復習 4セット目
5 10 15 20
25 30 35 40
45 50 55 60

60回復習 5セット目
5 10 15 20
25 30 35 40
45 50 55 60

60回復習 6セット目
5 10 15 20
25 30 35 40
45 50 55 60

60回復習 7セット目
5 10 15 20
25 30 35 40
45 50 55 60

60回復習 8セット目
5 10 15 20
25 30 35 40
45 50 55 60

ID# 1分間英文法
⑩

One Minute Tips to Master English Grammar 600

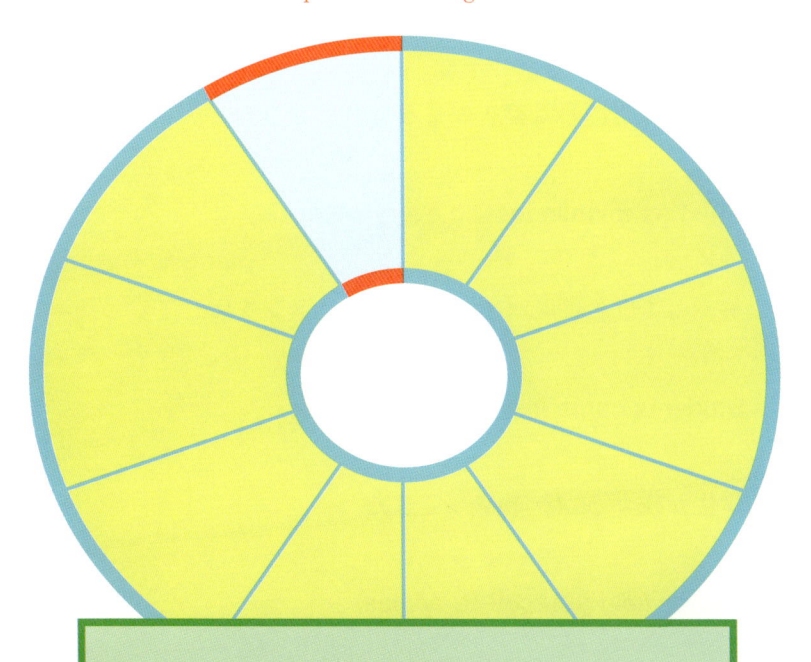

その他のイディオム③

その他のイディオム ③－1

541
I must take medicine every six hours.

私は6時間ごとに薬を飲まなければならない。

542
I must take medicine every sixth hour.

私は6時間ごとに薬を飲まなければならない。

543
She has a violin lesson every other day.

彼女は1日おきにバイオリンのレッスンを受けている。

544
Students came in one after another.

学生が次から次へとやってきた。

545
Please help yourself to apples.

どうぞリンゴをご自由に取って食べてください。

546
Please make yourself at home.

どうぞおくつろぎください。

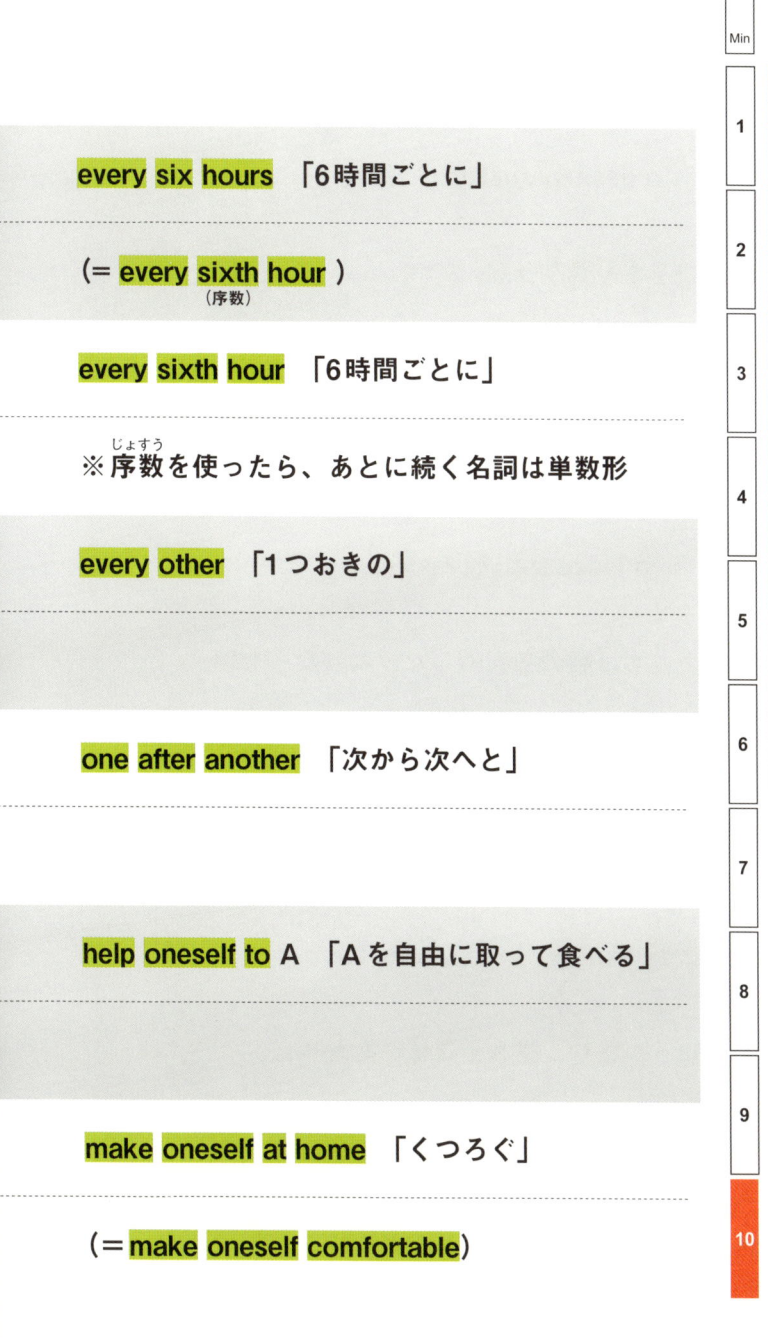

every six hours 「6時間ごとに」

(= **every sixth hour**)
　　　　（序数）

every sixth hour 「6時間ごとに」

※序数(じょすう)を使ったら、あとに続く名詞は単数形

every other 「1つおきの」

one after another 「次から次へと」

help oneself to A 「Aを自由に取って食べる」

make oneself at home 「くつろぐ」

(= **make oneself comfortable**)

その他のイディオム ③—2

547
I made a desk by myself.

私は机を1人で作った。

548
He was beside himself with fury.

彼は怒りで我(われ)を忘れていた。

549
You must judge for yourselves.

あなたたちは独力(どくりょく)で判断しなければならない。

550
A diamond is hard in itself.

ダイヤモンドはそれ自体固いものだ。

551
As far as I know, nobody was there.

私の知るかぎり、誰もそこにいなかった。

552
I will defend you as long as I live.

私が生きているかぎり、あなたを守る。

by oneself 「1人で」

beside oneself 「我(われ)を忘れて」

for oneself 「独力(どくりょく)で」

in itself 「それ自体」

as far as 「〜するかぎり」

※範囲・制限を表す

as long as 「〜するかぎり」

※時・条件を表す

その他のイディオム ③―3

553
I like both baseball and soccer.

私は野球もサッカーも好きだ。

554
He is not my teacher but a friend of mine.

彼は私の先生ではなく友人だ。

555
He is not clever because he knows a lot of things.

彼はたくさんのことを知っているからといって、賢いわけではない。

556
By the time you are sixty, a new medicine will be invented.

あなたが60歳になるまでには、新薬が発明されているだろう。

557
I would often play baseball here.

私はここでよく野球をしたものだ。

558
He used to drink when he was young.

彼は、若いときは酒を飲んだものだった。

both A and B　「AもBも」

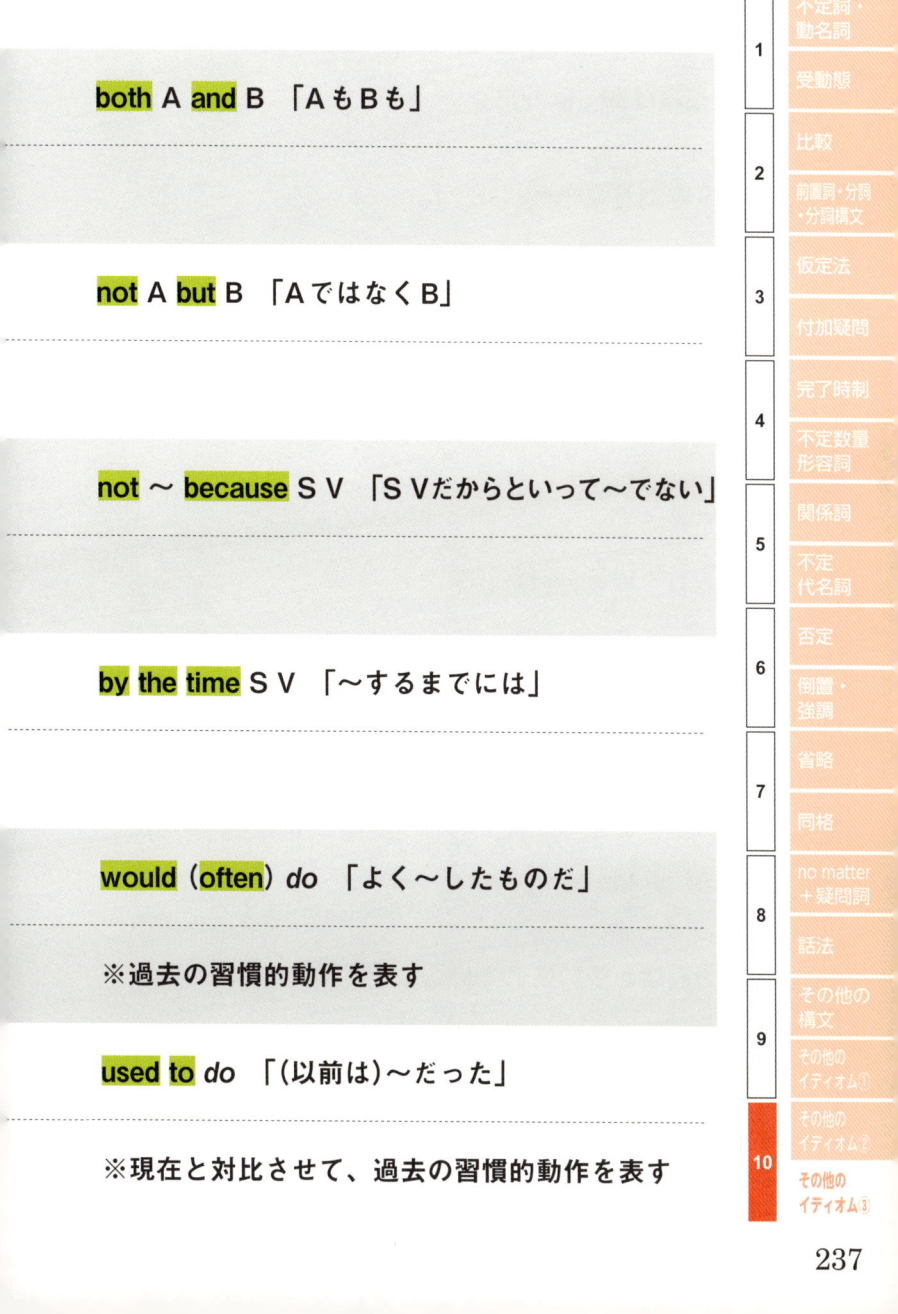

---

not A but B　「AではなくB」

---

not ~ because S V　「S Vだからといって~でない」

---

by the time S V　「~するまでには」

---

would (often) *do*　「よく~したものだ」

※過去の習慣的動作を表す

used to *do*　「(以前は)~だった」

※現在と対比させて、過去の習慣的動作を表す

その他のイディオム ③―4

559 I am proud of my father.
私は父を誇りに思う。

560 I take pride in my father.
私は父を誇りに思う。

561 I had words with her yesterday.
私は昨日、彼女と口論した。

562 I had a quarrel with her yesterday.
私は昨日、彼女と口論した。

563 Almost all the seats were reserved.
大半の座席が予約されていた。

564 Most of the seats were reserved.
大半の座席が予約されていた。

be proud of A 「Aを誇(ほこ)りに思う」

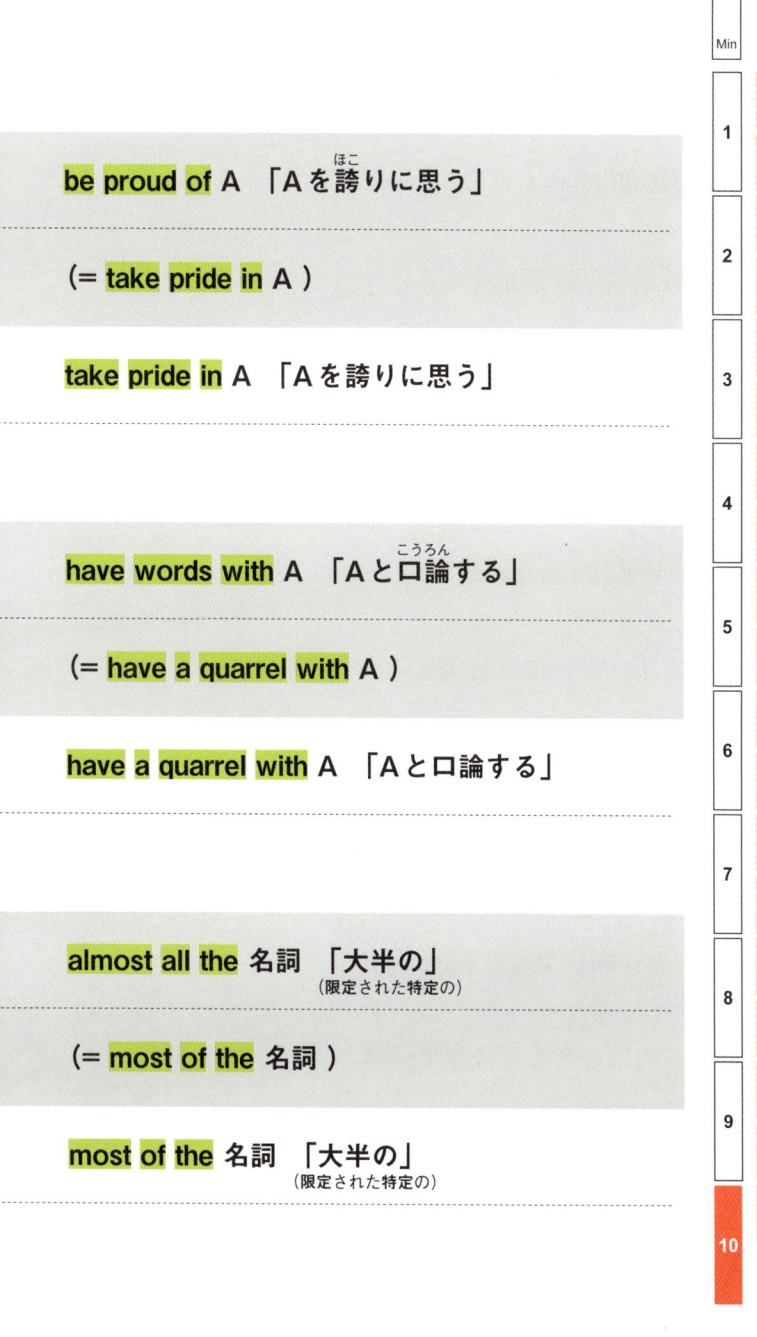

(= take pride in A)

take pride in A 「Aを誇りに思う」

have words with A 「Aと口論(こうろん)する」

(= have a quarrel with A)

have a quarrel with A 「Aと口論する」

almost all the 名詞 「大半の」
(限定された特定の)

(= most of the 名詞)

most of the 名詞 「大半の」
(限定された特定の)

その他のイディオム ③—5

565

Almost all students like music.

大半の学生は音楽が好きだ。

566

Most students like music.

大半の学生は音楽が好きだ。

567

A good sleep is no less important than a good meal.

よい睡眠はよい食事と同様に重要である。

568

Your dog looks like a bear.

あなたの犬はクマに似ている。

569

Your daughter takes after you.

あなたの娘はあなたに似ている。

570

I asked after my friend.

私は友人の容体(ようだい)をたずねた。

almost all 名詞 「大半の」
（限定されない不特定の）

(= **most** 名詞)

most 名詞 「大半の」
（限定されない不特定の）

no less A **than** B 「Bと同様にAである」

look like 「似ている」

※血縁（けつえん）関係がなく「似ている」場合

take after 「似ている」

※血縁関係があって「似ている」場合

ask after 「容体（ようだい）をたずねる」

その他のイディオム ③―6

571
He was named Taro after his grandfather.

彼は祖父にちなんでタロウと名づけられた。

572
He named his son Taro after his grandfather.

彼は祖父にちなんで息子をタロウと名づけた。

573
I was at a loss.

私は途方に暮れた。

574
I was at my wit's end.

私は途方に暮れた。

575
I was at a loss for words then.

私はそのとき、ことばに詰まった。

576
I make a point of brushing my teeth every night.

私は毎晩、必ず歯をみがくことにしている。

be named B after A 「AにちなんでBと名づけられる」

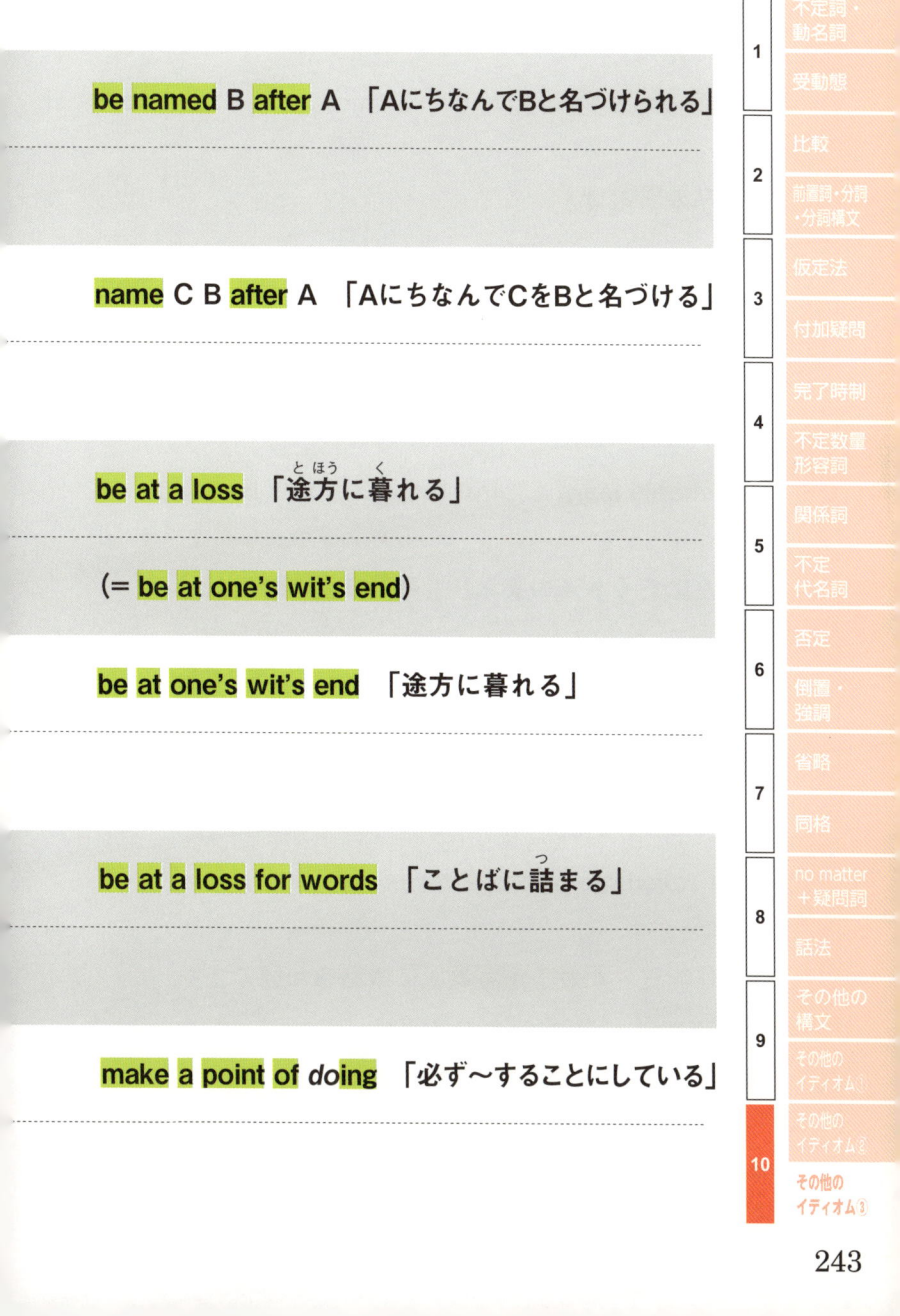

name C B after A 「AにちなんでCをBと名づける」

be at a loss 「途方に暮れる」

(= **be at one's wit's end**)

be at one's wit's end 「途方に暮れる」

be at a loss for words 「ことばに詰まる」

make a point of *doing* 「必ず〜することにしている」

その他のイディオム ③—7

577 He got away from me.

彼は私から逃げた。

578 He escaped from me.

彼は私から逃げた。

579 You should learn a lot of English words by heart.

あなたはたくさんの英単語を暗記するべきだ。

580 You should learn a lot of English words by rote.

あなたはたくさんの英単語を暗記するべきだ。

581 They called me by turns yesterday.

彼らは昨日、かわるがわる私に電話をかけてきた。

582 They called me in turn yesterday.

彼らは昨日、順番に私に電話をかけてきた。

get away from A 「Aから逃げる」

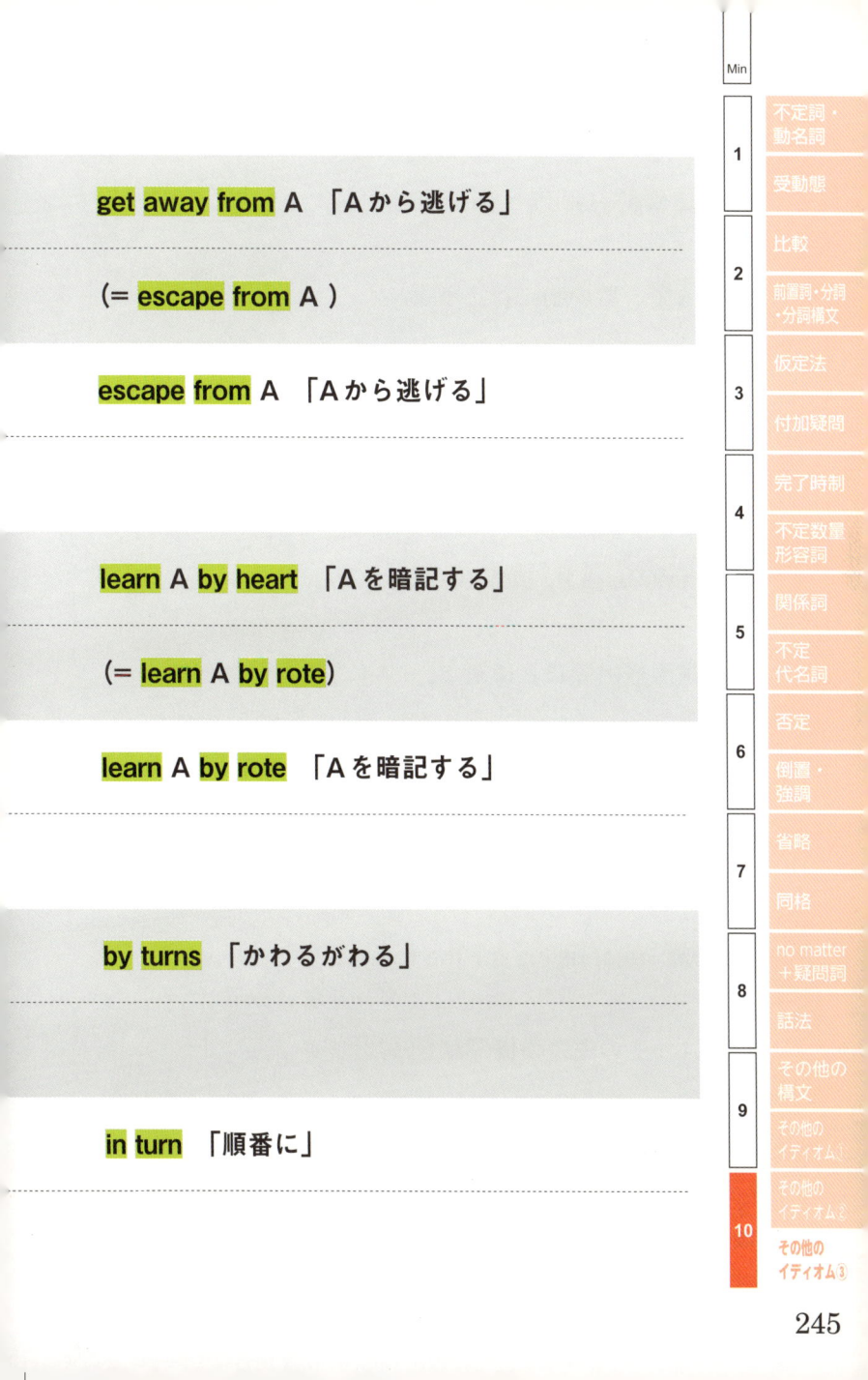

(= escape from A)

escape from A 「Aから逃げる」

learn A by heart 「Aを暗記する」

(= learn A by rote)

learn A by rote 「Aを暗記する」

by turns 「かわるがわる」

in turn 「順番に」

その他のイディオム ③—8

By the way, let's go shopping !

ところで、買い物に行こうよ。

I said that **by way of** a joke.

私はそれを冗談(じょうだん)のつもりで言った。

He came here **by way of** Yokohama.

彼は横浜経由(けいゆ)でここに来た。

He **answered for** the failure.

彼はその失敗の責任をとった。

He **was responsible for** the failure.

彼には、その失敗の責任があった。

He **was to blame for** the failure.

彼には、その失敗の責任があった。

by the way 「ところで」

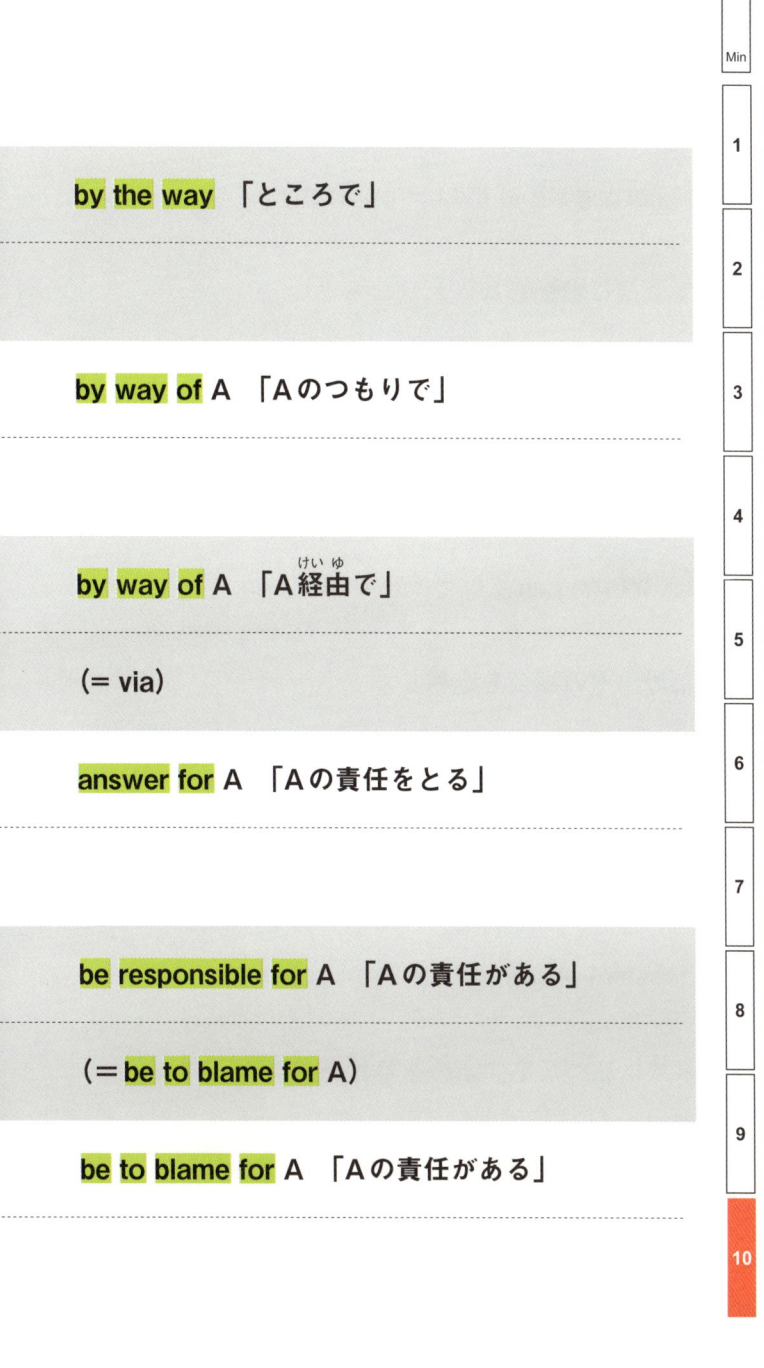

by way of A 「Aのつもりで」

by way of A 「A経由(けいゆ)で」

(= via)

answer for A 「Aの責任をとる」

be responsible for A 「Aの責任がある」

(= **be to blame for** A)

be to blame for A 「Aの責任がある」

その他のイディオム ③―9

589 I must **participate in** the school festival.

私は学園祭に**参加し**なければならない。

590 I must **take part in** the school festival.

私は学園祭に**参加し**なければならない。

591 We **put off** the game because of the rain.

雨のため、その試合を**延期した**。

592 We **called off** the game because of the rain.

雨のため、その試合を**中止した**。

593 The accident **prevented** me **from going** home.

その事故は私が帰宅するのを**妨げた**。

594 The accident **prohibited** me **from going** home.

その事故は私が帰宅するのを**妨げた**。

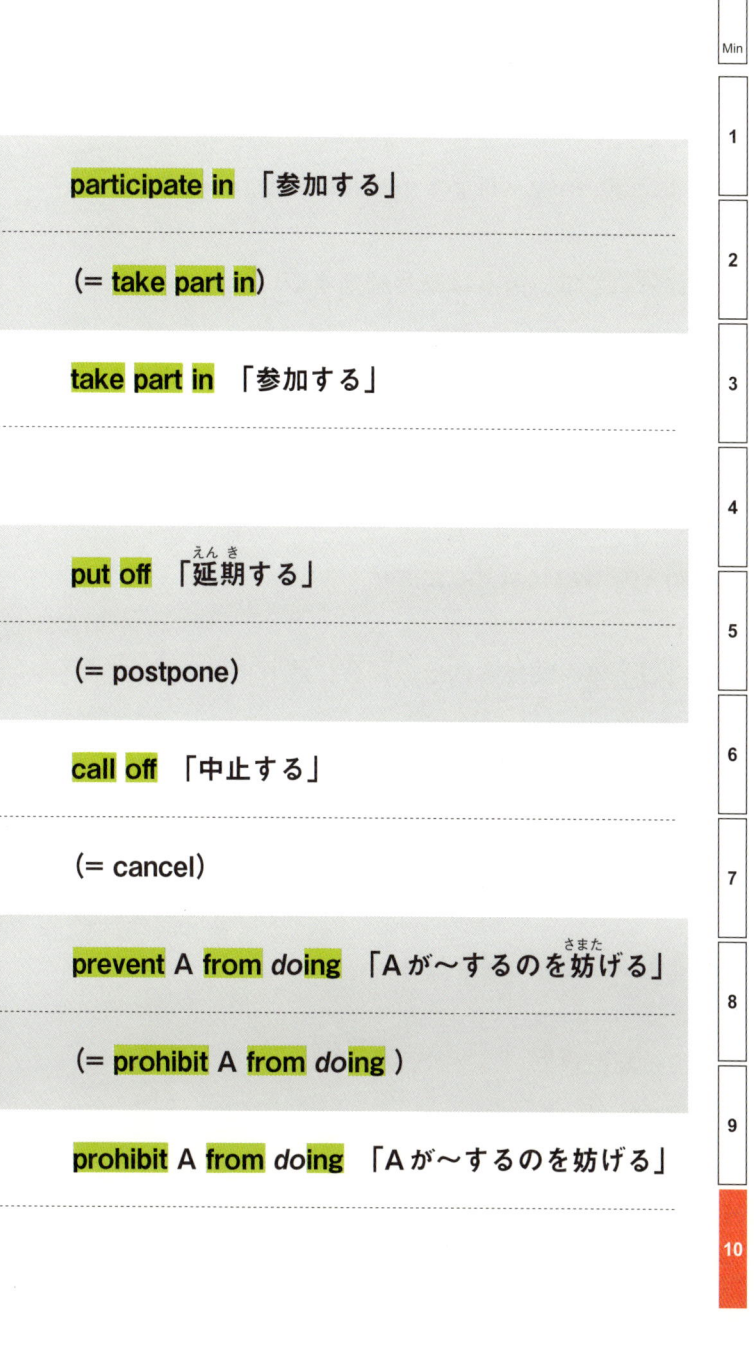

participate in 「参加する」

(= **take part in**)

take part in 「参加する」

put off 「延期(えんき)する」

(= postpone)

call off 「中止する」

(= cancel)

prevent A **from** *doing* 「Aが〜するのを妨(さまた)げる」

(= **prohibit** A **from** *doing*)

prohibit A **from** *doing* 「Aが〜するのを妨げる」

その他のイディオム ③―10

595
Glad to say, they will get married next month.

喜ばしいことに、彼らは来月結婚する。

596
Sorry to say, we lost the game.

残念なことに、私たちはその試合に敗れた。

597
Sad to say, we lost the game.

悲しいことに、私たちはその試合に敗れた。

598
She has a black and a red bag;
the former is bigger than the latter.

彼女は黒いバッグと赤いバッグを持っている。
前者[黒いバッグ]は後者[赤いバッグ]より大きい。

599
I have no concern with him.

私は彼と無関係だ。

600
―Do you mind my smoking?
―No, not at all.

―タバコを吸うことを気にしますか[吸ってもいいですか]。
―いいえ，少しもかまいませんよ。

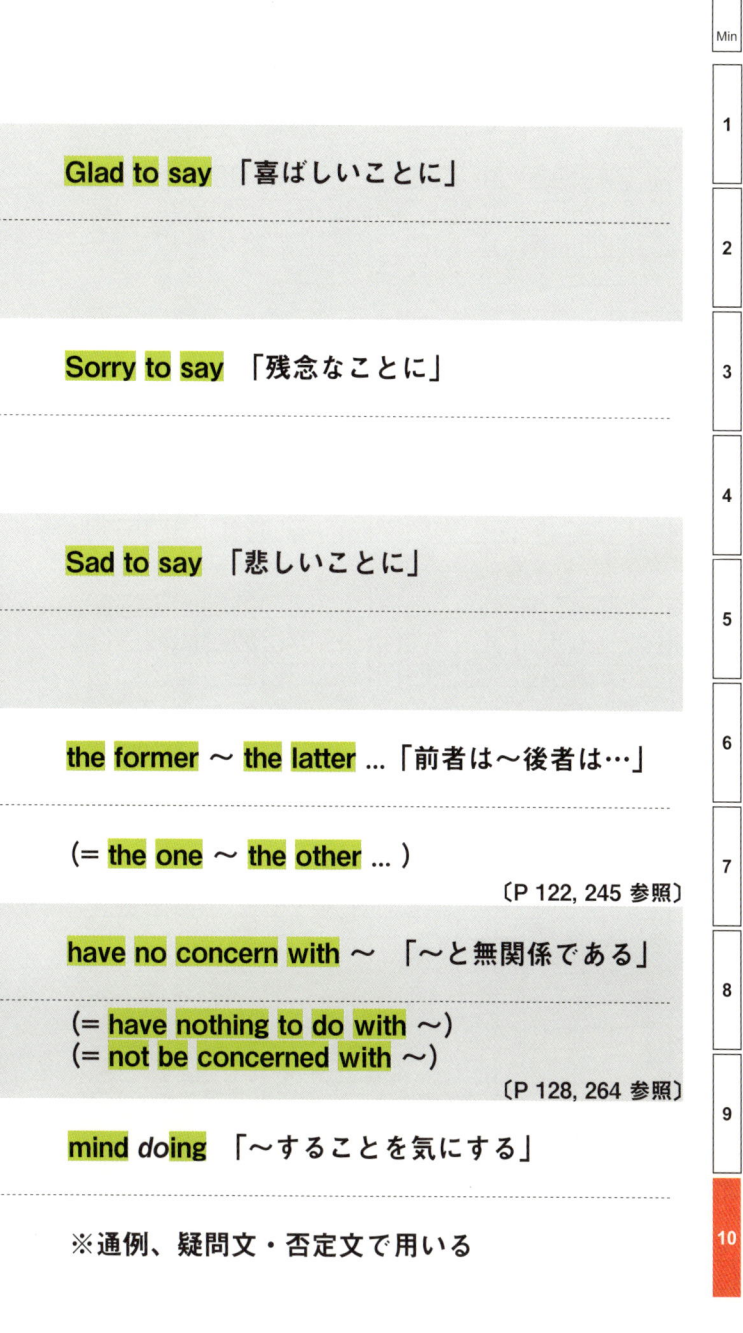

Glad to say 「喜ばしいことに」

Sorry to say 「残念なことに」

Sad to say 「悲しいことに」

the former ～ the latter ... 「前者は～後者は…」

(= **the one ～ the other ...**)
〔P 122, 245 参照〕

have no concern with ～ 「～と無関係である」

(= **have nothing to do with ～**)
(= **not be concerned with ～**)
〔P 128, 264 参照〕

mind *doing* 「～することを気にする」

※通例、疑問文・否定文で用いる

>>> 1分経過 >> チェックシート

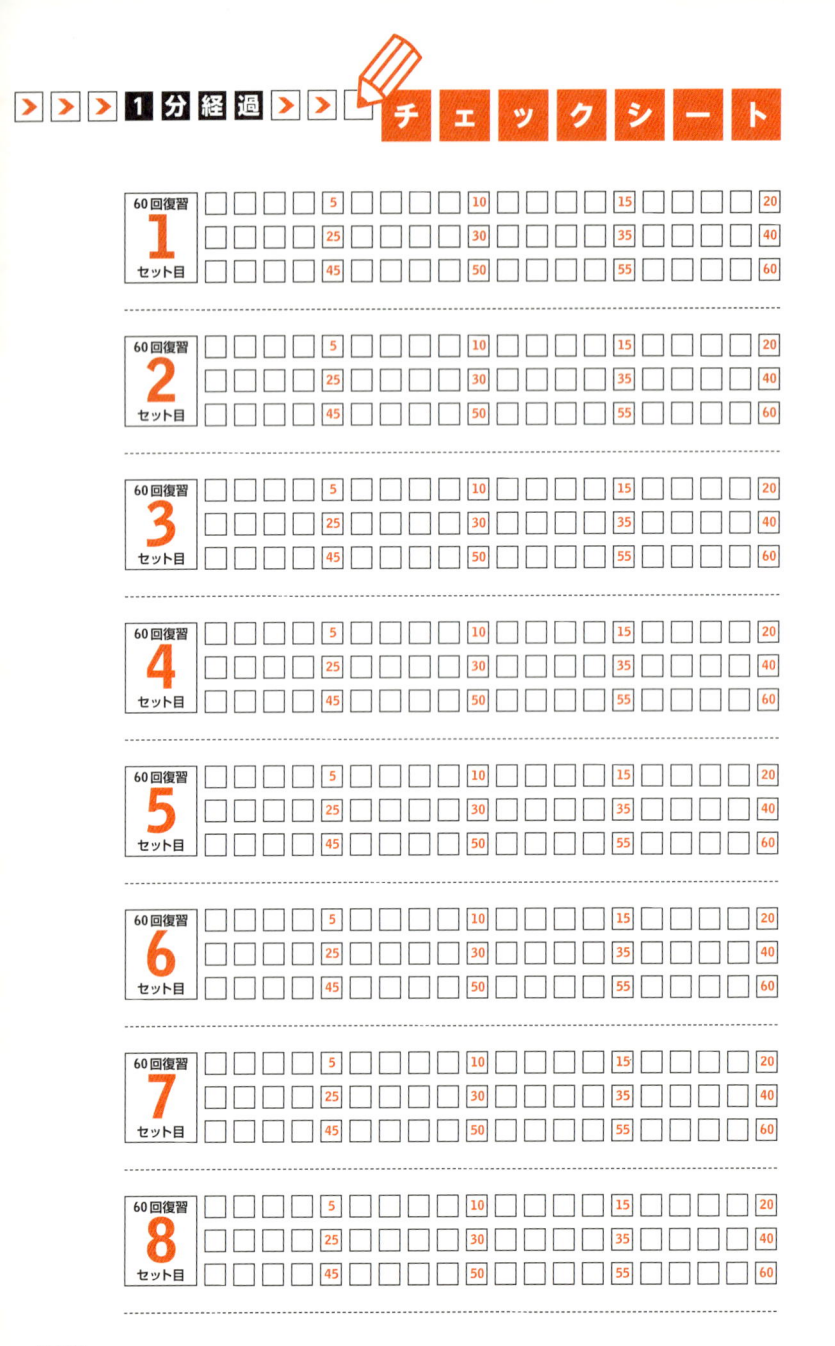

60回復習 1セット目 — 5, 10, 15, 20, 25, 30, 35, 40, 45, 50, 55, 60

60回復習 2セット目 — 5, 10, 15, 20, 25, 30, 35, 40, 45, 50, 55, 60

60回復習 3セット目 — 5, 10, 15, 20, 25, 30, 35, 40, 45, 50, 55, 60

60回復習 4セット目 — 5, 10, 15, 20, 25, 30, 35, 40, 45, 50, 55, 60

60回復習 5セット目 — 5, 10, 15, 20, 25, 30, 35, 40, 45, 50, 55, 60

60回復習 6セット目 — 5, 10, 15, 20, 25, 30, 35, 40, 45, 50, 55, 60

60回復習 7セット目 — 5, 10, 15, 20, 25, 30, 35, 40, 45, 50, 55, 60

60回復習 8セット目 — 5, 10, 15, 20, 25, 30, 35, 40, 45, 50, 55, 60

INDEX

※数字は、「単語の番号」を示しています。
「ページ数」ではありませんので、ご注意ください。

A

☐ a good many 複数名詞	209
☐ a great many 複数名詞	208
☐ A is better than B	91
☐ A is the best of all	92
☐ A is the 最上級	107・108
☐ A is to B what X is to Y	234
☐ A result from B	439
☐ a[an] 単数名詞	241
☐ about	118・124
☐ According to	125
☐ admit doing	21
☐ Admitting that SV	126
☐ advised A to ...	342
☐ agree to コト	472
☐ agree with 人	471
☐ all one's life	204
☐ all things considered	142
☐ almost all the 名詞	563
☐ almost all 名詞	565
☐ already	187・188
☐ always	201
☐ among the ~ 複数名詞	114
☐ another	247
☐ answer for A	586
☐ anything but ~	261
☐ anything of ~	260
☐ as a rule	508
☐ as ... as ~	85
☐ as ... as any 単数名詞	96
☐ as ~ as ever lived	529
☐ as ~ as possible	527
☐ as ~ as S can	528
☐ as far as	551
☐ as if S had p.p.	148
☐ as if S p.	147
☐ as it were	390
☐ as long as	552
☐ as much as ~	100
☐ as so many 複数名詞	211
☐ as so much 不可算名詞	212
☐ as soon as ~	420
☐ as though	147・148
☐ ask A for B	469
☐ ask A if ~	349
☐ ask A what ~	351
☐ ask A when ~	352
☐ ask A where ~	353
☐ ask A whether ~ or ...	350
☐ ask A who ~	354
☐ ask after	570
☐ ask B of A	470
☐ Assuming that	130
☐ at any place that	227
☐ at any time that	226

253

☐ at least	540
☐ at most	539
☐ at once	489
☐ at random	424
☐ avail oneself of	477
☐ avoid *doing*	22

B

☐ B as well as A	366
☐ B is worth than A	91
☐ B rather than A	97
☐ B result in A	440
☐ be absorbed in A	483
☐ be accustomed to *doing*	404
☐ be anxious for	460
☐ be apt to *do*	479
☐ be at a loss	573
☐ be at a loss for words	575
☐ be at one's wit's end	574
☐ be aware of	474
☐ be born	84
☐ be caught in a shower	83
☐ be composed of A	435
☐ be concerned about	81
☐ be concerned with	80
☐ be conscious of	473
☐ be covered with	62
☐ be delighted with	63
☐ be dressed in	76
☐ be dressed with	77
☐ be eager for	459
☐ be excited over	82

☐ be fed up with	455
☐ be filled with	61
☐ be full of	61
☐ be given up by	67
☐ be going to *do*	18
☐ be inferior to A	532
☐ be interested in	66
☐ be junior to A	534
☐ be killed by	79
☐ be killed in	78
☐ be laughed at by	68
☐ be liable to *do*	480
☐ be looked up to by	70
☐ be lost in A	484
☐ be made from	75
☐ be made fun of by	72
☐ be made in	73
☐ be made of	74
☐ be made up of A	434
☐ be murdered with	79
☐ be named B after A	571
☐ be not allowed to *do*	486
☐ be not supposed to *do*	485
☐ be older than A	533
☐ be proud of A	559
☐ be responsible for A	587
☐ be senior to A	533
☐ be sick of	457
☐ be superior to A	531
☐ be surprised at	65
☐ be surrounded with	64
☐ be taken care of by	71

☐ be talked about by	69
☐ be tired of	456
☐ be to be *p.p.*	391・392・393・394
☐ be to blame for A	588
☐ be up to コト	516
☐ be up to 人	515
☐ be used to *doing*	403
☐ be yet to *do*	300
☐ be younger than A	534
☐ because of A	511
☐ before	198
☐ begin *doing*	33
☐ begin to *do*	33
☐ beside oneself	548
☐ Better bend than break.	322
☐ both A and B	553
☐ break down	502
☐ break out	501
☐ Broadly speaking	138
☐ but few 複数名詞	216
☐ But for	152
☐ by and large	510
☐ by degrees	498
☐ by no manner of means	296
☐ by no means	295
☐ by oneself	547
☐ by the time S V	556
☐ by the way	583
☐ by turns	581
☐ by way of A	584・585

C

☐ call off	592
☐ cannot but 原形	423
☐ cannot *do* too 形容詞 (副詞)	421
☐ cannot have *p.p.*	376
☐ cannot help but 原形	422
☐ cannot help *doing*	3
☐ cannot ~ without *doing*	291
☐ care to *do*	17
☐ catch up with	453
☐ choose A to be	12
☐ Closed today.	316
☐ come across A	438
☐ come up with	454
☐ compared with	139
☐ complained about how ...	345
☐ Concerning	123
☐ Considering	143
☐ consist of A	433
☐ continue *doing*	35
☐ continue to *do*	35
☐ Could you ~ ?	388
☐ Curious to say	56

D

☐ dare not 原形	371
☐ devote one's time to A	481
☐ devote oneself to A	482
☐ distinguish A from B	467
☐ do not dare to *do*	372
☐ do not deny that	292

☐ don't have to *do*	368	☐ for example	329
☐ due to A	513	☐ for instance	329
		☐ for nothing	495
E		☐ for oneself	549
☐ each and all ~	267	☐ for sure	493
☐ each other	253	☐ for the purpose of *doing*	500
☐ either	270	☐ Frankly speaking	133
☐ enjoy *doing*	25	☐ from time to time	492
☐ enough not to *do*	5		
☐ enough to *do*	4	**G**	
☐ ~ er than ...	87	☐ Generally speaking	136
☐ escape *doing*	24	☐ get away from A	577
☐ escape from A	578	☐ give up *doing*	28
☐ even if	389	☐ Glad to say	595
☐ even though	389	☐ go on *doing*	29
☐ ever	199・200	☐ Granted that	131
☐ every other	543		
☐ every six hours	541	**H**	
☐ every sixth hour	542	☐ had better not 原形	2
☐ Excluding	121	☐ had better 原形	1
☐ excuse A for B	448	☐ Had it not been for	156
		☐ half as ~ as	111
F		☐ Hands off.	318
☐ feel A 原形	46	☐ hardly	283
☐ feel like *doing*	60	☐ hardly ~ , do S?	176
☐ few 可算名詞	288	☐ Hardly had S *p.p.* when ...	417
☐ few 複数名詞	219	☐ have a quarrel with A	562
☐ finish *doing*	19	☐ have A 原形	43
☐ Firstly	50	☐ have [has] been at ~	186
☐ for ~	202	☐ have [has] been in ~	185
☐ for all A	427	☐ have [has] been to ~	183
☐ for certain	494	☐ have difficulty (in) *doing*	411

have [has] gone to ~	184
have no concern with ~	599
have nothing to do with ~	264
have only to *do*	370
~ have passed since S *p*.	361
have to *do*	367
have trouble (in) *doing*	412
have words with A	561
have yet to *do*	299
help A to *do*	464
help A with B	463
help A 原形	465
help oneself to A	545
hope to *do*	16
How about *doing*?	407
How long 現在完了~?	181
How many times 現在完了~?	182
how to *do*	520
however	228

I

I am ~, aren't I?	174
I should say	160
I should think	161
I wish I had *p.p.*	146
I wish I were A	145
I wonder if S could V	157
if any	315
if anything	314
If it had not been for	155
If it were not for	153
if not ~	313
If only 仮定法過去 ~!	158
If only 仮定法過去完了 ~!	159
If S were to	150
in favor of A	430
in honor of A	432
in itself	550
in one's class	93
in order	504
in order to *do*	7
in other words	327
in particular	330
in search of A	431
in spite of A	429
in the world	311
in turn	582
in vain	496
Including	122
It has been ~ since S *p*.	362
It is ... for A to *do*.	395
It is high time S *p*.	149
It is impossible to *do*	415
It is no use *doing*	402
It is not until ~ that S V.	309
It is ... of A to *do*.	396
It is ~ since S *p*.	363
It is ~ that S V.	307
It won't be long before ~	410
It's because ~ that S V.	308

J

Judging from	135
just	189

257

K

- keep on *doing* — 30
- keep up with — 452
- know better than to *do* — 530

L

- lately — 194
- learn A by heart — 579
- learn A by rote — 580
- less ... than ~ — 86
- let A 原形 — 45
- Let's ~, shall we? — 172
- like B better than A — 536
- like *doing* — 31
- like so much 不可算名詞 — 213
- like to *do* — 31
- little by little — 497
- little ~, did S? — 179
- little 不可算名詞 — 220・287
- long for — 458
- look after A — 446
- look forward to *doing* — 425
- look like — 568
- love *doing* — 32
- love to *do* — 32

M

- make a point of *doing* — 576
- make A 原形 — 44
- make oneself at home — 546
- make oneself comfortable — 546
- make oneself heard — 524
- make oneself understood in English — 523
- make use of — 476
- many a 単数名詞 — 210
- may as well B as A — 383
- may as well 原形 — 382
- may have *p.p.* — 377
- may well 原形 — 379・380
- mean to *do* — 18
- might as well 原形 — 384
- might have *p.p.* — 378
- might well 原形 — 381
- mind *doing* — 600
- mistake A for B — 442
- more or less — 118
- more ~ than ... — 88
- most of the 名詞 — 564
- most 名詞 — 566
- must *do* — 367
- must have *p.p.* — 375

N

- *n* times as ~ as — 110
- name B C after A — 572
- need not 原形 — 369
- Needless to say — 57
- neither — 269
- Neither *av* (be 動詞) S. — 302
- never — 195
- never — 278
- Never *av* (be 動詞) S ~. — 304
- never forget *doing* — 40

☐ never ~ , have S?	180		☐ not a little 不可算名詞	221
☐ never ~ without doing	290		☐ not all	271
☐ no less A than B	567		☐ not always	277
☐ no less than ~	100		☐ not ~ any longer	120
☐ no longer	120		☐ not ~ anybody	266
☐ no matter how	228		☐ not as ... as ~	86
☐ no matter how (＋形容詞［副詞］) S V	336		☐ not ~ at all	282
☐ no matter what S V	331		☐ not be concerned with ~	264・559
☐ no matter when S V	333		☐ not ~ because S V	555
☐ no matter where S V	332		☐ not ~ both ...	268
☐ no matter which (＋名詞) S V	335		☐ not ~ both ...	274
☐ no matter who V	334		☐ not ~ either ...	275
☐ no more A than B	105		☐ not everybody ~	265
☐ no more than	102		☐ not everybody ~	279
☐ no ~ not ...	273		☐ not everyone ~	265
☐ no one	280		☐ not everyone ~	279
☐ No one can do	416		☐ not forget to do	39
☐ no other 単数名詞 than A	106		☐ not ~ in the least	293・312
☐ No pains, no gains.	320		☐ not less than	101
☐ No sooner av (be 動詞) S p.p. than ...	306		☐ not more than	103
☐ No sooner had S p.p. than ...	419		☐ not much of	214
☐ No U-turn.	317		☐ not necessarily	281
☐ no 名詞 whatever	297		☐ not only A but (also) B	365
☐ no 名詞 whatsoever	298		☐ not so much A as B	98
☐ nobody	280		☐ not until	289
☐ none	272		☐ not valueless	276
☐ none of ~	258		☐ not ~ yet	191
☐ none the less	99		☐ nothing but ~	262
☐ Nor av (be 動詞) S.	303		☐ Nothing is as ~ as A.	108
☐ not A any more than B	104		☐ Nothing is ~ than A.	107
☐ not A but B	554		☐ nothing to ~	263
☐ not a few 複数名詞	218		☐ notwithstanding	427

259

☐ now and then	490

O

☐ object to *doing*	409
☐ oblige to A for B	462
☐ of the three	94
☐ on account of A	514
☐ on *doing*	58
☐ on earth	310
☐ on the whole	509
☐ once	197
☐ once in a while	491
☐ one	241
☐ one after another	544
☐ one another	254
☐ one ~ another ... the other —	249
☐ one of the ~ 複数名詞	113
☐ one other	247
☐ one ~ the other	243
☐ one ~ the others ...	244
☐ ~ one thing ... another	248
☐ one third as ~ as	112
☐ ~ , one would think	162
☐ only	102・262
☐ only a few 複数名詞	215
☐ only a little 不可算名詞	222
☐ other things being equal	140
☐ otherwise SV	164
☐ ought not to have *p.p.*	168
☐ ought to have *p.p.*	166
☐ out of date	506
☐ out of hand	505
☐ out of order	503
☐ Out of sight, out of mind.	319
☐ owing to A	512

P

☐ participate in	589
☐ particularly	330
☐ plan *doing*	36
☐ plan to *do*	36
☐ postpone *doing*	23
☐ practice *doing*	27
☐ prefer B to A	535
☐ pretend not to *do*	14
☐ pretend to *do*	13
☐ prevent A from *doing*	593
☐ prohibit A from *doing*	594
☐ promise A not to *do*	11
☐ promise A to *do*	10
☐ proposed that S (should) 原形	344
☐ provide A with B	449
☐ provide B for A	450
☐ Provided that	132
☐ put off	591
☐ put up with	451

Q

☐ quit *doing*	26
☐ quite a few 複数名詞	217

R

☐ rarely	286
☐ Rarely *av* (be 動詞) S ~ .	305

☐ rarely ~, do S?	177	☐ some ~ others ...	251
☐ recently	193	☐ some 抽象名詞	207
☐ regarding	124	☐ some 複数名詞	205
☐ remember doing	42	☐ some 物質名詞	206
☐ remember to do	41	☐ Something is the matter with A	399
☐ right away	488	☐ Something is wrong with A	397
☐ right now	487	☐ something of ~	259
☐ run across A	437	☐ sooner or later	117
☐ run into A	436	☐ Sorry to say	596
		☐ Spare the rod, and spoil the child.	321
S		☐ Speaking of	127
☐ S have p.p. for ~	364	☐ stand doing	20
☐ Sad to say	597	☐ start doing	34
☐ scarcely	284	☐ start to do	34
☐ scarcely ~, do S?	175	☐ stay up (till) late	443
☐ Scarcely had S p.p. when ...	418	☐ still not ~	192
☐ see A 原形	47	☐ stop doing	38
☐ see to A	447	☐ stop to do	37
☐ seeing that	129	☐ Strange to say	55
☐ seldom	196・285	☐ Strictly speaking	134
☐ seldom ~, do S?	178	☐ such A as	239
☐ shall ~, shan't S ?	173	☐ such that ~	252
☐ should have p.p.	165	☐ such ~ that S V	414
☐ should not have p.p.	167	☐ suggested that S (should) 原形	343
☐ since ~	203	☐ Supposing (that)	144
☐ sit up (till) late	444		
☐ so as to do	8	**T**	
☐ so ~ as to do	9	☐ take A for B	441
☐ So av (be 動詞) S.	301	☐ take advantage of	475
☐ so ... that S cannot do	6	☐ take after	569
☐ so ~ that S V	413	☐ take care of A	445
☐ some ~ another ... the others ―	250	☐ take part in	590

☐ take place	426
☐ take pride in A	560
☐ taking ~ into consideration	141
☐ Talking of	128
☐ tell A from B	466
☐ tend to do	478
☐ ~ than any other 単数名詞	95
☐ thank A for B	461
☐ that	346
☐ that day	338
☐ that is	328
☐ that is to say	326
☐ the day before	339
☐ the ~est	89
☐ the fact that	325
☐ the following day	340
☐ the former ~ the latter ...	598
☐ the last A to do	294
☐ the last ~ but one	538
☐ the most ~	90
☐ the next day	340
☐ the ~ of the two	119
☐ the one ~ the other ...	245
☐ the previous day	339
☐ the previous month	341
☐ the same	255
☐ the same A as	240
☐ the same A that	240
☐ the same as ~	256
☐ the same that ~	257
☐ the second ~est 名詞	537
☐ the 最上級	95・96
☐ the 比較級 SV, the 比較級 S'V'	116
☐ there	338
☐ There is no point (in) doing	400
☐ There is no sense (in) doing	401
☐ There is something wrong with A	398
☐ This is how	224
☐ This is where	225
☐ This is why	223
☐ this ~ the other ...	246
☐ those who ~	242
☐ To be frank with you	49
☐ To be honest	52
☐ to be sure	53
☐ To begin with	50
☐ To make matters worse	51
☐ to say nothing of A	54
☐ told A not to ~	348
☐ told A to ~	347
☐ told ~ what ...	346
☐ too ... to do	6
☐ twice as ~ as	109
☐ twice the length of	526
☐ twice the number of	525

U

☐ up to date	507
☐ used to do	558

W

☐ watch A 原形	48
☐ weather permitting	137
☐ Well begun is half done.	323

Were it not for	154
what A is	232
what A used to be	233
What about doing?	408
what by A and (what by) B	237
What do you say to doing?	406
what is better	229
what is called	236
what is the best of all	231
what is worse	230
what they call	235
what to do	517
what with A and (what with) B	238
what you call	235
When in Rome, do as the Romans do.	324
when it comes to doing	405
when to do	518
whenever	226
where to do	519
wherever	227
which way to do	522
whom to do	521
wish to do	15
With	163
with a view to doing	499
with all A	428
Without	151
without so much as doing	468
worth doing	59
would like to	386
would (often) do	557
would rather not 原形	374
would rather 原形	373
Would you ～?	387
Would you like to ～?	385

Y

yet	190

その他

仮定法とその結び	359
現在形と過去形を区別しない助動詞	360
現在に続く動作、状態	357
現在も変わらない常習的、慣行的動作	356
比較級 and 比較級	115
否定命令文 , will you?	171
不変の真理	355
命令文 , will you?	170
命令文 , won't you?	169
歴史上の事実	358

読者限定無料特典

7日間無料メールセミナー
1分間英語勉強法
7つの秘密(シークレット)

本書をご購入いただきました、意識の高いあなたのために、特別に「7日間無料メールセミナー」を作りました。「1分間英語勉強法」の極意を、7日間連続でお届けします!

「7日間無料メールセミナー」の内容

- 【第1の秘密】「なぜ、最速で英語の成績が上がるのか?」
- 【第2の秘密】「1単語1秒!で覚える英単語勉強法とは?」
- 【第3の秘密】「1熟語1秒!で覚える英熟語勉強法とは?」
- 【第4の秘密】「1文法1秒!で覚える英文法勉強法とは?」
- 【第5の秘密】「1行1秒!で読む英語長文読解法とは?」
- 【第6の秘密】「勉強の効率を最大化させる方法とは?」
- 【第7の秘密】「試験当日に120%の力を発揮する方法とは?」

↓下記のホームページから、「7日間無料メールセミナー」へお申し込みください。

http://www.1eigo.jp

[アクセス方法] 1分間英語勉強法 検索

【お問い合せ先】(株)ココロ・シンデレラ http://www.1eigo.jp

1分間英文法 600

2011年 10月 11日 第1刷発行
2020年 11月 25日 第9刷発行

発行者　出口 汪
発行所　株式会社 水王舎
　　　　〒160-0023　東京都新宿区西新宿 8-3-32
　　　　ＴＥＬ　03-6304-0201　　ＦＡＸ　03-6304-0252
　　　　ホームページ　http://www.suiohsha.jp/
著　者　石井貴士
装　幀　重原 隆
本文デザイン　図版
　　　　　　　川原田良一
印刷所　日之出印刷
製本所　穴口製本所
乱丁本・落丁本はお取り替えいたします。

本書の無断転載、複製、複写(コピー)翻訳を禁じます。本書を代行業者等の第三者に依頼してスキャンやデジタル化することは、たとえ個人や家庭内の利用であっても、著作権上、認められておりません。
©Takashi Ishii 2011 Printed in Japan
ISBN 978-4-921211-69-1 C2082